CB001385

A Tragédia dos Baldios e dos Anti-Baldios

O Problema Económico do Nível Óptimo de Apropriação

FERNANDO ARAÚJO
Professor da Faculdade de Direito
da Universidade de Lisboa

A Tragédia dos Baldios e dos Anti-Baldios

O Problema Económico do Nível Óptimo de Apropriação

A TRAGÉDIA DOS BALDIOS E DOS ANTI-BALDIOS
O PROBLEMA ECONÓMICO DO NÍVEL ÓPTIMO DE APROPRIAÇÃO

AUTOR
FERNANDO ARAÚJO

EDITOR
EDIÇÕES ALMEDINA. SA
Av. Fernão Magalhães, n.º 584, 5.º Andar
3000-174 Coimbra
Tel.: 239 851 904
Fax: 239 851 901
www.almedina.net
editora@almedina.net

PRÉ-IMPRESSÃO | IMPRESSÃO | ACABAMENTO
G.C. GRÁFICA DE COIMBRA, LDA.
Palheira – Assafarge
3001-453 Coimbra
producao@graficadecoimbra.pt

Abril, 2008

DEPÓSITO LEGAL
273645/08

Biblioteca Nacional de Portugal – Catalogação na Publicação

ARAÚJO, Fernando

A tragédia dos baldios e dos anti-baldios : o problema económico do nível óptimo de apropriação. - (Monografias)
ISBN 978-972-40-3481-2

CDU 347
346

Ao Professor Doutor José de Oliveira Ascensão

NOTA PRÉVIA

1. O texto que se segue retoma o título e o tema da lição proferida nas Provas de Agregação prestadas em finais de Outubro de 2007, na Reitoria da Universidade de Lisboa, perante um Júri constituído pelos Professores Doutores António Vallera (Vice-Reitor da Universidade de Lisboa, que presidiu), Diogo Leite de Campos (da Universidade de Coimbra, e a quem especificamente coube arguir a lição), Jorge Braga de Macedo (da Universidade Nova de Lisboa), Jorge Miranda, Marcelo Rebelo de Sousa, António Menezes Cordeiro, Fausto de Quadros, Miguel Teixeira de Sousa, Paulo Otero e Eduardo Paz Ferreira.

2. Ao apresentarmos previamente o plano da lição, enunciávamos assim os nossos propósitos:

> *"Nos termos dos artigos 9.º, 1, b) e 15.º, b) do Decreto-Lei n.º 301/ /72, de 14 de Agosto*[1]*, as provas de Agregação envolvem uma "lição de síntese, escolhida pelo candidato, sobre um problema dentro do âmbito da disciplina ou grupo de disciplinas para que foi aberto o concurso", devendo ser previamente entregue um sumário*
>
> *Escolhemos o problema da «Tragédia dos Baldios» e da «Tragédia dos Anti-Baldios», dois fenómenos com alguma simetria, em torno dos quais se tem sedimentado o debate da «Law and Economics» sobre o nível óptimo de apropriação de recursos: a insuficiente apropriação alegadamente conduzindo à «Tragédia dos Baldios», o abuso de recursos comuns por irrestrição de acesso a eles; e a excessiva apropriação conduzindo à «Tragédia dos Anti-Baldios», o desperdício de subutilização de recursos por exclusão dos potenciais utentes.*

---

[1] Tendo entretanto entrado em vigor o Decreto-Lei n.º 239/2007, de 19 de Junho, às provas aplicou-se somente o art. 20.º desse novo Decreto-Lei, em tudo o resto regendo ainda o Decreto-Lei n.º 301/72.

Dado o tema, a lição destinar-se-ia a alunos de uma disciplina que poderia ser criada no último ano do curso de licenciatura (ou do «novo» curso de mestrado), a Análise Económica do Direito, uma disciplina do Grupo de Disciplinas de Ciências Jurídico-Económicas que até agora tem sido leccionada apenas no Curso de Mestrado (na actual configuração do Curso de Mestrado).
Conquanto a matéria da «Tragédia dos Baldios» seja já aflorada no 1.º ano da licenciatura, na disciplina de Economia Política[2]*, entende-se que o alcance teórico e prático do problema que versamos na lição será devidamente apreendido somente por alunos versados já noutras matérias, como por exemplo os Direitos Reais e o Direito do Ambiente. Isto sem embargo de entendermos que o referido problema é suficientemente paradigmático para poder ser útil nos mais diversos recantos das Ciências Jurídica e Económica*".

Apresentávamos de seguida um plano de desenvolvimento da matéria, que serviu de roteiro à lição, e que se desdobrava em seis pontos:

1. Introdução.
2. A «Tragédia dos Baldios».
3. A «Tragédia dos Anti-Baldios».
4. A Simetria das Situações.
5. Aplicações.
6. Conclusões.

3. Dito isto, torna-se óbvio que o texto que se segue não espelha senão mediatamente aquilo que foi transmitido na lição e que foi subsequentemente objecto de apreciação e de debate. A limitação horária das provas académicas não consentiu mais do que uma abordagem esquemática do tema, envolta em propósitos de síntese, de clareza, de ritmo expositivo e de eficácia retórica. Agora, por escrito, torna-se possível darmos conta da amplitude dos estudos que se têm multiplicado em torno do tema, e passamos a ter ocasião de explorar algumas das suas complexidades e incidências, sacrificando o propósito de síntese em favor de uma compreensão mais informada e aprofundada da relevância das metáforas da «Tragédia dos Baldios» e da «Tragédia dos Anti-Baldios».

4. No decurso das provas suscitou-se uma questão terminológica: porquê «Baldios», uma expressão histórica e culturalmente muito conotada

[2] Cfr. Araújo, F. (2005), 592-598, e ainda: 90-91, 334, 385, 436.

– e também legislativamente[3] – com realidades locais de actividade agrícola, silvo-pastoril, silvícola e apícola, uma expressão designativa de uma realidade muito menos extensa do que aquela que verdadeiramente se pretende referir, uma outra realidade que abarca até fenómenos de dimensão planetária?

Com efeito, como se verá, esses baldios, na sua acepção tradicional, não são senão um subgrupo dentro do universo mais vasto de fenómenos que referiremos, fenómenos que são abarcáveis na designação económica de «recursos comuns», porventura a mais rigorosa em termos puramente analíticos. Todavia, usámos em nossa defesa, e mantemos, o argumento de que a expressão «Baldios» é, de todas as possíveis, decerto a mais sugestiva, a que mais rapidamente permite a compreensão elementar dos interesses em causa e aquela que mais facilmente é retida na memória.

Isso torna-a especialmente apta a servir de referente para a classe de situações em que potencialmente surgem conflitos emergentes da descoordenação entre múltiplos agentes dotados de diferentes prerrogativas de acesso e de uso a recursos partilháveis e escassos. Dada a frequência com que a expressão surge na literatura[4], de forma já banalizada e não-problemática, poderemos até apresentar a sua candidatura à família das «metáforas mortas», ou seja, das expressões que passaram ao uso corrente de tal forma que elas deixam de poder encarar-se como referentes meramente sugestivos, perdendo por isso qualquer alcance metafórico – algo de similar ao que sucedeu com as expressões «arranha-céus», ou «leito do rio», que julgamos que ninguém quererá contestar em termos semânticos pela sua falta de «literalidade». Ou, retomando palavras que usámos noutro estudo e com outros propósitos, tomemos as expressões «Baldios» e «Anti-Baldios» como "«metáforas heurísticas», *ou seja,* [...] *aqueles «deslizamentos semânticos» capazes de atrair o espírito para novas formas de percepção e de entendimento dos fenómenos (não autorizadas por interpretações literais)*"[5].

Fiquemo-nos, pois, por esta escolha terminológica – relativizando um pouco, ou seja, aceitando que não é da escolha daqueles termos, ou de quaisquer outros, que dependerá o sucesso ou insucesso da análise de interesses e valores humanos que, reconhecidamente, são susceptíveis de

---

[3] Veja-se a Lei dos Baldios: Lei n.º 68/93, de 4 de Setembro, com as alterações introduzidas pela Lei n.º 89/97, de 30 de Julho.

[4] Cfr. Lock, I.C. (2001).

[5] Araújo, F. (2000), 232 (e também 239n135).

encontrar expressão pelas mais diversas vias semânticas ou vocabulares. Por outras palavras, paguemos algum tributo ao nominalismo, o *quantum satis* para nos livrarmos de uma prematura capitulação às tentações do dogmatismo.

Lisboa, Março de 2008

"Aquilo que é comum a todos é aquilo que é mais desleixado. Cada um pensa principalmente naquilo que lhe pertence, e apenas secundariamente no interesse comum, e mesmo assim somente quando esse interesse comum lhe é relevante em termos individuais" – Aristóteles[6].

1. INTRODUÇÃO

Numa primeira parte, introdutória, procurar-se-á fixar alguns conceitos que precedem necessariamente a abordagem do problema, como sejam a caracterização dos «direitos de apropriação» pela moderna análise económica – uma forma mais fluida e fragmentada do que aquela que tem sido desenvolvida pela tradição jurídica (passando pela noção de «*property rights*», pelo «Teorema de Coase» e pelas «*property rules*» de Calabresi e Melamed) – ou a identificação dos «dilemas sociais» que emergem no acesso conflituante a recursos que, sendo susceptíveis de satisfazer necessidades colectivas, são susceptíveis de congestionamento por sobre-uso e por isso suscitam uma necessidade, e um problema, de exclusão.

1.1. O Tema da Propriedade na Análise Económica do Direito: o «Acervo de Direitos»

O tema que nos propomos tratar não será adequadamente percebido se não levarmos em conta o facto de ter vindo a ganhar terreno, na doutrina, a noção de que a propriedade não passa de um «acervo de direitos» («*bundle of rights*»), no sentido de que nada há de predeterminado nas relações entre as pessoas que invocam esse direito de propriedade, e,

---

[6] *Política*, 1261^{b}33-36, *in* Aristóteles (2005), II, 2002.

mais ainda, nada que resulte inequivocamente de poderes sobre uma coisa, de um carácter *in rem*[7].

A propriedade vê enfatizada a sua funcionalidade, o seu carácter de «estado de apropriação» puramente contingente a um quadro social que a admite (mesmo quando a concebe como «fundamentante» desse próprio quadro), mas ao mesmo tempo a doutrina sujeita essa propriedade a todas as consequências de uma abordagem analítica radical, não recuando da sua «pulverização» em micro-titularidades, a serem, ou não, recompostas em posições agregadas – de que a «propriedade» será apenas um dos resultados, ou melhor, um conjunto de resultados, dada a amplitude de formas de apropriação que se admitirá sejam subsumidas ao conceito geral de «propriedade»[8].

Destas ideias resulta, em suma, a preferência da «*Law and Economics*» por conceitos como os de «*property rights*» e de «*property rules*», porque neles está subentendido que a invocação de um conceito de «propriedade» não passa de um expediente (na forma peculiar de uma lista de direitos de acesso e de exploração de recursos específicos), de natureza variável, que é vocacionado principalmente para esbater divergências entre benefícios e custos privados e sociais[9]; sendo por isso que o que a abordagem da «*Law and Economics*» enfatiza é a apropriação como base de negociação e de articulação daqueles acesso e exploração de recursos comuns, como base de solução de litígios para lá da negociação, definidora de legitimidades «residuais» quando a negociação não logre estabelecê-las[10].

Retenhamos, para já, que na teoria económica, e até nalguma teoria jurídica (especificamente a norte-americana), a prevalecente noção de «acervo de direitos» permite explicitar, e levar aos seus extremos, a funcionalização do direito de «propriedade», identificando-a com qualquer subconjunto dentro do conjunto de poderes e prerrogativas que é possível separar e combinar e atribuir ou reconhecer como uma titularidade individualizada, daí decorrendo que a alusão a «propriedade» nada indica quanto ao acervo de poderes concretamente disponíveis para cada titular, nada

---

[7] Merrill, T.W. & H.E. Smith (2001), 357-358.

[8] Demsetz, H. (1998), 144ss.; Libecap, G.D. (1998), 317ss.; Miceli, T.J. (1999), 121ss.; Penner, J.E. (1996), 711ss.; Pericu, A. (1998), 102ss.; Posner, R.A. (2001), 205ss.; Rose, C.M. (1998), 93ss.; Schmidtz, D. (2001), 456ss.; Witt, U. (2001), 379ss.; Wyman, K. (2005), 117ss..

[9] Merrill, T.W. & H.E. Smith (2001), 358. Cfr. Smith, H.E. (2004), 1719ss..

[10] Merrill, T.W. & H.E. Smith (2001), 364.

pressupõe quanto a um determinado «figurino de apropriação» – um ponto crucial no esforço doutrinal de recondução da propriedade ao puro plano das relações intersubjectivas, tornando secundário, ou incidental, que haja uma referência a «coisas»[11].

1.2. A Superação da Definição *In Rem*

Retenhamos também, portanto, que a multiplicação das referências a «*property rights*», e depois a «*property rules*», denota sobretudo essa trivialização e essa despromoção da concepção que dava a «propriedade» como um tipo definido e estável de direito subjectivo *in rem*[12]. Numa perspectiva repetidamente sustentada por Richard Posner, e por isso rapidamente tida por «canónica» no seio da «*Law and Economics*», o conceito de propriedade passa a designar praticamente qualquer expediente (público, privado, costumeiro, formal, informal, contratual, regulatório) através do qual se tenta esbater a tensão e divergência entre custos e benefícios individuais e sociais – uma funcionalização extrema, insista-se, que diverge totalmente da tradicional concepção «absolutizadora» da apropriação[13].

Mais especificamente, esse entendimento subestima ostensivamente o carácter *in rem* do direito de propriedade, no duplo sentido tradicional de poder directo, *material*, sobre uma coisa e de poder de exclusão universal, *erga omnes* – sentido tradicional que está subentendido em expressões como «direitos reais» ou «direito das coisas»[14]. E no entanto, demonstra-o a longa e densa tradição filosófica em torno da justificação do direito de propriedade, esse carácter *in rem* e exclusivo não deve ser subestimado, já que é ele que confere às pessoas as condições para desenvolverem recursos e planearem o futuro com alguma segurança, presas que elas estão da noção de poder directo sobre a *materialidade* das suas posses e dos frutos do seu esforço económico presente e futuro – uma razão que igualmente recobre a tipificação e o *numerus clausus*, um modo de informação a baixo custo acerca da presença e alcance desses direitos *erga omnes*[15].

---

[11] Ackerman, B.A. (1977), 26-29; Merrill, T.W. & H.E. Smith (2001), 357-358; Williams, J. (1998), 297ss..

[12] Alchian, A.A. (1965), 818ss., republicado em: Alchian, A.A. (1977), 130ss..

[13] Watkin, T.G. (1999), 219-224, 282ss.; Merrill, T.W. & H.E. Smith (2001), 360ss..

[14] Merrill, T.W. & H.E. Smith (2001), 358-359.

[15] Merrill, T.W. & H.E. Smith (2001), 359, 385.

Caberia aqui estranhar o aparente menosprezo pela vantagem, até em termos de eficiência, que pode associar-se à tradição do conceito *in rem* da propriedade – por exemplo, a simplicidade informativa com que dispõe os termos de relação entre o titular e todos os potenciais perturbadores do exercício das prerrogativas dessa titularidade, proporcionando aos leigos uma formatação de titularidades típicas que são fáceis de detectar e de perceber[16]. Essa vantagem perde-se na ductilidade da concepção que autoriza a redução da «propriedade» a uma definição dos termos iniciais da negociação, a indicação dos pólos entre os quais se desenvolvem as disputas pelos recursos (uma concepção «coaseana», como veremos) – o que faz com que, para o preenchimento do conceito de «propriedade», baste a já aludida enumeração de usos permitidos e proibidos[17].

De facto, admitir-se-á sem dificuldade que é mais simples, e por isso mais segura, a defesa da titularidade se a ligarmos à ideia de que ela se reporta a um poder sobre uma coisa, sugerindo que o poder de exclusão é de certo modo o corolário da impossibilidade *física* de uso cumulativo dos bens privados (a «rivalidade» a que adiante aludiremos) – o utilizador privilegiado pelo seu poder sobre a coisa, contra o «mundo» dos excluídos (mesmo quando não se esteja a pensar em poderes absolutos ou «despóticos» sobre as coisas, ou nas formas mais cruas ou radicais de exclusão[18]). Mais até, e como sugerimos, sem essa configuração *in rem* cabe duvidar-se da possibilidade de se manter intacto o incentivo económico da apropriação – a expectativa estável quanto ao uso e fruição futuros, o suporte jurídico aos esforços de acumulação de recursos –, queira o titular, ou não, envolver-se em ulteriores circulações negociadas desses recursos[19].

Bastaria esta última ordem de considerações para se perceber porque é que essa circulação contratual e a subalternização, a ela, dos poderes da titularidade são ideias ausentes da evolução tradicional do conceito de propriedade – ao menos até Wesley Newcomb Hohfeld, com a sua demarcação entre direitos *in rem* e *in personam*, tentando reconduzir os primeiros aos segundos, uma concepção que, inadvertidamente ou não, veio abrir o caminho à concepção do «acervo de direitos», uma concepção mais presa à «lógica comercial» e menos presa a uma visão patrimonial «fundiária»[20].

---

[16] Merrill, T.W. & H.E. Smith (2000), 1ss.; Merrill, T.W. & H.E. Smith (2001), 359ss..

[17] Merrill, T.W. & H.E. Smith (2001), 359-360.

[18] Rose, C.M. (1998b), 604ss..

[19] Merrill, T.W. & H.E. Smith (2001), 360-362.

[20] Merrill, T.W. & H.E. Smith (2001), 364-365.

Cremos, contudo, não se tratar aqui de subestimar nem de contestar as potencialidades da definição *in rem* e exclusivista da apropriação, mas apenas de funcionalizar e de relativizar os poderes conferidos pela titularidade às possibilidades de fragmentação e de ductilidade dos títulos, um passo crucial quando haja interesses contrapostos no acesso e na exploração de recursos escassos.

Do que se trata é, em suma, de espelhar a sofisticação a que a crescente ponderação das tensões entre legitimidades privadas e valores colectivos conduziu já, bloqueando o regresso à proverbial «absolutização» dos direitos do proprietário, ou à definição das suas prerrogativas como se fossem despóticas e radicalmente associais (com tonalidades hobbesianas, que reaparecem na definição «absolutista» de Blackstone)[21].

1.3. O Lado «Relacional» ou «Coaseano» da Propriedade: a Ênfase na Bilateralidade

Por outro lado, trata-se de enfatizar a vertente «relacional» ou negociada que, desde a pioneira abordagem coaseana, tem servido de matriz para a análise da «*Law and Economics*» acerca dos recursos: uma análise que consiste, não em tentar uma descrição do mundo que prescinda da referência a coisas, mas antes em propor que as ciências jurídica e económica incidam preferentemente nas condições de circulação de recursos, mesmo que em relativo detrimento da referência estática às titularidades, mais remotamente relevantes para a promoção dos objectivos primordiais da eficiência social[22].

Deve-se sobretudo a Ronald Coase, com efeito, essa ideia de que a propriedade, como as demais titularidades, serve sobretudo como baliza para a negociação reafectadora de recursos, ou, na impossibilidade dessa negociação, como fronteira para a definição de prerrogativas de uso colectivo, centrando a análise subsequente nestas áreas em situações bipolares de disputa no acesso e no uso de recursos comuns[23] – o que em larga medida explica que a «*Law and Economics*» se tenha obstinado na «desagregação analítica» das titularidades sobre os recursos, encaminhando-as para a referida enumeração de usos permitidos e proibidos, susceptíveis

[21] Rose, C.M. (1998b), 601ss.; Merrill, T.W. & H.E. Smith (2001), 360-361.
[22] Madison, M.J. (2005).
[23] Coase, R.H. (1960), 1ss..

de consideração separada mesmo quando se encontrem factualmente agregados[24].

Por outras palavras, dir-se-á que a metáfora da «*thing-ownership*» se revela insuficiente na identificação e caracterização de arranjos complexos de governação e na análise da propriedade de «intangíveis», ainda que em contrapartida tenha vantagens em termos de segurança e de estabilização de formas de sinalização a baixo custo, como o «*numerus clausus*», ao mesmo tempo evidenciando os inconvenientes e irrealismo da concepção de um «acervo de direitos» inteiramente aberto: impondo-se reconhecer, em suma, que, se o «acervo de direitos» representa o risco de uma insuficiente salvaguarda contra a excessiva fragmentação, em contrapartida o «poder sobre coisas» impede o reconhecimento adequado de fragmentações socialmente úteis e a possibilidade de «fragmentação relacional» que pode ser reclamada pela complexidade da economia moderna[25].

Este entendimento tem antecedentes bem discerníveis: por exemplo, em Adam Smith, que reconhecia já a dupla função básica da apropriação, não apenas a de incentivar a acumulação, propiciando, com os seus poderes directos e universais, a protecção contra interferências indesejadas da materialidade dos recursos adquiridos, mas também, mais descarnadamente, a de servir de base às trocas, identificando os respectivos protagonistas através da titularidade dos objectos circulados[26].

Não pretendemos sugerir que esta evolução doutrinária se tenha feito sem resistências, mormente a resistência «realista» que procurou defender a velha versão jusnaturalista da propriedade contra aquilo que lucidamente percebeu ser o «esvaziamento» do bastião da titularidade liberal-romanística às mãos de uma concepção «pseudo-neutra» de «acervo de direitos» que na realidade deixava as titularidades em posições mais contingentes, mais vulneráveis à funcionalização e à subordinação a critérios estatais de redistribuição[27] – desembocando no final, por impulso «coaseano», na já referida ideia de «usos permitidos», usos gravitando em torno do ponto focal do Contrato, como se fossem a negociação e a negociabilidade os valores fundamentantes, e supremos, ao serviço dos quais se imporia a definição das titularidades como regras de jogo, como listas de acções toleradas[28].

---

[24] Merrill, T.W. & H.E. Smith (2001), 359-360.

[25] Heller, M.A. (1999), 1190-1193.

[26] Torstensson, J. (2001), 183ss.; Merrill, T.W. & H.E. Smith (2001), 362; Van den Bergh, R. (2003), 263ss..

[27] Merrill, T.W. & H.E. Smith (2001), 365.

[28] Merrill, T.W. & H.E. Smith (2001), 366-367.

A esta noção não é alheia, também, a acepção amplíssima que hoje se associa à expressão «*property rights*», tomados estes agora como prerrogativas socialmente reconhecidas a indivíduos ou grupos de aceder a recursos e de explorá-los em benefício próprio, com um variável poder de exclusão de terceiros, com o qual se modulam os poderes negociais – uma acepção amplíssima a que se associam habitualmente seis características: divisibilidade; exclusividade; transferibilidade; duração; qualidade do título; flexibilidade[29].

A chave explicativa reside, insistamos, numa espécie de «reducionismo contratualista»: a ideia é a de que, ou se consegue uma negociação com as balizas fornecidas pela apropriação, ou se chega a uma adjudicação não-negociada (judicial, mormente) que idealmente seria sucedânea dessa negociação – sendo, num caso e noutro, decisiva a tal «enumeração de usos (permitidos e proibidos)», na directa proporção dos custos de transacção envolvidos na negociação e em exclusiva dependência da circulação de recursos propiciada por aquela enumeração. Isto de acordo com a ideia coaseana de que os custos de transacção elevados entravam a eficiência automática das negociações – enfatizando a necessidade de definição de titularidades, em contraste com a situação de baixos custos de transacção, que essa tornaria finalmente dispensável a definição rigorosa dos direitos de apropriação[30].

Não se esgotam aqui as conotações da «viragem coaseana»[31]: por detrás do «convencionalismo» da visão do contingente «*bundle of rights*», entendido este como o conjunto de prerrogativas autorizadas, pode abrigar-se também uma motivação política que, ao despromover as visões «jusnaturalistas» acerca da propriedade como objecto de um «direito à propriedade», reabre espaço para intervenções reguladoras e distributivas por parte do Estado[32] – uma iniciativa para «destronar» o direito de propriedade que se coaduna com visões intervencionistas, «*welfaristas*» e paternalistas provindas dos próprios antípodas das premissas coaseanas, mas inteiramente convergentes com elas em matéria de resultados[33].

A convergência não surpreende se interpretarmos correctamente o «Teorema de Coase» e estivermos atentos às implicações da elevação dos

---

[29] Grafton, R.Q., D. Squires & K.J. Fox (2000), 681ss..

[30] Merrill, T.W. & H.E. Smith (2001), 368.

[31] Sobre a recepção do «Teorema» de Coase, cfr. Farber, D.A. (1997), 398-400.

[32] Fried, B.H. (1998).

[33] Merrill, T.W. (1998), 737-739; Penner, J.E. (1996), 733-738.

custos de transacção para níveis proibitivos. Na perspectiva coaseana, os «*property rights*» servem, como vimos, de pontos de partida para a negociação quando ela é possível – mas, quando ela não é possível, os «*property rights*» servem de redutos protegidos que idealmente replicariam, de forma autoritária, o resultado eficiente que resultaria de um mercado. Dada a preferência pelo abaixamento de custos de transacção, compreende-se que é a primeira configuração que deve ser privilegiada[34], e nela o que interessa apenas é que haja uma identificação dos titulares, não o conteúdo substantivo das correspondentes titularidades, que se torna irrelevante (até porque está à mercê de rectificação negociada)[35]. Mas a segunda configuração, a dos custos de transacção elevados, é perfeitamente compatível com visões intervencionistas, «*welfaristas*» e paternalistas sobre a distribuição dos recursos – a única ressalva possível será a de que, para Coase, não é esta a configuração privilegiada, no sentido de que, das duas, é esta a mais potenciadora de ineficiências.

A força do «paradigma coaseano» é tal que talvez arriscássemos ir ainda mais longe. A ênfase na bilateralidade e o concomitante menosprezo por «absolutizações *in rem*» estende-se mesmo para o domínio dos custos de transacção elevados, porque também dentro desse domínio se confia numa afectação de recursos cuja eficiência é decalcada daquela que se obteria com a negociação – uma adjudicação judicial *ex post*, por via de «*liability rules*», que visa maximizar os resultados da combinação de interesses de todos os envolvidos num litígio respeitante a titularidades de recursos[36].

Dito de outra forma: a explícita preferência coaseana por exemplos de pura bilateralidade, de reciprocidade (reforçados ainda pelos contributos de Robert Ellickson, com as suas comprovações empíricas do «Teorema»[37]), favorece a ideia de que nunca está em causa, mesmo nas disputas de titularidades, senão um embate de direitos *in personam* – e é só a complicação dos custos de transacção elevados que, entravando os

---

[34] McCloskey, D. (1998), 367ss..

[35] Sobre a viabilidade da «*invariance version*» de Coase – a hipótese de custos de transacção irrelevantes – e a sua aplicabilidade a soluções políticas concretas e universalizáveis, cfr. Holderness, C.G. (1989), 181ss.. No limite, com custos de transacção zero, a definição dos direitos tornar-se-ia completamente indiferente. Cfr. Cheung, S.N.S. (1998), 518-520.

[36] Merrill, T.W. & H.E. Smith (2001), 369.

[37] Ellickson, R.C. (1986), 623ss.; Ellickson, R.C. (1991); Merrill, T.W. & H.E. Smith (2001), 391-392.

rearranjos, aconselha uma formulação *in rem* das posições conflituantes[38] – sendo hoje, todavia, claro que essa restrição à bilateralidade, pedagogicamente tão recomendável (e tão responsável pelo sucesso do «Teorema de Coase»), acabou por escamotear outras razões, porventura mais fundas e permanentes, pelas quais podem ser mais aconselháveis as definições *in rem* – de certo modo eclipsando-as como uma «terceira via» possível entre as puras soluções de mercado e de mecanismo de preços, por um lado, e as adjudicações administrativas e da regulação, por outro[39].

Em termos de História das Ideias, trata-se, até certo ponto, de um acidente, do resultado casual de um rumo de investigação – nomeadamente o facto de Ronald Coase se ter aproximado da formulação mais rematada do seu «Teorema» através da análise dos direitos de radiodifusão, dos problemas de gestão do espectro electromagnético[40]. Com efeito, a ideia de «usos permitidos» está associada à solução de privatização dos direitos de radiodifusão, já que às tradicionais objecções relativas à imaterialidade e indefinição do espectro electromagnético, que se afigurava bloquearem qualquer solução assente em titularidades privadas, e especificamente na «propriedade», Coase contrapôs que não se tratava de definir direitos exclusivos de acesso a uma porção desse espectro, mas antes de especificar alguns direitos de utilização de equipamento de emissão radiofónica, definindo-os como «usos permitidos», sem adensar o conceito com proclamações de exclusivos e de poderes absolutos[41].

A ênfase na bilateralidade, insista-se, não era necessária, resultou apenas de uma necessidade analítica, a de simplificação nas ilustrações utilizadas no artigo de 1960, o artigo que contém o «Teorema»[42]. Tratava-se também, remetendo implicitamente para o artigo de 1959, de insistir que, dado um quadro favorável de eficiência nas transacções, as titularidades dos recursos não ficavam, nem tinham que ficar, presas do substrato de regulação da primeira atribuição, e que essa regulação, portanto, não seria impeditiva, mesmo que o pretendesse, de uma transferência dos «*bundles of rights*» que não adulteraria a finalidade social dos «usos

[38] Merrill, T.W. & H.E. Smith (2001), 369-370.

[39] Merrill, T.W. & H.E. Smith (2001), 371-372.

[40] Coase, R.H. (1959), 1-40.

[41] Merrill, T.W. & H.E. Smith (2001), 372-373.

[42] Contudo, há quem tinha entendido, contra a opinião do próprio Coase, que, abandonada a bilateralidade, nada resta do «Teorema»: Aivazian, V.A. & J.L. Callen (1981), 175ss.; Coase, R.H. (1981), 183ss..

permitidos», tal como ela tivesse resultado dos critérios da primeira atribuição. Sendo que, por contraste, uma atribuição *in rem* dificilmente se compatibilizaria com essa restrição à discricionariedade do titular, precisamente por não admitir uma fragmentação, e depois uma selecção, de usos permitidos e não-permitidos – e daí precisamente que a «absolutização» acarretasse um relacionamento mais problemático com os objectivos de prevalência da função social da propriedade[43].

Daqui se conclui que, algo inadvertidamente, o entusiasmo com a «sucessão de paradigmas» levou a um exagerado «enfeudamento» na bilateralidade, dificultando a análise em contextos de elevados custos de transacção, em particular os gerados pela multiplicidade de interessados na disputa de recursos – caso em que a configuração *in rem* se mostraria decerto bem mais eficiente (até por ser menos dependente de uma definição continuada de usos permitidos e de finalidades aprovadas, e de uma estrutura de governação). Daí terem surgido vários esforços de superação das «aporias coaseanas», das aporias da concepção da propriedade em termos de «bilateralidade *in personam*», de que daremos conta, sucintamente, já de seguida[44].

Insista-se, antes, na observação de que, ao contrário do que sucederá em inúmeras situações em que os conflitos intersubjectivos podem ser resolvidos através de titularidades sobre os recursos, a solução proposta por Coase para o espectro electromagnético supõe uma atribuição prévia por um regulador – uma atribuição condicionadora dos usos permitidos e até da transmissão futura, coisa que, como se referiu, fica aquém da margem de arbítrio, ou pelo menos de discricionariedade, que tradicionalmente acompanha uma definição *in rem*, ao menos no seu figurino liberal-romanístico (ressalvadas obviamente as possibilidades de proibições específicas e de subordinação permanente a cláusulas de abuso de direito).

Além disso, o carácter «naturalístico» de uma definição *in rem* também se dirá que permite restringir tanto os custos da adjudicação inicial (dispensando-se um regulador ao qual ficaria cometida tal tarefa) como os custos de transacção na transmissão da propriedade, já que deixa de ser preciso multiplicar as definições *in personam*, casuisticamente, bastando uma simples definição de titularidade *erga omnes* que se presume que não varia de transacção para transacção[45].

---

[43] Merrill, T.W. & H.E. Smith (2001), 373-374.

[44] Merrill, T.W. & H.E. Smith (2001), 374ss.. Cfr. Kaplow, L. & S. Shavell (1996), 713-790.

[45] Merrill, T.W. & H.E. Smith (2001), 373-374.

1.4. **Reacções ao Reducionismo Contratualista**

Pese embora o tributo que a «*Law and Economics*» prestará a essa definição coaseana da propriedade em termos de bilateralidade *in personam*, aquilo que novamente designaremos como um reducionismo contratualista, isso não significa que no seio da escola não se tenham detectado alguns dos embaraços dessa visão analítica fragmentadora, e que por isso, como anunciámos há pouco, se tenham esboçado algumas resistências, mormente procurando vias alternativas para a solução eficiente de conflitos colectivos envolvendo «titularidades»[46]: sejam, por exemplo, as propostas neoinstitucionalistas de Yoram Barzel[47], sejam as propostas «aquilianas» dos que, como Robert Cooter, privilegiam as soluções dos regimes de responsabilidade civil[48], seja a bissectriz teórica representada pela abordagem de Calabresi e Melamed, centrada na dicotomia entre «*property rules*» e «*liability rules*»[49].

Não se esperem, contudo, grandes dissidências no cânone da «*Law and Economics*» relativo a esta matéria: Yoram Barzel não deixa de subscrever a noção de propriedade como mera baliza nas trocas, a tudo sobrelevando a promoção da eficiência «de mercado» – significando isso especificamente que o que interessa, para ele, é que as trocas maximizem a circulação de bens e a optimização da afectação final desses bens; se nalgum ponto a titularidade *in rem* faz a sua reaparição, isso deve-se essencialmente ao facto de as trocas envolverem bens de características por vezes muito heterogéneas, características essas que seria muito fastidioso (muito oneroso em termos de custos de transacção) espelhar em especificações contratuais precisas, razão pela qual os contratos ficam incompletos e remetem para um «domínio aberto» de atributos dos bens transaccionados, atributos entre os quais se encontrariam as titularidades – entendidas estas como uma espécie de «legitimidades residuais» que, no silêncio dos contratos, definem o suporte de riscos «exógenos» (de ganhos e perdas).

Por outras palavras: os neoinstitucionalistas definem os «*property rights*» como meros pontos focais da negociação; como esta apenas pode incidir sobre alguns atributos das coisas, mas não sobre todos, ou não

---

[46] Merrill, T.W. & H.E. Smith (2001), 375.
[47] Barzel, Y. (1999).
[48] Cooter, R. (1985), 1ss..
[49] Calabresi, G. & A.D. Melamed (1972), 1089ss..

sobre todos de forma exaustiva, dados os custos de estipulação de contratos completos, sobre aquilo que não é especificado num «contrato incompleto» constitui-se uma espécie de «acesso livre» a pretendentes residuais, que deve ser contrariado com a especificação de titularidades com prerrogativas de exclusão[50].

Tratar-se-ia, em suma, com a definição de titularidades, de preencher os hiatos gerados pelo inacabamento contratual[51] – daí decorrendo uma inteira subalternização dos «*property rights*» à lógica do contrato, sustentando-se que (ao menos idealmente) o contrato bastaria para a determinação de todos os elementos essenciais do valor económico em causa numa transacção (ficando as titularidades remetidas a uma posição supletiva).

Ao mesmo tempo, note-se, na posição de Yoram Barzel inverte-se de certo modo a «lógica» de Coase, visto que já não se trata de definir previamente a propriedade e proceder a atribuições distributivas (ainda que como meras «*baselines*» das transacções), mas antes de deixar que se desenvolva a relação contratual para só depois deixar a propriedade desempenhar as suas funções residuais (como instância integradora das lacunas contratuais e como «*residuum of value*»). Mesmo com estas variantes, a consequência última deste entendimento de Barzel, sublinhemo-lo novamente, é a de que a dimensão *in rem* da propriedade acaba completamente eclipsada[52].

Por seu lado, a abordagem de Robert Cooter consiste numa tentativa de formulação de uma teoria unificada acerca da afectação de recursos, sustentando que os adjudicadores devem adoptar regras que incentivem ambas as partes de uma transacção a tomarem precauções capazes de minimizar os custos sociais – aquilo que Cooter designa por «*double responsibility at the margin*». Desta «perspectiva aquiliana» (uma «*tort perspective*»), cada conflito de usos de um recurso escasso e disputado acaba por contribuir para a consolidação do «*bundle of rights*», ou seja, para a sedimentação da imagem compósita de um agregado de fragmentos que extra-contratualmente se vai definindo – *in personam*, novamente[53].

Sintetizando a posição daqueles que privilegiam a perspectiva da responsabilidade civil, diríamos que eles tendem a sublinhar o contínuo das diversas soluções jurídicas como veículos de promoção da eficiência

[50] Fama, E.F. & M.C. Jensen (1983), 327ss..
[51] Merrill, T.W. & H.E. Smith (2001), 377-378.
[52] Merrill, T.W. & H.E. Smith (2001), 376-378.
[53] Merrill, T.W. & H.E. Smith (2001), 378-379.

– mormente quando se pressuponha que a eficiência reclama uma intervenção adjudicadora que forneça incentivos a ambas as partes para tomarem medidas eficientes de prevenção dos custos sociais[54]. Retira-se do «Teorema de Coase» o corolário directo para as situações com elevados custos de transacção, recorrendo à figura de um adjudicador central e superior às partes – correspondendo o «acervo de direitos» à cristalização dos critérios desse adjudicador, a uma definição minimamente estável de usos permitidos e proibidos (aquilo que, na terminologia da orientação que referiremos de seguida, se designará por «*liability rules*»)[55].

Por fim, nesta enumeração exemplificativa, Calabresi e Melamed combinam a perspectiva contratual e extracontratual num mecanismo único de afectação de recursos através de regras, uma combinação de modos bilaterais, por um lado, e colectivos, por outro, de afectação de recursos através de titularidades – naquilo que se diria ser uma forma especialmente «plástica» de gerir o «acervo de direitos», visto que nela a propriedade é concebida como uma espécie de caixa vazia a ser preenchida com qualquer conjunto de poderes e legitimações[56].

De forma necessariamente esquemática, dir-se-á que num primeiro passo se identifica a tensão de interesses entre as partes, para num segundo momento se definir uma regra que proteja e regule as titularidades em causa:

- seja com um pagamento prévio nas «*property rules*», caso haja lugar a uma transferência voluntária de recursos;
- seja com o pagamento posterior de uma indemnização com uma «*liability rule*», caso a transferência de recursos tenha sido involuntária;
- seja com a pura e simples imposição de inalienabilidade[57].

Predomina novamente, pois, nesta construção de Calabresi e Melamed, uma concepção *in personam*, já que as titularidades são concebidas como colecções de direitos de uso *ad hoc* – e agora a qualquer nível de custos de transacção, com qualquer dimensão de pessoas envolvidas, sendo que as «*liability rules*» acabam por, pura e simplesmente, dispensar o recurso a regras *in rem*.

---

[54] Cooter, R. (1985), 1ss..

[55] Merrill, T.W. & H.E. Smith (2001), 378-379.

[56] Veja-se a síntese da célebre construção de Calabresi e Melamed em: Araújo, F. (2007), 262ss..

[57] Merrill, T.W. & H.E. Smith (2001), 379-380, 385.

Confirma-se, pois, que a abordagem de Calabresi e Melamed é inspirada no paradigma dos contratos, não no da propriedade (entendida esta na sua configuração tradicional)[58]. E tanto assim é que, sob a égide da análise de Calabresi e Melamed, começou a desenvolver-se uma alternativa teórica mais vincadamente contratualista do que a abordagem da «*bundle-of-rights analysis*», privilegiando em alternativa o quadro normativo que preside às titularidades e às trocas (e não já tanto a configuração interna dos «incidentes de apropriação») – sendo que se tem designado esta outra via teórica como a «*rule-governed entitlements analysis*»[59].

Resumindo, esta última visão de síntese entre regimes e regras de propriedade e de responsabilidade aclara as hipóteses de «circulação forçada» que se apresentam como alternativas à circulação voluntária, de mercado, das titularidades – e fá-lo de forma ainda mais casuística e contingente do que aquela que é espelhada no «Teorema de Coase» em situações de elevados custos de transacção, sugerindo uma infinita plasticidade para o «acervo de direitos», que praticamente se dissolve numa definição *ad hoc* de prerrogativas de acesso e de exploração.

E no entanto, Calabresi e Melamed tinham-se limitado a sugerir que, quando aumenta o número de envolvidos e com isso sobem os custos de transacção, a solução não se encontra numa definição *in rem* da propriedade, mas antes no recurso a transferências forçadas nos termos das «*liability rules*», novamente denotando a matriz contratualista da sua abordagem ao tema da propriedade[60].

Concluir-se-á que em todos estes exemplos de orientações proeminentes na «*Law and Economics*» temos ainda afloramentos do «reducionismo contratualista», por mais sincera que tenha sido a oposição inicial ao paradigma – no fundo, fazendo jus à tendência para a decomposição das titularidades jurídicas que, se por um lado facilita grandemente a compreensão de alguns fenómenos modernos em torno do direito de propriedade – sendo as «tragédias» dos «Baldios» e dos «Anti-Baldios» um caso notório –, por outro lado deixa desamparada a explicação tradicional e plausível de tudo o que respeita à vertente *in rem* da apropriação[61].

Para ilustrá-lo, bastará porventura uma referência ao «*numerus clausus*», que do ponto de vista contratualista é um mero obstáculo à

---

[58] Merrill, T.W. & H.E. Smith (2001), 381-383.
[59] Munzer, S.R. (2005), 149.
[60] Merrill, T.W. & H.E. Smith (2001), 379-383.
[61] Merrill, T.W. & H.E. Smith (2001), 384.

amplitude de estipulação com a qual, em princípio (dados custos de transacção baixos), as partes conseguiriam alcançar a afectação e reafectação eficiente de recursos sem necessidade de apoio em qualquer taxonomia constritora – um obstáculo de standardização que, para mais, imporia ainda custos na medida em que entravasse a fragmentação das titularidades quando ela se tivesse afigurado desejável[62]. E no entanto, nada é mais fácil de perceber do que a evolução institucional que conduziu à consagração do «*numerus clausus*» nos direitos reais – é que, como já ficou sugerido antes, são palpáveis as vantagens económicas decorrentes da tipicidade de titularidades *in rem*, se considerarmos a poupança em custos de informação que tal tipicidade representa para todos os terceiros que potencialmente terão contacto com uma determinada situação em que seja relevante a titularidade de recursos; a constrição da tipicidade pode ser mais do que compensada pela eficácia *erga omnes* dessa restrição dos resultados possíveis das transferências de recursos[63]. Em suma, a limitação de tipos representa um ganho informativo para todos os potenciais pretendentes ao uso dos recursos, que se veriam confrontados com custos elevados se tivessem de avaliar as suas pretensões à luz de um enquadramento variável e casuístico.

É uma conclusão que tem paralelo com a relativa uniformidade detectada nas «normas sociais» a que dedicaremos adiante a nossa atenção, um indício seguro da espontânea preferência pela uniformidade simplificadora, e para a adopção de critérios de legitimação simples e compreensíveis, assentes com frequência na presunção de que cada objecto espacialmente separado há de corresponder a uma titularidade única e igualmente separada – uma forma esquemática e rudimentar, mas eficiente, de minimizar conflitos de acesso e uso, e até de sedimentar um ponto focal que induzirá a generalização de condutas de respeito, de abstenção, de acatamento, até ao menos intelectualmente sofisticado dos intervenientes[64].

1.5. As Vantagens da Definição *In Rem*

Apesar de tudo o que fica dito, impõe-se reconhecer que a visão *in rem* da propriedade – como um direito «contra o mundo» que incrementa

---

[62] Por exemplo, para resolver um problema de «Baldios», não para resolver um problema de «Anti-Baldios» (como veremos).

[63] Merrill, T.W. & H.E. Smith (2001), 385-387.

[64] Merrill, T.W. & H.E. Smith (2001), 385-390.

a segurança no uso e fruição de recursos determinados e separados – continua, mesmo assim, presente na análise económica. De certo modo, trata-se de um contrabalanço à extrema desmaterialização que poderia decorrer de uma fragmentação «relacional» demasiado complexa, susceptível de dificultar a definição e demarcação dos objectos dos direitos – isto ainda que se reconheça que é a desmaterialização que permite que subsista a referência intensiva a «direitos» quando o elemento «real» é inadequado, mesmo como metáfora[65]. As repercussões de uma visão *in rem* são aliás discerníveis, como já dissemos, no entendimento do que é o *numerus clausus*, e dos ganhos que dele podem advir – difíceis de entender quando se privilegia uma pura via contratual e se valorizam as possibilidades de modelação casuística que a «via contratual» propicia[66].

Ao mencionarmos os contributos de Robert Ellickson, deixámos já subentendido que a preferência pelo contrato e a ênfase na bilateralidade não resultam de meras explorações dos corolários do «Teorema de Coase», mas nascem igualmente do fascínio da «*Law and Economics*» pela comprovação empírica da pujança das «normas sociais», normas extra-jurídicas reveladoras das virtualidades da «*private ordering*» no enquadramento das mais diversas actividades colectivas, e entre elas a circulação de recursos[67].

Há também, indisfarçável, um traço libertário, que às respostas fornecidas pelo Direito Positivo, sempre suspeitas de «contaminação política», contrapõe um argumento que de certo modo implica a fundamental inutilidade de muita da hetero-disciplina incorporada nessas normas positivas – umas vezes porque elas são eficientes apenas porque se cingem a reflectir o equilíbrio a que se chegaria a uma negociação com baixos custos de transacção (caso em que o abaixamento permanente desses custos tornará redundantes aquelas normas), outras vezes porque são ineficientes e não resistiriam ao confronto com a redistribuição através de negociações e da generalização de normas sociais (caso em que novamente o abaixamento permanente dos custos de transacção afastaria aquelas normas).

Mais especificamente, dir-se-á que o apelo às «normas sociais» consiste, no fundo, num apelo à ponderação das condições que tornam possíveis, ou aconselháveis, soluções mais próximas e dúcteis do que

---

[65] Merrill, T.W. & H.E. Smith (2001), 383-384. Cfr. Heller, M.A. (1999), 1193ss..

[66] Rudden, B. (1987), 261ss..

[67] Sobre o tema, Araújo, F. (2007), 336ss..

aquelas que determinam tanto a generalidade e abstracção das normas positivas como a universalidade *erga omnes* das titularidades *in rem*: porque, por exemplo, num âmbito em que se reconheça a possibilidade de normas sociais bem sucedidas, a poupança em custos de informação, a estabilização de expectativas, a sedimentação de práticas, a preservação de incentivos – tudo isso já fica assegurado ao nível intermédio de tais normas extra-jurídicas[68].

Reconhecendo-se embora o bem-fundado dessas ressalvas, reconhecer-se-á que a tendência evolutiva não aponta sempre para uma evolução em direcção a essas formas intermédias de auto-regulação – suspeitas que elas são, ocasionalmente, de constituírem retrocessos «feudais» em relação a uma ordem jurídica que trava ainda o combate pela universalização de alguns dos seus valores fulcrais. A complexidade das sociedades urbanas modernas não consente que se menosprezem as vantagens informativas de um desenho *in rem* e unilateral das titularidades, decerto, em muitos casos, o mais apto a reduzir custos de transacção entre multidões de potenciais interessados no acesso a recursos comuns, ou no uso de tais recursos – sobretudo se, como se argumentou já, contrastarmos a simplicidade de definição de um direito *in rem* (acompanhado de uma vaga sugestão do dever genérico de abstenção) com a complexidade ínsita na formulação, e na comunicação, da pura bilateralidade[69].

Não quer isso dizer que essa bilateralidade, o fruto lídimo do «agnosticismo causal» de Ronald Coase (e o fundamento da sua divergência face a A.C. Pigou), não seja inteiramente verificável como descrição dos estados de coisas em que emergem conflitos de pretensões quanto a recursos escassos, e não aponte para soluções de governação de recursos – muito mais maleáveis, contextualizáveis e potencialmente justas do que as tradicionais armas da pura e simples exclusão, há muito reconhecidas como referência a um potencial de violência, incompatíveis com qualquer forma de solução «participada». Apenas sucede que o «senso comum» (que não coincide necessariamente com «bom senso») tem dificuldade em admitir todos os corolários de uma pura bilateralidade – preferindo aderir a uma plausibilidade em que há «puros» autores e «puras» vítimas, ligados por noções unilaterais de causalidade e de culpa[70], uma plausibilidade que

---

[68] Merrill, T.W. & H.E. Smith (2001), 388-391.

[69] Merrill, T.W. & H.E. Smith (2001), 393-396.

[70] Daí as as reservas de Richard Epstein: Epstein, R.A. (1973), 151ss.; Epstein, R.A. (1974), 165ss.; Epstein, R.A. (1993), 553ss..

torna inevitável que subsista muita adjudicação por «*liability rules*» que não é puramente decalcada de soluções negociais nem é sucedânea destas, nem sequer é determinada por considerações relativas a custos de transacção[71-72].

Isso não desmente a existência de ganhos de simplicidade associáveis a uma definição *in rem* das titularidades, ao menos em situações em que sejam elevados os custos de comunicar os conteúdos das titularidades entre as partes envolvidas nas transacções – caso em que se presumirá mais eficiente, mais fácil de definir e de comunicar, uma regra de exclusão geral e indiscriminada do que um «*bundle of rights*» não-padronizado que não tornaria imediatamente claras todas as prerrogativas reportadas as recursos partilháveis e escassos, devolvendo a cada um dos potenciais interessados a determinação do seu estatuto de «*insider*» ou de «*outsider*» em relação a esses recursos[73].

Dito de outra maneira, percebe-se que um dos alicerces da segurança da propriedade seja a simplicidade da regra protectora, na medida em que facilita a coordenação de um grupo potencialmente muito vasto de pessoas: por um lado, a defesa da propriedade é mais simples se os limites físicos da detenção de um bem vierem acompanhados de uma proibição geral de interferência mais ou menos co-extensa com aqueles limites físicos; por outro lado, a defesa da propriedade não fica facilitada se se disser a todos os potenciais interessados que a interferência numa titularidade aparente dependerá de uma solução de «governação», susceptível de definir «aprovados» e «excluídos», «*insiders*» e «*outsiders*», dentro de um contínuo de possibilidades de configuração de «*bundles of rights*»: faz-se um desenho mais «fino» das titularidades, decerto, aumenta-se-lhes possivelmente a ductilidade e a negociabilidade – mas com que custo em termos de informação?[74]

Nada disto impede que, nesta matéria, a equação custo-benefício vá evoluindo, em especial à medida que a densidade populacional e a acti-

---

[71] Krauss, M.I. (2000), 782ss.; Krier, J.E. & S.J. Schwab (1995), 440ss..

[72] Com efeito, a opção entre «*liability rules*» e «*property rules*» não tem que estar estritamente confinada a custos de transacção, como Calabresi e Melamed sugerem, mas pode associar-se também à vontade de condicionar futuros «*threat points*» na negociação, ou associar-se ao grau de completamento que exibam as titularidades em presença – entre outros factores. Cfr. Nicita, A. & M. Rizzolli (2004).

[73] Borgo, J. (1979), 419ss.; Epstein, R.A. (1979), 477ss.; Posner, R.A. (1973), 217ss.; Wright, R.W. (1985), 1750-1758.

[74] Merrill, T.W. & H.E. Smith (2001), 394-396.

vidade económica vão aumentando, incrementando por essa via a necessidade dessa configuração «fina» das titularidades, tornando-a menos categórica e mais sensível aos contextos. Por outro lado, não se pode ignorar a razão que levou os cultores da «*Law and Economics*» a secundarizarem o problema da segurança e da ordem, de certo modo dadas por adquiridas nas sociedades mais evoluídas, e se concentraram em temas que tinham por não-resolvidos, a gestão de relações contratuais longas ou complexas, o papel de organizações, a resolução de externalidades através de incentivos, tudo problemas de optimização do bem-estar: as mesmas razões que em larga medida explicam a subalternização dos temas «clássicos» do direito de propriedade[75].

Em síntese, concluir-se-á que a tendência para a superação da dimensão *in rem* terá ido, nalguns pontos, longe de mais, e pode acabar por constituir um embaraço para a análise económica da propriedade – ao menos quando se regressa aos mais elementares níveis da ordem e dos incentivos, problemas prévios e condicionantes da busca de maximização de eficiência, sendo pois que haveria que reter desta reflexão inicial a advertência de que deve prosseguir-se numa ponderação ampla de contributos não raro conflituantes[76].

Pela positiva, cremos poder sustentar-se a conclusão de que a ênfase contratualista veio abrir novas perspectivas ao debate jurídico e económico sobre a natureza da propriedade, mormente trazendo para primeiro plano a noção fluida e descomprometida de «*property rights*», entendidos estes, numa acepção amplíssima, como aptidões (presentes ou esperadas, reais ou potenciais) de um agente referidas ao acesso a um recurso ou à exploração de um recurso – aptidões que, com maior ou menor conotação «real» e maior ou menor consagração positiva, em todo o caso se poderá dizer que convocam a tutela de praticamente toda a ordem jurídica, podendo tomar-se pelas «moléculas» nas quais se analisa toda a intersubjectividade jurídica e economicamente relevante. Em suma, as fronteiras tradicionais da análise do direito de propriedade são completamente ultrapassadas por esta reformulação ambiciosa[77].

[75] Merrill, T.W. & H.E. Smith (2001), 398.
[76] Merrill, T.W. & H.E. Smith (2001), 398.
[77] Lueck, D. & T.J. Miceli (2006).

1.6. A Fragmentação da Propriedade: um Primeiro Contacto com «Baldios» e «Anti-Baldios»

Quando adiante analisarmos mais detidamente o fenómeno dos «Anti-Baldios», os respectivos pressupostos e o seu potencial de desfechos «trágicos», verificaremos que o problema surge por causa da efectiva decomposição de titularidades sobre recursos, capaz de suscitar problemas de sobreposição e de descoordenação entre essas titularidades menores, que entre si conflituam essencialmente porque nenhuma alcança a «dimensão crítica» que asseguraria o acesso exclusivo, primeiro, e a exploração exclusiva, depois, relativamente a um determinado recurso – dissipando energias, portanto, numa disputa que, presume-se, seria evitada nas referidas condições «exclusivas».

O mal, alega-se habitualmente, reside num quadro normativo incapaz de superar ambiguidades ou «capturas» na definição de titularidades com dimensão eficiente[78]. Percebe-se assim que o contexto das «economias de transição», escolhido por Michael Heller para analisar o fenómeno dos «Anti-Baldios», viesse a revelar-se como um terreno de eleição: quadros jurídicos e institucionais incipientes ou profundamente abalados revelavam-se amiúde incapazes de procederem à atribuição, em termos suficientemente individualizados e definidos, de «acervos de direitos» susceptíveis de integrarem, por agregação, uma titularidade plena – antes se envolvendo numa multiplicação e dispersão de poderes e titularidades que ao mesmo tempo tentavam responder a pretensões herdadas dos sistemas socialistas e tentavam satisfazer interesses emergentes nos novos contextos de «mercado», de tudo isso resultando uma sobreposição de faculdades e prerrogativas que na prática inviabilizavam o uso normal e eficiente do recurso. Na prática, a «pulverização» da propriedade redundava, em tais situações, numa multiplicação e sobreposição de direitos de exclusão, inviabilizando o acesso eficiente por parte de qualquer dos titulares[79].

Mas antes que nos precipitemos a tirar conclusões, lembremos que ainda este problema dos «Anti-Baldios» não tinha sequer sido identificado e já outro tinha sido extensamente analisado, o problema dos «Baldios», não menos propenso a consequências trágicas – e que esse problema dos «Baldios» emergia fundamentalmente da falta de fragmentação de titularidades que, todas concorrendo ao uso de um recurso escasso e todas

[78] Heller, M.A. (1998), 622-623.
[79] Heller, M.A. (1998), 623.

aparentemente munidas da plenitude dos poderes e prerrogativas inerentes à titularidade irrestrita, acabavam por causar o sobre-uso e o esgotamento desse recurso, aí também por sobreposição e descoordenação. No caso dos «Baldios», dir-se-ia não ser a falta de titularidades agregadas e coesas que causava o problema, mas antes o inverso, a abundância de titularidades definidas monoliticamente, cada uma gerando ao seu titular a ilusão de possibilidades de acesso e de exploração ilimitadas – sem que se lhes contrapusesse qualquer contrabalanço analítico, capaz de «decompor» a titularidade plena e de retirar dela alguns poderes e prerrogativas susceptíveis de gerar tais problemas de sobre-uso e de esgotamento.

Num caso, a fragmentação da propriedade era a fonte de problemas; no outro caso era-o a falta de fragmentação. A simetria das situações, que não passou despercebida desde o primeiro momento (e acabou espelhada na dicotomia «Baldios / Anti-Baldios»), vinha demonstrar claramente que não havia solução fácil para qualquer delas – que mais não fosse porque o «antídoto» para uma podia ser o «veneno» para a outra[80].

Cabe aqui sublinhar mais uma vez – e não será esta a última que o faremos – que tudo dependerá do contexto em análise, sendo que a fragmentação, ou a falta dela, só podem ser tidas por problemáticas, ou potencialmente «trágicas», em função dos ganhos e perdas que resultem de uma definição de propriedade mais assente em titularidades rígidas e não-analisáveis ou mais assente em poderes utilizáveis separadamente em negociações abertas e dúcteis. Dito por outras palavras, por vezes ocorrerá que os «mercados» não sejam susceptíveis de rectificar afectações iniciais de recursos, sendo que então poderá verificar-se uma «viscosidade» em posições sub-óptimas, de usos de baixo valor, por sobre-uso (sem hipótese de fragmentação e de privatização dos fragmentos) ou por sub-uso (sem hipótese de consolidação, de reagregação capaz de fazer recobrar às titularidades a sua «massa crítica», aquela dimensão eficiente na qual elas propiciam o alinhamento da posição individual dos titulares com o interesse social de titulares e não-titulares)[81].

E, no final deste estudo, concluiremos até que há situações de «Comédia dos Baldios» e de «Comédia dos Anti-Baldios», querendo com isso sugerir que tanto a fragmentação da propriedade como a ausência de fragmentação podem desempenhar funções económicas da maior relevância: por vezes os objectos susceptíveis de apropriação valerão mais sepa-

---

[80] Heller, M.A. (1998), 623-625.

[81] Heller, M.A. (1998), 626.

rados do que juntos, sendo nesse caso bom dividi-los e fragmentar as titularidades; e noutros casos sucederá o inverso[82].

Nada disso implica, contudo, que caiamos na ingenuidade de passar ao lado e menosprezar as razões que, ao longo do processo histórico, levaram a situações de fragmentação e de consolidação política e juridicamente impostas à propriedade privada – os emparcelamentos agrícolas e as «reformas agrárias», por exemplo, ou as diversas formas de «propriedade condicionada» ou «fiduciária» que visaram a preservação intergeracional das titularidades a um determinado nível de coesão[83]: significando esta advertência que muitas modalidades de fragmentação e de agregação da propriedade foram já experimentadas ao longo do tempo e continuam a ser experimentadas, e que muitas delas já se estabeleceu há muito que são incompatíveis com uma salutar preservação da propriedade privada, mesmo quando se trate de conservá-la apenas como uma entre várias formas de apropriação (em harmonia, por exemplo, com a propriedade pública e com a propriedade comum)[84].

1.7. As «Fronteiras da Propriedade»

A propósito, adiantemos já que a reflexão sobre «Baldios» e «Anti-Baldios» pode servir precisamente para situar mais rigorosamente as fronteiras da apropriação privada, tornando mais nítidas as realidades que se encontram para lá dessas fronteiras – realidades cuja consideração se impõe quando, como dissemos já, mais de um interessado concorre ao acesso ao recurso escasso e se propõe disputar o respectivo uso. Muito esquematicamente, e sem prejuízo de ulteriores elaborações, diremos que esse concurso de múltiplos pretendentes abre de imediato uma dupla possibilidade:

- a da resolução negociada e sem atritos de todos os interesses objectivamente contrapostos, quando essa negociação seja possível e fácil (designá-la-íamos como a «via coaseana»);
- a da resolução distributiva «administrativa» ou «reguladora», por falha das negociações redistributivas (porque, por exemplo, há demasiada gente envolvida).

---

[82] Cox, S.J.B. (2003), 86ss.; Rose, C.M. (1994b), 111-112.

[83] Veja-se a actualidade dessa prática de uma perspectiva ambientalista: Fischer, M.-E., B. Irlenbusch & A. Sadrieh (2002).

[84] Heller, M.A. (1999), 1165.

Nesta segunda hipótese é que se torna crucial uma reflexão acerca do nível de fragmentação de recursos que seja compatível com a sua utilização socialmente produtiva – seja um nível «tolerável», seja um nível «óptimo», mas em todo o caso algo que permaneça dentro da «Fronteira da Propriedade Privada», algo que seja desenhado pelo administrador ou regulador como um «acervo de direitos» contendo a combinação de poderes de acesso e de uso (exclusivo) susceptível de evitar as degenerações que «espreitam» para lá dos limites. Torna-se crucial, em suma, uma ponderação daquilo que Michael Heller designa por «*boundary principle*» e que representa através de um gráfico que analisaremos adiante[85]:

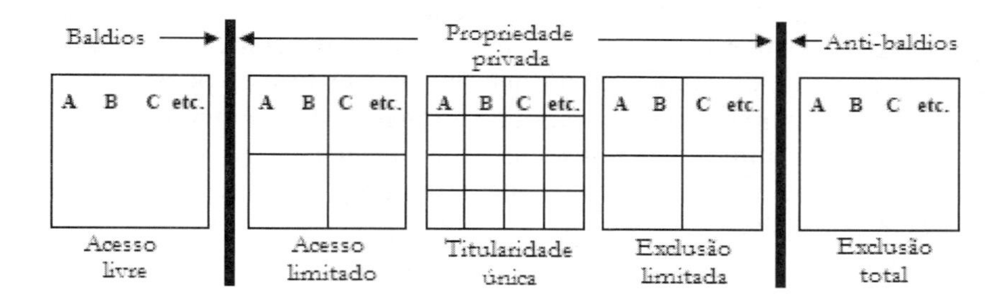

O que intuitivamente resulta do gráfico é que nem toda a fragmentação da propriedade, tal como nem toda a consolidação de propriedade fragmentada, terão inevitavelmente consequências improdutivas, ou ao menos consequências potencialmente «trágicas», bastando para tal que o figurino das titularidades, em situações de potencial conflito, limite moderadamente o acesso de todos os interessados (evitando a formação de puros «Baldios» de acesso livre) ou, na direcção oposta, limite moderadamente os poderes de exclusão inerentes ao uso de um recurso comum (evitando que a rivalidade no uso dos recursos comuns degenere num «Anti-Baldio» de exclusão de todos por todos).

Esse figurino seria desnecessário numa situação de puro automatismo «coaseano», susceptível de promover «às cegas» os desfechos mais eficientes, mas em contrapartida não será sempre o caso de ser necessária a intervenção adjudicadora de um administrador ou de um regulador – havendo entre os dois extremos a possibilidade de coordenação espontânea de grupos auto-regulados que, criando as «normas sociais» a que já alu-

[85] Heller, M.A. (1999), 1167.

dimos, promovam níveis toleráveis de apropriação eficiente quando a propriedade exclusiva deixe de ser uma opção.

Querendo isto significar, em termos práticos, que, ao contrário do que se presume, não há uma polarização entre a apropriação privada e sucedâneos autoritários (de expropriação, de regulação), sendo forçoso admitir-se que existem, contíguas à plenitude da propriedade privada, áreas de fragmentação das titularidades que se apresentam como alternativas ainda viáveis para a preservação da eficiência na utilização e gestão colectiva de recursos, evitando os «alçapões», tanto do acesso insustentável como da esterilizadora sobre-exclusão de acesso aos recursos comuns[86].

Complementemos de imediato aquela representação com uma outra, que enfatiza a simetria de situações extremas – em termos que adiante se explorarão –, e sobretudo denota que ambas são formas polarizadas de desequilíbrio entre as prerrogativas que normalmente comporão o «acervo de direitos» da titularidade dos recursos, o «*property right*» que caberá a cada um dos interessados no acesso e exploração de um recurso estruturalmente partilhável[87]:

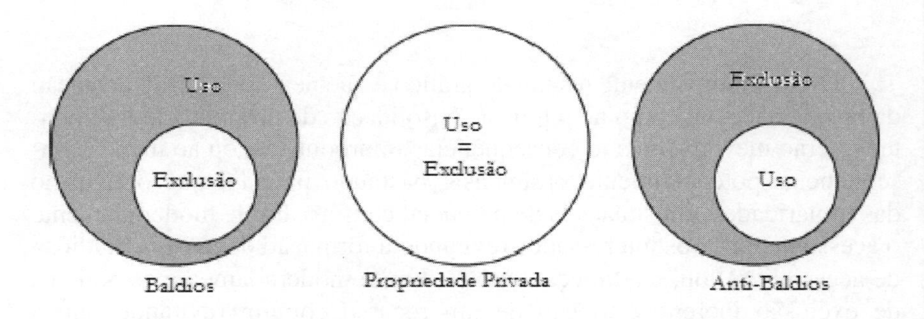

1.8. A Fertilidade dos Paradigmas: uma Breve Panorâmica

Julgo que já se terá tornado nítido, até pelas formulações abstractas, que o tema dos «Baldios» e dos «Anti-Baldios» tem muito mais potencialidades do que aquelas que são sugeridas nas suas abordagens «fundadoras», relativas à pastorícia e às pescas, no caso dos «Baldios», e a

[86] Heller, M.A. (1999), 1167-1169. Cfr. Ackerman, B.A. (1977).
[87] Vanneste, S., A. Van Hiel, F. Parisi & B. Depoorter (2006), 106.

perplexidades emergentes das economias de transição, no caso dos «Anti--Baldios»; e que a dicotomia serve para uma reflexão muito mais genérica e aprofundada sobre as fronteiras da propriedade privada, sobre a dimensão e fragmentação ideal da titularidade de recursos, sobre os incentivos e entraves à exploração plena de valor económico potencial desses recursos escassos, sobre a geração de desperdícios, seja de sobre-exploração seja de sub-exploração, sejam os desperdícios espontaneamente gerados pela descoordenação, sejam os próprios resultados da regulação pretensamente rectificadora[88]. Uma reflexão, em suma, sobre o nível óptimo de apropriação – como indicámos no subtítulo do presente estudo.

A intuição do leigo é a de que, no sentido de «objecto de direitos», a «propriedade» é algo de físico e tangível, algo que pode ser fisicamente fraccionado sem perder a sua qualidade de «propriedade». Contudo, o que já dissemos acerca da fragmentação da propriedade torna imperioso que se reconheça que há um «átomo», um patamar incindível, um nível de fragmentação abaixo do qual a «propriedade» acaba descaracterizada, afastada das funções que socialmente se lhe reconheçam. E não será preciso grande sofisticação jurídica, ou histórica, para se reconhecer que muitas das medidas que se sucederam ao longo do tempo em sede de regimes jurídicos da propriedade consistiram essencialmente em salvaguardas contra a fragmentação improdutiva, mormente da propriedade fundiária – avultando regras sucessórias e de propriedade vinculada, como os morgadios[89].

A reflexão sobre um nível óptimo de apropriação levará, ainda, ao reconhecimento de que um enquadramento legislativo desajustado pode conduzir a um excesso de fragmentação de titularidades espontaneamente irreversível – reclamando medidas ulteriores de agregação e consolidação impostas aos proprietários dos fragmentos improdutivos, sob pena de estes ficarem abandonados numa «armadilha de não-cooperação» em que se alcança um equilíbrio esterilizador (essencialmente a ideia da «Tragédia dos Anti-Baldios»)[90]; assim se entendendo que muitas regras tradicionais, como já dissemos, e mesmo algumas medidas jurídico-políticas modernas, como as respeitantes a ordenamento territorial, a zoneamento e a loteamento, imponham dimensões mínimas na apropriação de certos recursos (mormente os imóveis), por forma a travar-se a fragmentação excessiva,

---

[88] Buchanan, J.M. & Y.J. Yoon (2000), 1-2.

[89] Heller, M.A. (1999), 1170-1171.

[90] Heller, M.A. (1999), 1172.

em especial quando se perceba não apenas que ela resultaria espontaneamente do próprio mercado, mas ainda que ela não seria rectificável por esse mesmo mercado[91].

Genericamente, reconhecer-se-á que a própria definição de «recurso comum» – um bem escasso ao qual é difícil (ou economicamente inviável) condicionar o acesso, mas relativamente ao qual se manifestam problemas de «rivalidade no uso», significando que está exposto ao sobre-uso e ao congestionamento, à perda de valor por excesso de acesso – indica já, em primeira linha, o potencial do problema dos «Baldios» e da sua consequência «trágica», que consiste essencialmente na perda de valor decorrente do congestionamento; mas indica também, em segunda linha, o potencial do problema oposto, o dos «Anti-Baldios», e que consiste essencialmente no excesso de reacção ao acesso livre, através de um excesso de exclusão de acesso que redunda na subutilização, ou na inutilização total, do recurso.

A invocação da possibilidade de consequências «trágicas» implicita ainda que se admite a formação de situações estabilizadas de acesso limitado e de exclusão limitada, ou seja, de situações de uso colectivo sustentável, à margem da pura e simples privatização, ou seja, do recurso a uma titularidade rigidamente individualizada[92] – para sermos sugestivos, algures aquém da descoordenação da «entrada livre» e da descoordenação de «múltiplos porteiros», aquém de um acordo viável entre todos os que poderiam controlar produtivamente a utilização, individual ou colectiva, do recurso comum[93].

Posto nestes termos, diríamos inclusivamente que o tema estava já implícito na «*welfare economics*» e na sua abordagem das actividades com rendimento marginal decrescente[94], e que apenas se adensou na referência aos rendimentos decrescentes que se manifestam no acesso a recursos comuns[95], até finalmente ser identificado e classificado com terminologia própria[96], e examinadas as formas institucionais comuns de prevenir o problema e lidar com ele[97].

Uma solução efectiva para as tensões entre acesso e exclusão, por um lado, e uso e sustentabilidade, por outro, relativamente aos recursos

---

[91] Heller, M.A. (1999), 1173.

[92] Crès, H. & H. Moulin (1998).

[93] Buchanan, J.M. & Y.J. Yoon (2000), 2.

[94] Pigou, A.C. (1912); Pigou, A.C. (1920); Knight, F.H. (1924), 582-606.

[95] Gordon, H.S. (2003), 61ss. ([1]1954); Scott, A.D. (1955), 116ss..

[96] Hardin, G. (1968), 1243ss..

[97] Ostrom, E. (1990).

comuns, verificada a descoordenação (e, implicitamente, a falta de «remédio coaseano»), reclamará normalmente: a) ou instituições que fixem e assegurem os custos e benefícios de todos os envolvidos[98]; b) ou regulações que indiquem comportamentos a esses envolvidos[99]; c) ou normas e formas de legitimação que assegurem o funcionamento das instituições, ao mesmo tempo que deixam em aberto meios de circulação renegociada dos recursos (uma alternativa mitigadamente «coaseana»)[100].

Adiantemos também uma observação que será porventura óbvia, e que é que estes temas têm suscitado reflexão em sede de soluções constitucionais e até de soluções internacionais e supra-nacionais, em função do âmbito e dimensão que os problemas conexos alcançam: assim se têm multiplicado soluções de privatização ou definição de direitos de apropriação, soluções de adopção de regras limitativas de acesso ou de uso, soluções de reacção política ou de coordenação institucional – por exemplo, regras de decisão maioritária –, directamente endereçadas a estes temas. Sublinhemos ainda que muitos dos problemas dos recursos comuns, nomeadamente os atinentes à sua utilização colectiva, se agudizam por causa da indivisibilidade de alguns desses recursos, uma característica que amplifica os efeitos da interdependência, dificultando a possibilidade de os resultantes efeitos serem adequadamente contabilizados nas acções individuais de uso dos recursos – provocando, por outras palavras, problemas de externalização na ausência de unanimidade na gestão comum desses recursos.

Para darmos apenas um exemplo sugestivo da amplitude com que podem usar-se estes conceitos, pense-se no «Baldio» em que pode converter-se a base tributária, a fonte das receitas tributárias, e no quanto da disciplina jurídica dos impostos pode explicar-se como sucedâneo imperativo a uma forma espontaneamente coordenada de acesso e utilização dessas receitas[101]. Voltaremos a este ponto, mas retenhamos já aqui, neste exemplo sugestivo, que também em matéria de receitas tributárias é possível conceber-se, na sua raiz, a existência de um recurso renovável mas indivisível que pode ser sujeito a uma utilização suplementar economicamente significante, por adição sucessiva de factores – sendo que, se o

---

[98] Ciriacy-Wantrup, S.V. & R.C. Bishop (1975), 713ss.; Runge, C.F. (1981), 595ss.; Runge, C.F. (1984), 807ss.; Ostrom, E. (1990).

[99] Wilson, D. (1991).

[100] Bullock, K. & J. Baden (1977), 182-199; Ostrom, E. (1977), 173-181.

[101] Yoon, Y.J. (2000), 2.

recurso comum estiver deficientemente apropriado, a sua indivisibilidade e o acesso livre suscitarão, tarde ou cedo, um problema de excesso de acesso e de sobre-utilização, dissipando algum do valor potencial do recurso comum (ou todo ele). A solução de apropriação pública, de apropriação exclusiva por entidades públicas, dessas receitas tributárias é a solução praticamente universal – e aparentemente ela bastaria para resolver o problema acabado de descrever.

A dicotomia que nos propusemos analisar adverte que a solução de apropriação exclusiva pode ser o início de um outro problema: se, acompanhando as tão férteis intuições da teoria da «*Public Choice*», deixarmos de presumir que o Estado é um monólito rigidamente subordinado aos propósitos de promoção do interesse público para passarmos a admitir a pluralidade de interesses como base para a formação de uma vontade consensual e contingentemente dependente da coordenação dos participantes, então já é possível adivinhar o potencial de conflito e de descoordenação que poderá resultar da atribuição de demasiadas titularidades, ou de meras pretensões, sobre a receita tributária – deixando o acesso a essas receitas à mercê da formação de consensos e coligações, do desbloqueamento de sucessivos e sobrepostos «direitos de veto», tudo podendo redundar numa batalha de «dissipação de renda» entre potenciais «capturadores», cada um deles externalizando sobre os outros os seus «efeitos de pertença», ou cada um impondo, aos demais, custos extraordinários de burocracia regulatória através dos seus agentes, tendo por resultado final um subaproveitamento dessas receitas tributárias, em termos «trágicos», porque indesejados, tanto particular como colectivamente[102].

1.9. **Fragmentos e Poderes nos «Acervos de Direitos»: Classes de Titulares**

Regressemos ao tema da fragmentação da propriedade, para generalizarmos um pouco mais as implicações daquilo que dissemos já: se aceitarmos que os «*property rights*» não passam de «usos consentidos» em domínios específicos, e que da sua combinação podem resultar distintos «*bundles of rights*», a definirem diversos vectores de acções consentidas nas relações intersubjectivas, que tomam as «coisas» como simples pontos de referência e os poderes *in rem* como meras parcelas da agregação no

[102] Yoon, Y.J. (2000), 2ss..

«acervo de direitos», então interessa caracterizar sucintamente os «acervos» mais típicos que podem resultar da combinação contingente desses fragmentos.

Sublinhemos de novo que a propriedade privada é cada vez mais encarada como a acumulação de poderes que asseguram a posse, o uso, a fruição, a alienação, e um conjunto de outros aspectos que integram os «incidentes típicos» identificados por A.M. Honoré (em número de onze) e hoje tidos por «*standard*» nas economias de mercado ocidentais[103].

Se nos cingirmos aos «*property rights*» relevantes em matéria de acesso a recursos comuns, uma classificação dos mais importantes pode ser a seguinte (sem qualquer hierarquização linear)[104]:

- acesso: a possibilidade de entrar numa certa área e dela retirar benefícios (não-predatórios, no sentido de não-lesivos do valor corrente que se atribui ao acesso – ou, noutra terminologia, beneficiar de utilidades «não-subtractivas»);
- fruição ou extracção: a prerrogativa de obter unidades, ou frutos, de um certo sistema de recursos produtivos (o mesmo será dizer, retirar um rendimento ou utilidades «subtractivas»);
- gestão: a possibilidade de regular padrões de uso interno, conjuntamente com a possibilidade de introduzir melhorias no recurso comum;
- exclusão: o poder de determinar as condições de acesso e exploração do recurso, e a prerrogativa de definir os termos de negociabilidade e transferibilidade intersubjectiva dessas condições de acesso e exploração;
- alienação: o poder de transferir, temporária ou definitivamente, os supra-mencionados direitos de gestão e de exclusão (sendo que, como se sabe, são os poderes de alienação que mais intuitivamente se assimilam à noção de propriedade privada).

Insistamos que é difícil ser-se conclusivo na comparação ou hierarquização destes diversos «*bundles of rights*», ao menos em termos de eficiência, sem se dispor de maior informação sobre um grande número de parâmetros relevantes que, caso a caso, não deixariam de se evidenciar[105].

---

[103] Heller, M.A. (1998), 662-663.
[104] Hess, C. & E. Ostrom (2003), 124.
[105] Hess, C. & E. Ostrom (2003), 125.

Arrisquemos, contudo, num plano abstracto, a presunção de que existem diferentes intensidades de legitimação nesses diversos subconjuntos – até porque nalguns casos se imporá uma demarcação permanente e definitiva entre os titulares do recurso, os «*insiders*» sobre os quais recai a legitimidade residual quando ela não resulte explícita de nenhuma outra fonte normativa ou contratual, e os meros interessados na existência do recurso («*outsiders*», «*stakeholders*» *stricto sensu*), mas que de antemão se entende estarem excluídos de terem a última palavra acerca do acesso, da utilização ou do destino do recurso:

- Assim se dirá que há, entre os «*outsiders*», aqueles que sobre o recurso têm meras prerrogativas de acesso autorizado ou de uso autorizado, mesmo quando neste uso se incluem alguns poderes de «extracção» sobre o rendimento gerado pelo recurso: podemos imaginar os utentes de um «parque de merendas», num caso proibidos de mexer nas árvores, noutro caso autorizados a recolher meio quilo de frutos por pessoa. Sublinhemos ainda um dado importante: se as prerrogativas de acesso dos «outsiders» estão limitadas a utilizações «não-subtractivas», então o principal efeito de rivalidade no uso fica afastado, e esses «*outsiders*» poderão lidar com o recurso quase como se fosse um bem público puro.
- Numa zona de fronteira colocaremos porventura alguns «*claimants*» que, ao acesso autorizado e ao uso autorizado, somam ainda algumas prerrogativas de gestão – nomeadamente por lhes serem reconhecidos poderes na escolha de modelos de acesso, exploração e extracção de recursos: por exemplo, os membros de um «Conselho Superior» que ocasionalmente reúne para emitir um parecer sobre orientações gerais de utilização de um recurso comum.
- Mais claramente do lado dos «*insiders*» temos aqueles a quem está cometida a gestão e exploração do recurso comum, e dos quais se poderá dizer, genericamente, que gozam não apenas de todas as prerrogativas de acesso e uso, sem restrições, mas podem ainda definir para os demais as condições de exclusão – embora também aqui se possa estabelecer uma distinção entre os gestores de plenos poderes e os titulares que dispõem, em exclusivo, do poder supremo de alienação: algo de similar àquilo que se exprime subtilmente na distinção anglo-saxónica entre «*proprietors*» e «*(full) owners*»[106].

[106] Hess, C. & E. Ostrom (2003), 125-126.

Com base nas prerrogativas acima enumeradas é possível, em suma, destrinçar classes de titulares, desde o proprietário pleno que os tem todos, passando pelo usufrutuário que não tem poderes de exclusão ou de alienação, até ao mero utente que só tem direito de acesso. Exploraremos adiante a circunstância de, nos recursos comuns, tender a haver uma forma de apropriação colectiva que atribui aos contitulares todos os poderes menos o de alienação[107] – ficando por isso aquém do pleno de poderes que corresponde à propriedade privada (com a ressalva óbvia de que os próprios poderes da propriedade plena jamais se tiveram por absolutos, no sentido de ilimitados).

Veremos mais tarde também que, ao concentrar-se na relação entre os atributos naturais, objectivos, dos recursos, por um lado, e por outro as formas de apropriação colectiva, a análise económica começou por descurar alguns aspectos de «governação» dos recursos, para paulatinamente começar a acolhê-los e a incorporá-los no próprio cerne do debate científico (lidando com «efeitos de boleia», descoordenações «trágicas», «direitos de retirada», etc.), contribuindo para a «hibridização» de soluções e para o aumento de variedade e de complexidade das combinações de «fragmentos» em «*bundles of rights*»[108].

Quando nos apercebemos de que, para lá da dificuldade de hierarquização ou demarcação entre estes tipos de «acervos de direitos» e correspectivas legitimidades, há ainda a possibilidade de combinação, interpenetração e sobreposição das extensões que cada um comporta, começamos a ficar com uma ideia mais nítida acerca do mundo de possibilidades que foram abertas com a «fragmentação» da propriedade, e de que este outro domínio teórico dos «*property rights*» é, como temos sustentado, incomensuravelmente mais dúctil e fértil do que aquele outro que gravitava em torno do «cânone fundiário» da propriedade, aditado timidamente de algumas implicações industriais e capitalistas da «patrimonialidade», e aparecia, na Ciência Económica, nas pobres vestes de uma demarcação entre «sectores de propriedade» (pública, privada e cooperativa)[109].

---

[107] Da alienação em mercado pelos métodos tradicionais – não da transmissão, nomeadamente em termos sucessórios, nem da sua transferência coaseana, no caso das quotas negociáveis. Ostrom, E. (2000), 341.

[108] Ostrom, E. (2000), 351-352.

[109] Ostrom, E. (2000), 339-340; Ostrom, E. & E. Schlager (1996), 133ss..

Bastará um exemplo, aliás bem actual, para ilustrarmos as potencialidades do «admirável mundo novo» dos «*property rights*» fragmentáveis e recomponíveis: quando, para a gestão de um recurso comum desprovido de mercado próprio, se procura «criar mercado» através da atribuição de quotas negociáveis, uma forma «coaseana» particularmente hábil de resposta a perigos de sobre-utilização, que tipo de prerrogativas devem ser associadas a essas quotas – por forma a, ao mesmo tempo, assegurar-se a cada um o estatuto de «*insider*», por um lado (pois sem esse estatuto não haveria incentivo nem negociabilidade), e evitar-se, por outro lado, a «ressaca» do sub-uso que poderia resultar da atribuição de poderes demasiado fortes a cada detentor de quotas? No mínimo se reconhecerá que a resposta não é intuitiva[110]. Podíamos escolher outros exemplos, não menos eloquentes, mas talvez baste mais um: quando o direito público, por razões de ordenamento territorial, nega a um proprietário pleno o direito de edificar na sua propriedade, o «*ius aedificandi*», que «acervo de direitos» perdura na titularidade de um «*full owner*»?

Sem embargo de tudo o que se verá a propósito de vantagens e desvantagens da fragmentação (tanto a física como a conceptual) da propriedade – sob um certo prisma, o objecto central do presente estudo – reconheçamos liminarmente que muita da disciplina jurídica foi historicamente orientada para lidar com essa mesma fragmentação, em especial em situações em que se reconheceu, e reconhece, não haver alternativa concreta e prática à fragmentação, e eventual sobreposição, de titularidades sobe recursos[111].

Esclareçamos também, desde já, que o que parece fragmentação nem sempre o será: por exemplo, num loteamento para urbanização cada um dos fragmentos pode ser compatível com a plenitude dos poderes de apropriação privada sem perda de utilidade, ainda que obviamente haja externalizações como «efeitos de proximidade», sendo que o típico «acervo de direitos» num condomínio abarca poderes supletivos de externalização, salva a existência de entraves explícitos (por exemplo, a fachada do prédio de um deles que pode destoar do padrão maioritário, destruindo-o; ou a marquise em alumínio que pode destruir a harmonia das varandas em cada prédio).

Veremos que, em situações dessas, uma das saídas é a de reconhecer-se a cada um a possibilidade de comprar essas prerrogativas aos demais

---

[110] Hess, C. & E. Ostrom (2003), 126-127.

[111] Fennell, L.A. (2004), 66.

titulares (dependendo das vias proporcionadas para o efeito por «*property rules*» e «*liability rules*»); outra é admitir-se a saída, ou seja, o afastamento unilateral para situações de isolamento imunes a tais «efeitos de proximidade», gerando uma fragmentação absoluta (uma hipótese em aberto em «Baldios liberais»); outra ainda, entre inúmeras possíveis, é a de condicionar *ab initio* a aquisição de titularidade à aceitação de limitações de uso, gerando uma situação de «Semi-Baldio».

Neste último caso, a transferência de prerrogativas dos indivíduos para a comunidade resolve um problema de fragmentação mas gera outro, a fragmentação da prerrogativa de produzir «efeitos de proximidade», que pode acabar numa «tragédia» de subutilização – a dos «Anti-Baldios»; e não esqueçamos também que são de encarar, em contextos destes, alguns corolários do «Teorema de Coase»: por exemplo, a baixos custos de transacção poderá descobrir-se que é indiferente conceder direitos de veto cumulativos aos titulares (a serem desarmados por contrapartidas a pagar pelos candidatos a utilizadores) ou conceder direitos de uso ilimitado, cumulativos também, a todos os titulares (a serem novamente desarmados através do pagamento de contrapartidas da parte de quem queira excluir essa utilização – as «*put options*» e as «*call options*» que associaremos às «*property rules*» e às «*liability rules*»)[112].

Antecipemos a conclusão, também ela historicamente confirmada, de que a fragmentação da propriedade é uma inevitabilidade, não sendo líquido sequer que seja necessário, ou até possível, combatê-la (no sentido de contrariá-la, de moderá-la) em todas as circunstâncias – devendo levar-se em conta que muito do que seja fragmentação ou falta dela será também culturalmente filtrado pelas expectativas do que seja o «acervo de direitos» inerente a uma titularidade plena, o que seja de esperar que esteja incluído e excluído do «acervo básico», do «*standard*» da apropriação.

Além disso, não pode esquecer-se que muitos dos efeitos de fragmentação, se são genuínos, são prevenidos ou resolvidos por variadíssimas formas de cooperação espontânea – associações de condóminos, de vizinhos, formas essas que por vezes optam por deixar algumas titularidades deliberadamente fragmentadas, de modo a evitar-se a sua concentração quando esta represente risco elevado de «desgoverno» (pense-se por exemplo no interesse em manter as questões subordinadas ao debate entre vários titulares – especificamente para se promover um «diálogo intergera-

[112] Fennell, L.A. (2004), 66.

cional» na gestão dos recursos, ou para se permitir uma tutela colectiva como a da «Anti-Propriedade», de que falaremos adiante).

Não se desconsidera, em suma, o potencial «trágico» de uma genuína fragmentação: apenas se sustenta que há fragmentações puramente aparentes, e, quanto às que o não são, que o risco de «tragédia» é frequentemente menor do que os ganhos que delas se podem retirar – e que por isso, mesmo quando sejam evitáveis, algumas fragmentações acabam por se revelar colectivamente benéficas[113].

1.10. Os Desafios de um Recentramento Temático: as Novas Tonalidades «Trágicas»

Claro que está latente, nesta forma de ver o tema da propriedade, um desafio à reconsideração radical da própria doutrina jurídica. Para pegarmos somente numa das vertentes mais triviais desse desafio, sublinhemos que a abordagem económica se tem encarregado de evidenciar que a tradicional questão sobre a legitimidade básica e o modo conjectural de formação dos direitos de apropriação, a tradição filosófica de «fundamentação» que teve o seu ponto alto em John Locke[114], é socialmente menos importante do que a questão sobre a optimização dessa apropriação em termos de eficiência – a questão de se assegurar que a apropriação incentiva o esforço e o melhoramento, reduz conflitos e o investimento em auto-protecção, e ao mesmo tempo se adequa a modelos distributivos susceptíveis de diminuírem riscos e de esbaterem desigualdades[115].

Alguns tradicionalistas-misoneístas lamentarão estas evoluções teóricas, e não deixarão, decerto, de explorar até ao limite as consequências aparentes da «desconsideração» pela propriedade que, como vimos, parece conter-se na sua «fragmentação» às mãos de um «reducionismo contratualista» que ameaça a anexação – e a perda da autonomia – deste tema magno do Direito (se pensarmos num outro «reducionismo», o marxista, nada haveria até no Direito para além da defesa da propriedade, com todos os seus corolários mais ou menos violentos).

E no entanto, ao contrário das aparências, afigura-se-nos que o tema da propriedade acaba mais enfatizado, mais centralizado, mais reforçado

---

[113] Fennell, L.A. (2004), 66.

[114] E examinada e criticada com invejável mestria, entre nós, por Miguel Nogueira de Brito: Brito, M.N. (2006).

[115] Colangelo, G. (2004), 3.

do que nunca – porque o que estas novas abordagens fazem não é mais do que advertir para a «perda de inocência» acarretada pelo aumento de sofisticação das sociedades modernas, e para os perigos que espreitam uma definição ingénua, pretensamente «absolutista» ou convictamente *in rem*, do direito de propriedade, quando patentemente ele tem que ser combinado com valores que lhe não prestam vassalagem.

O tema que escolhemos é uma perfeita ilustração desse novo «recentramento»: quando se adverte para as consequências «trágicas» de uma falta de gestão racional de recursos, o que se pretende é que a definição «canónica» seja reforçada por forma a evitar esses colapsos que não são meros frutos inócuos de uma imaginação fértil (o caso das pescas, a nível global, é prova mais do que suficiente do impacto real e descontrolado de uma dessas «tragédias»); o que se pretende é que as falhas evidentes dessa definição «canónica» não se convertam em pretextos para um avanço das soluções administrativas e reguladoras, do direito público em suma, quando esse avanço revele insensibilidade a soluções intermédias e a alternativas «coaseanas», como lamentavelmente acontece com demasiada frequência.

A menção a «tragédias» não tem, por outro lado (ou melhor, deixou de ter), qualquer conotação ou intenção fatalista, porque o que se pretende é apenas advertir para desfechos que, mais do que previsíveis, são consequências racionais de situações de conflito no acesso e exploração de recursos partilhados, quando existam deficiências na definição dos poderes que os envolvidos podem exercer em tais situações – e por isso o direito de propriedade tenha que evoluir, em resposta a esse novo desafio, para um desenho complementar dessa paleta de «soluções intermédias» que defina, ou redefina, o papel e o estatuto de cada interveniente, precisamente prevenindo, ou ocasionalmente remediando, os equívocos, os impasses, as colisões e os desfechos de colapso. Em termos de abstracção máxima, dir-se-á que se trata de evitar que os riscos de não-cooperação de um «dilema do prisioneiro» inicial se ampliem para os passos subsequentes de um jogo em que deveriam predominar a aprendizagem, as concessões mútuas e por fim a cooperação espontânea.

Sublinhámo-lo já também, a teoria da propriedade subscrita pela «*Law and Economics*» tem vindo a realçar as possibilidades de situações de conflitos de titularidades em torno de recursos comuns terminarem em «comédias», e não em «tragédias», não somente porque a sobre-exploração e o sub-uso são frequentemente os dois estados de coisas socialmente mais valiosos, mas também, lateralmente, porque é nessas situações de conflito latente e de potencial de tragédia que, verificados requisitos mínimos em matéria de custos de transacção, mais intensa e edificantemente se manifestam soluções de gestão local e comunitária que, limitando espontaneamente os poderes individuais com «normas sociais» (e o correspondente potencial externalizador), e evitando a solução mais radical da privatização, preservam a possibilidade de participação e o direito de retirada individual desses arranjos colectivos, ou seja, conseguem um alinhamento eficiente de interesses sem comprometerem intoleravelmente alguns valores – como o da liberdade individual –; logrando, de permeio, alcançar um equilíbrio colectivo dentro das fronteiras de sustentabilidade da apropriação privada (isto é, e como sabemos já, sem soçobrar nos excessos da fragmentação dos poderes de acesso nem nos excessos da fragmentação dos poderes de exclusão).

Regressemos ao ponto da constatação histórica de que, entre as características da propriedade plena, uma das mais peculiares é que ela tende a acarretar uma limitação à sua própria decomposição em subcategorias desprovidas de alguns dos privilégios característicos da apropriação (mormente em termos de poderes de inclusão e exclusão) – uma forma de preservar o uso produtivo dos bens apropriados, de acordo com a função social do respectivo regime, e uma forma também de facilitar a identificação de uma hierarquia de faculdades de decisão entre aqueles que possam ter interesse nos bens e pretendam ter legitimidades conflituantes sobre eles[116] – sendo que um dos problemas principais, porventura o principal, da fragmentação da propriedade (a fragmentação conceptual e sobretudo a factual) é o de que, mantendo ou agravando conflitos por sobreposição de poderes e prerrogativas, ela se afasta da caracterização da apropriação como «acervo de direitos» dotado de uma função útil – deixando em suma de ser uma (óptima) solução para se tornar um (péssimo) problema[117].

1.11. **Situações Complexas e Normas Turvas**

Claro está que, como iremos ver, a ponderação de soluções está longe de se esgotar na dicotomia que escolhemos para nosso tema, e que concorrem com ela, a complicar em concreto as equações, muitas outras ordens de valores, tanto ou mais relevantes numa sociedade aberta e plural.

---

[116] Heller, M.A. (1998), 664-665.
[117] Heller, M.A. (1998), 666.

Pense-se, por exemplo, no modo como a espontânea gestão colectiva das titularidades pode configurar uma prática anti-concorrencial de «*rent-seeking*» (a edificação de barreiras no mercado, afinal mais um caso de adensamento de poderes de veto no acesso a recursos comuns[118]), ou, de outra perspectiva, como essa gestão espontânea, porque integra elementos de externalização positiva (um esforço em prol de interesses não exclusivamente próprios), pode permanecer criticamente exposta a «efeitos de boleia» e a efeitos de «*holdout*»[119].

De certo modo, é essa maior complexidade «exógena» que está espelhada na ressalva «coaseana» dos elevados custos de transacção, o reconhecimento de que a presença destes custos a um nível não-negligenciável é que começa por tornar necessárias formas colectivas de coordenação que, no seu funcionamento e até nos seus critérios de eficiência, são assumidamente sucedâneas da «coordenação (atomística) de mercado», daquela que, supõe-se, emergiria num mundo liberto de custos de transacção – mas também, insista-se, o reconhecimento de que existem motivações e incentivos para condutas não-cooperativas que, se umas vezes conduzem a equilíbrios sub-óptimos correspondentes a elevados custos de oportunidade, outras degeneram em puras e simples «corridas para o fundo»[120]; em suma, para usarmos a terminologia de Calabresi e Melamed, o reconhecimento de que as condições concretas podem ditar a multiplicação das «*liability rules*» em detrimento das «*property rules*».

A terminarmos este ponto, regressemos a uma questão já aflorada a propósito das vantagens da definição *in rem* das titularidades, abordando-a agora em termos diversos: tradicionalmente, concebia-se que a propriedade e os demais direitos reais beneficiavam, ou deviam beneficiar, de um regime muito claro, rígido, tipificado, composto de regras inequívocas e simples, sinalizadoras de titularidades e estados de coisas estanques para o universo de todos os actuais ou potenciais interessados – aquilo que pode designar-se por «*crystal rules*», formas de minimização de ambiguidades, e por isso de conflitos, em torno das titularidades sobre recursos[121].

---

[118] Colangelo, G. (2004), 3ss..

[119] Sweeney, R.J., R.D. Tollison & T.D. Willett (1974), 182ss..

[120] Nos domínios da propriedade intelectual, por exemplo, o mundo das «*blocking patents*» e dos «*property-preempting investments*», em que cada um visa, já não tanto maximixar os seus ganhos, mas evitar sobretudo que os concorrntes os maximizem.

[121] Rose, C.M. (1988), 577-578.

Sucede, contudo, que, ao arrepio do que pareceria lógico, muitas vezes esse contexto de regras muito nítidas cede perante um outro de regras «turvas» (*«mud rules»*, como cláusulas gerais, ou conceitos indeterminados), muito mais flexíveis e menos simples e demarcadas, muito mais susceptíveis de gerarem ambiguidades e conflitos – seja umas vezes permanentemente, seja outras vezes como passo intermédio para a emergência de novas *«crystal rules»*[122]. A alternância entre os dois tipos de regras pode resultar, aliás, dos respectivos objectos, ou pode resultar dos custos de transacção envolvidos (clareza quando os custos são baixos e se confia na negociabilidade, maleabilidade nas regras quando os custos são elevados e por isso há que confiar na adjudicação judicial), mas não se afigura haver uma explicação uniforme que seja satisfatória ou que seja universalmente aceite[123].

Na realidade, a dois níveis diferentes as regras «claras» e as «turvas» procuram funcionar como facilitadoras das interacções sociais que ocorrem por causa dos bens, assegurando que as relações sociais perdurem harmoniosamente[124]. Bem pode sustentar-se que a coexistência dos dois tipos de normas é mais uma comprovação do bem-fundado da perspectiva favorecida pela *«Law and Economics»*, segundo a qual, como temos visto, a titularidade é vista como uma «fragmentação potencial», um *«bundle of rights»* que a todo o momento pode ser decomposto e recomposto[125].

1.12. **O Contributo de Harold Demsetz**

Pode dizer-se que o moderno conceito de *«property rights»* emerge da análise de Harold Demsetz sobre a formação do direito de propriedade[126], e que portanto os primeiros passos são ainda tributários da tradição de «fundamentação filosófica» do direito de propriedade, por um lado, e por outro se mostram muito apegados às incidências *in rem* da apropriação – como o próprio Harold Demsetz veio a reconhecer[127]. Por outro lado, apesar de formulado já posteriormente à «viragem coaseana», o artigo inicial de Demsetz espelha ainda fundamentalmente um universo «pré-

---

[122] Rose, C.M. (1988), 580.
[123] Rose, C.M. (1988), 593-594.
[124] Rose, C.M. (1988), 608-610.
[125] Stake, J.E. (2000), 33ss..
[126] Demsetz, H. (1967), 347ss..
[127] Demsetz, H. (2002), S653ss..

-coaseano», no sentido específico de empregar um quadro analítico no qual não é atribuída plena relevância ao impacto das afectações iniciais de recursos sobre a eficiência – presumindo-se que o mercado procederia a reafectações de recursos entre agentes autónomos sem se curar da «complicação» que consiste na hipótese de a afectação inicial condicionar indelevelmente o rumo ulterior desses reafectações[128].

Como é sabido, deve-se a Ronald Coase, no seu artigo de 1959 e sobretudo no de 1960[129], o reconhecimento da importância crucial da consideração das afectações iniciais de recursos, ou seja, da definição inicial das titularidades. É verdade que, ironicamente, a formulação do «Teorema» em 1960 parecia sugerir a irrelevância dessas afectações iniciais, apontando como o fazia para uma possibilidade de reafectação ilimitada e maximizadora da eficiência (no sentido de ser minimizadora de custos sociais, ou seja, de proporcionar um alinhamento perfeito entre interesses privados e o interesse social) – e é fruto dessa ironia o designar-se por «mundo coaseano» um mundo liberto de atritos nas transacções, um mundo susceptível, à primeira vista, de emendar todas as distribuições iniciais de recursos.

Na verdade, o «Teorema de Coase» deixava bem explícito que essa reafectação perfeita só se daria espontaneamente num ambiente sem custos de transacção, e que esse ambiente não era verificável, senão por aproximações imperfeitas e em termos de grau, no mundo real; daí que, como evidente corolário da constatação da inevitabilidade de existência de custos de transacção, se impusesse que a eficiência não poderia ser sempre assegurada por reafectações de mercado: quer porque nuns casos essas reafectações seriam viciadas pela «viscosidade» da primeira titularidade, que pesaria desproporcionadamente nas trocas a ponto de poder ocasionalmente bloquear transacções que promoveriam a eficiência, quer porque noutros casos, dada a elevação dos custos inerentes, muitas das transacções nem sequer chegariam a ter lugar.

A ser assim, o primeiro passo poderia tornar-se o passo decisivo, ou até literalmente o último passo: num mundo, como o nosso, com custos de transacção normalmente não-negligenciáveis, a distribuição inicial de recursos passava a assumir uma relevância verdadeiramente condicionante[130].

---

[128] Demsetz, H. (2002), S654. Cfr. Nutter, G.W. (2001), 26ss.

[129] Coase, R.H. (1959), 1ss; Coase, R.H. (1960), 1ss..

[130] Demsetz, H. (2002), S655.

A convergência entre o contributo de Demsetz e o de Coase tinha por principal virtude teórica a de evidenciar as limitações da atitude da ciência económica neoclássica perante o problema da apropriação e perante o conexo problema da afectação distributiva dos recursos – uma atitude que podia considerar-se de indiferença, quando não mesmo de «tábua-rasa», visto que o que contava era, aparentemente, apenas o resultado do equilíbrio final do preço e do encontro de oferta e procura, sem curar do quadro institucional nem tão-pouco dos elementos idiossincráticos de cada arranjo contratual e de cada equilíbrio comutativo (e menos ainda as «perturbações» e «contaminações» introduzidas pelas insuficiências informativas, pela racionalidade limitada, pelos problemas de agência)[131].

Sintomático dessa convergência é o facto de em 1967 a atenção de Demsetz se ter concentrado nas diferenças entre modos colectivos e individuais de apropriação, para depois, paulatinamente, se ir desviando para o *exercício de controle* dos recursos, e não já, tão formalmente, para as meras titularidades – prestando especial atenção ao exercício comunitário de poderes e prerrogativas sobre recursos comuns, um exercício tido como alternativa viável na resolução de muitos dos problemas tradicionais de afectação de recursos – nos termos que já referimos a propósito das virtualidades das «normas sociais», interpretadas por Demsetz como factores de progresso em termos de confinamento, produtividade e complexidade propiciadas pela especialização dos modos de titularidade[132].

E assim, a uma visão inicial algo «atomística», nos termos da qual Demsetz sustentou que a apropriação privada teria dependido, para o seu surgimento, de uma combinação de recursos tecnológicos propiciadores de exclusão, de uma consciência da limitação, e susceptibilidade de esgotamento, de recursos, e da percepção da externalidade sobre o futuro que resultaria da deficiente apropriação dos recursos – veio acrescentar-se, muito reveladoramente, o reconhecimento de que há uma vantagem social na manutenção de incentivos à produtividade, começando pelo incentivo que consiste em manter a produção liberta de interferências ou de ameaças confiscadoras, deixando em suma aberto o espaço no qual podem florescer as alternativas «coaseanas»[133].

Uma das chaves do pensamento de Harold Demsetz passou a ser, assim, a ênfase nas virtualidades do confinamento do universo dos agentes,

---

[131] Demsetz, H. (2002), S657-S658.

[132] Demsetz, H. (2002), S658-S659.

[133] Demsetz, H. (2002), S656.

a «*compactness*», a denotar que muitos dos ambientes nos quais se manifestam problemas e soluções de gestão colectiva são relativamente restritos, alguns mesmo familiares, propiciando arranjos que devem mais à simpatia e à assistência mútua do que à negociação e aos contactos de mercado (dados, afinal, os baixos custos de transacção associados ao contacto personalizado nesses ambientes restritos)[134]. Não significando isso, contudo, que esses modos de coordenação sejam mais eficientes do que o mecanismo de preços no mercado, visto que este mecanismo está predisposto à solução de problemas colectivos entre titularidades dispersas (em suma, em ambientes com mais elevados custos de transacção, vedando relações não-standardizadas) – e daí que, historicamente, formas tradicionais mais «compactas» tenham progressivamente cedido a formas generalizadas de mercado impessoal, à medida do aumento de dimensão, complexidade, interdependência, especialização e standardização das relações pessoais e das relações reais[135].

Poderá assim arriscar-se uma síntese da evolução das posições de Harold Demsetz, asseverando que o seu pensamento percorre um arco completo que vem da ideia de «superação do social» através da titularidade individual e termina num regresso à «proeminência do social» com o reconhecimento das modernas implicações da propriedade privada e das respectivas fronteiras. Como vimos, o contributo inicial de Demsetz, e que mais contribuiu para notabilizá-lo, foi a demonstração da fundamental ineficiência dos modos colectivos de apropriação que precederam o ímpeto para a apropriação privada, o momento em que o progresso ditou uma intensidade de uso dos recursos que trazia com ela ganhos de exclusão que passavam finalmente a superar a barreira crítica dos custos de transacção e de administração inerentes a uma genuína privatização, acrescidos dos custos da transição de formas elementares de recolecção para formas de produção muito mais complexas e territorialmente vastas[136].

Contudo, a emergência da «galáxia coaseana» trouxe para primeiro plano a consciência dos impactos colectivos que pode ter a fragmentação das titularidades privadas sobre recursos – desde as mais elementares externalizações aos «efeitos de boleia» e aos «*holdouts*», até, no limite, às sobreposições de titularidades por exacerbação do intuito privatizador, gerando impasses de sobre-titularidade e de proeminência de poderes de

[134] Demsetz, H. (2002), S661.

[135] Demsetz, H. (2002), S662-S665.

[136] Epstein, R.A. (2002), S518-S519..

exclusão, com as consequências «trágicas» já aludidas –, e é essa consciência, juntamente com a constatação, hoje trivial, de que os objectos de apropriação se iam imaterializando (ou melhor, que o valor agregado das transacções sobre bens imateriais ia rapidamente ultrapassando o valor agregado das transacções sobre bens materiais), que forçou Demsetz a incorporar na sua teoria a necessidade de reponderação da superioridade, nalgumas circunstâncias, de formas colectivas, e até públicas, de apropriação, ou ao menos de gestão de certos recursos comuns, se bem que uma reponderação acompanhada da esperança de que essas soluções colectivas ressurjam muito mais sofisticadas do que o eram as formas tradicionais[137].

1.13. Propriedade Privada e Susceptibilidade de Partilha: as Incidências Comunitárias

Essa órbita quase completa no pensamento de Harold Demsetz não encerra o debate sobre os méritos respectivos da propriedade privada e da propriedade comum, bem pelo contrário – multiplicando-se na doutrina as comprovações de que a reflexão sobre o tema está longe de se encontrar encerrada[138].

Há quem entenda, seguindo as sugestões pioneiras de Henry Sumner Maine e a sua tese da evolução social "*from status to contract*", que a propriedade comum não é senão um anacronismo a ser rapidamente superado, dada a alegada superioridade da apropriação privada em todas as circunstâncias – mormente aquelas que são inerentes a uma sociedade assente nas relações «atomísticas» entre cidadãos autónomos. Contudo, e como já referimos, a ponderação das alternativas «coaseanas» de auto-regulação sectorial em níveis intermédios e mais coesos do que a sociedade política de dimensão estadual, conjugada com o progresso de meios tecnológicos propiciadores da diminuição de custos de transacção na definição de titularidades e no estabelecimento de regras de gestão colectiva

[137] Epstein, R.A. (2002), S520-S521.

[138] Ostrom, E. (2000), 332. Pense-se, por exemplo, que Ellickson, Rose e Ackerman começam o seu manual sobre direito de propriedade com um capítulo "The Debate over Private Property", só depois dedicando um segundo capítulo a "The Problem of the Commons", mantendo até ao fim em aberto a dúvida quanto às vantagens da apropriação individual e colectiva. Cfr. Ellickson, R.C., C.M. Rose & B.A. Ackerman (orgs.) (1995).

de recursos, conduziram a doutrina à admissão de uma ocasional paridade, se não mesmo superioridade, de formas de propriedade comum – não sendo igualmente alheio a essa admissão o próprio incremento de sofisticação na análise do tema das «fronteiras da propriedade», que, como vimos, propiciou o reconhecimento de que existem muitos graus intermédios entre a propriedade privada, a propriedade colectiva e as deficiências «trágicas», por defeito ou excesso, de apropriação[139].

Não percamos de vista que toda a ciência económica moderna, desde os alvores em Adam Smith, demonstrou uma clara preferência pela apropriação privada, e com boas e comprovadas razões; ela sempre foi encarada, pela ciência económica, como um dos mais importantes incentivos às actividades de produção, de acumulação, de poupança, até de solidariedade intergeracional, e por isso sempre se tomou a propriedade privada como um dos esteios da prosperidade colectiva.

Antes que pareça que caímos no irrealismo ou na desonestidade intelectual de escamotearmos a vertente socialista da história das ideias económicas, mantenhamos a tese anterior e aditemos-lhe apenas que a reacção socialista não contestou a eficiência do incentivo da propriedade individual nem a sua solidez como fundamento de mercados que, indiscutivelmente, funcionavam com suficiente grau de espontaneidade. O que a reacção socialista contestou foi a alegada «naturalidade» com que a propriedade privada pretensamente teria emergido de contextos de apropriação comum ou de partilha (de pura subalternização de propósitos de apropriação), envolvendo prerrogativas de exclusão relativamente a recursos que anteriormente eram de acesso livre – contrapondo que, longe de ter havido «naturalidade», essa transição não se fez sem violência e ingenuidade (respectivamente dos titulares exclusivos e dos excluídos) e jamais se teria perpetuado sem uma grave injustiça (por que critério se decide quem fica dentro e quem é excluído do círculo dos beneficiados pela apropriação individual?).

As dificuldades na concepção de alternativas «socialistas» aos incentivos e à solidez institucional fornecidos pela propriedade privada demonstram que as reservas socialistas não assentavam propriamente em comparações de eficiência, sendo até que muitas assumiram o preço de «perda de eficiência» que havia a pagar em nome dos seus ideais de justiça distributiva – enquanto outras, menos sofisticadamente, descuravam do impacto económico para se concentrarem exclusivamente nas perdas

---

[139] Ostrom, E. (2000), 333.

que a sucessão de formas de apropriação sempre acarreta, mesmo quando, como era o caso do impulso inicial para a privatização, era relativamente fácil de comprovar o ganho global de eficiência, traduzido num acréscimo de bem-estar agregado[140].

É claro que, sem embargo daquilo que procurará esboçar-se a propósito das «tragédias» de «Baldios» e «Anti-Baldios», não é fácil avançar-se aqui com generalizações teóricas muito seguras em matéria de incentivos e de optimização, dada a infinita variedade de situações possíveis de acesso e utilização de recursos comuns, mas muito elementarmente se reconhecerá que a propriedade privada, quando estabilizada em titulares individuais, está, por definição, imune a problemas de definição de critérios de acesso e de exclusão (que estão supletivamente confiados ao arbítrio do titular) e a problemas de gestão colectiva que envolvem a superação de externalizações recíprocas, de parasitismos, de assimetrias informativas e de condutas estratégicas[141].

Se tivéssemos a fortuna de regressar a tempos mais simples, em que tudo se cingia praticamente a problemas de propriedade de bens materiais, uma titularidade sujeita à matriz da propriedade fundiária e à ideologia que temos designado por «liberal-romanística», poderíamos retomar até as primeiras intuições de Harold Demsetz relativas ao equilíbrio entre apropriação colectiva e privada, dizendo que quando a densidade populacional é baixa e a produtividade espontânea dos recursos naturais é elevada, a demarcação da propriedade privada é capaz de envolver mais custos do que benefícios, sendo por isso de esperar que prevaleça a apropriação colectiva, ou seja, que as prerrogativas de acesso sobrelevem aos poderes de exclusão – ficando a esperar-se que suceda o contrário à medida que a terra se torne mais escassa ou que a produtividade dos recursos naturais exija mais elevado investimento, ou que a tecnologia ou o quadro institucional vão reduzindo os próprios custos de demarcação ou de defesa dos terrenos apropriados em exclusividade[142]. Em tais casos, e sem embargo do que veremos ainda a propósito das implicações das «fronteiras da propriedade», diríamos que cinco atributos favorecem a formação de propriedade *fundiária* comum:

1) a baixa produtividade por área;
2) a alta variação na disponibilidade de recursos em cada área;

---

[140] Ostrom, E. (2000), 334-335.
[141] Ostrom, E. (2000), 343.
[142] Ostrom, E. (2000), 343.

3) diminuto retorno da intensificação do investimento;
4) elevadas economias de escala na produção extensiva;
5) elevadas economias de escala inerentes à utilização de infra-estruturas partilhadas[143].

Sendo que, dos cinco, é o primeiro que se afigura mais decisivo, já que quanto aos demais torna-se simples perceber que a apropriação comum encontra fácil sucedâneo em modos de gestão colectiva contratualmente estabelecidos entre titulares privados – devendo a propósito notar-se que ninguém sustenta que haja formas puras ou isoladas de propriedade comum, todas coexistindo com níveis de maior ou menor difusão da apropriação privada[144].

Hoje, o já mencionado movimento no sentido da progressiva desmaterialização da propriedade, conjugado com a crescente consciência de que algumas soluções colectivas reflectem com máxima eficiência o compromisso e o equilíbrio «anti-trágico» na gestão de recursos comuns (a consciência que determinou a evolução do pensamento de Demsetz), fazem renascer o interesse por formas colectivas de apropriação – por vezes, em domínios tão distantes do âmbito inicial de problematização que só muita sofisticação intelectual permitirá fazer frutificar todos os lugares paralelos: pense-se, por exemplo, na ideia de sujeição da «informação pessoal» aos paradigmas da «propriedade comum»[145].

Mas, como temos sugerido, talvez o factor que mais tenha contribuído para o reaproveitamento do paradigma da propriedade comum tenha sido a ênfase coaseana na negociabilidade, e portanto a reconfiguração das formas de apropriação colectiva em termos muito mais abertos, incorporando direitos de retirada e de alienação das «quotas» de participação no colectivo – aproximando a titularidade colectiva das soluções contratualizadas às quais, presume-se, se chegaria em circunstâncias menos onerosas (uma solução que veremos representada nos «Baldios liberais»).

Com efeito, tradicionalmente sustentava-se que um factor de ineficiência na propriedade comum advinha das restrições à alienabilidade das participações dos titulares (restrições que precisamente deixavam os titulares aquém das vantagens da apropriação plena, especificamente das prerrogativas de alienabilidade); tudo melhora se, tirando proveito de factores favoráveis como os da dimensão dos recursos e da homogeneidade

[143] Ostrom, E. (2000), 344. Cfr. Cheung, S.N.S. (1987), 504ss..
[144] Ostrom, E. (2000), 345.
[145] Janger, E.J. (2003), 911ss..

dos grupos de titulares, se chegar a formas colectivas que, na prática, só subsistem coesas na estrita medida da subsistência de vantagens para cada um dos envolvidos na titularidade partilhada[146].

Não quer isso dizer que este caminho não tenha limites, porque já deixámos claro que os tem, evidentemente – e para ilustrá-los bastará lançarmos mão do conceito contíguo ao de «propriedade comum» e mais extremo do que ela, o de «propriedade pública». Para não alimentarmos qualquer ambiguidade face a uma expressão com tal amplitude semântica, esclareçamos que a «propriedade pública» de que se trata aqui é apenas o «acervo de direitos» que se caracterizará pela presença de fracos, mas não inexistentes, poderes de exclusão, ficando por isso um passo aquém do acesso livre – sendo este acesso livre que caracterizará, na acepção económica, os «Baldios», portanto o passo seguinte no enfraquecimento, ou desaparecimento já, de poderes de exclusão.

Veremos adiante que hoje se depositam grandes esperanças, mormente em domínios de ponta do progresso tecnológico, no ressurgimento e generalização de «éticas de partilha» susceptíveis de preservarem incentivos à produtividade mesmo em contextos de grande escassez de poderes de exclusão. Mas não pode ignorar-se que é precisamente o poder de exclusão, o poder de privar potestativamente os outros do acesso ao recurso protegido pela titularidade, que, para bem e para mal, sempre foi apresentado como a característica definidora do direito de propriedade privada: «privado», «privativo», «exclusivo», são tudo expressões que apontam no mesmo sentido, em apoio da ideia de que um agente económico só estará plenamente incentivado para investir, para trabalhar, para poupar, se lhe for garantida a possibilidade de beneficiar *sem partilha* dos frutos do seu investimento e do seu esforço[147]. Todos sabemos que, sob uma proposição destas, se abriga um entendimento individualista e egoísta sobre as motivações humanas – um entendimento ideologicamente discutível e eticamente censurável, mas que, mesmo que com um agnosticismo ao menos aparente, a ciência económica e a própria ciência jurídica não podem deixar de aceitar como descrição realista daquilo que são motivações dominantes.

---

[146] Ostrom, E. (2000), 346-347.
[147] Rose, C.M. (1994b), 105.

1.14. Os Problemas da Apropriação Pública e da Intervenção Pública

Dir-se-á então que a «apropriação pública» confronta o agente individualista e egoísta com a perspectiva de desapossamento e de partilha involuntária dos frutos do seu investimento e do seu esforço: não com o universo total de todos os potenciais interessados no acesso e no uso do recursos postos em comum, porque não se trata ainda de acesso livre e, supõe-se, há alguma delimitação do conjunto dos «*insiders*», mas com um número suficientemente grande para poder considerar-se problemática a falta de poderes de exclusão (para, por outras palavras, poder presumir-se que, dado um outro quadro institucional e mais reduzidos custos de transacção, uma redistribuição contratualizada seria menos generosa).

Em termos estáticos, diremos que o que sobreleva é a perda de incentivo; em termos dinâmicos, a falta de garantia formal quanto à titularidade exclusiva dos frutos do investimento e do esforço levará à multiplicação de atitudes preventivas e de facto consumado (por exemplo, os frutos são imediatamente consumidos ou são ocultados antes que os outros deles se apercebam ou consigam «capturá-los»), à generalização de estratégias de não-cooperação e de externalização cruzada, redundando com elevada probabilidade em conflitos que, na melhor das hipóteses, conduzirão a equilíbrios sub-óptimos, e na pior hipótese conduzirão inelutavelmente ao conflito total, à dissipação de rendas nesse conflito, e por fim ao esgotamento e ao colapso dos recursos comuns[148].

Fácil se torna compreender, por tudo isso, o tipo de reservas que a ciência económica formula à «propriedade pública», tomando-a como o primeiro passo no caminho para o acesso livre – ou, metaforicamente, para os «Baldios». As reservas são ultrapassáveis, mas isso deixa-nos logo a nota do quão restritiva é a admissão do recurso à apropriação pública, que aparece geralmente reservada, em termos de eficiência, a duas situações apenas[149]:

- a dos bens públicos puros, aqueles que sejam estruturalmente insusceptíveis de exclusão eficiente e não estejam sujeitos a rivalidade no uso, ou seja, a efeitos de congestionamento – podendo equiparar-se a estes os bens «ilimitados», ou seja, aqueles que

[148] Rose, C.M. (1994b), 106-107.
[149] Rose, C.M. (1994b), 108.

sejam de difícil demarcação (porque na prática essa falta de demarcação acarreta as duas características definidoras de um bem público puro);

– a das «falhas de mercado», na medida em que, reconhecendo-se que, por um motivo bem determinado, a solução privada é insusceptível de alinhar os interesses individuais com o interesse social, causando grave lesão nas possibilidades de maximização do bem-estar agregado, não haverá outra solução que não seja a de recorrer à intervenção pública, abrindo-se a possibilidade de «apropriação pública» quando esta seja um requisito indispensável ao sucesso daquela intervenção[150].

Quando pensamos nos desmandos a que tem conduzido a invocação pouco criteriosa das «falhas de mercado» – podendo dizer-se mesmo que, ao abrigo da banalização do conceito, se tem assistido a uma tenaz sobrevivência do dirigismo mais cru, sob o manto diáfano da «regulação» –, e quando consideramos, adicionalmente, o tópico das «falhas de intervenção», compreendemos que mesmo a restrição da sua aplicação somente a duas situações pode não ser persuasiva, deixando fragilizada a própria caracterização da «apropriação pública» como um «remédio».

1.15. **Os Dilemas Sociais**

Ora é precisamente numa nota de cepticismo, se não de militante rejeição, quanto ao recurso «providencial» aos poderes públicos que cabe entrarmos directamente na análise das duas «tragédias» que constituem o objecto do nosso estudo. É que elas são problemas que emergem de deficiências de coordenação no acesso e utilização de recursos comuns, e poder-se-ia sempre imaginar uma solução distributiva rígida que, por definição, venceria todos os conflitos e todos os impasses – uma situação ditatorial «*stricto sensu*», cometendo todos irreversivelmente a decisão (e o critério decisório) a um «Leviatão benevolente». Contudo, pergunta-se:

– o que é que restaria da liberdade que é pressuposta em tudo o resto – nomeadamente, a liberdade de acesso, de utilização, de exclusão, de alienação dos recursos, a liberdade que é o próprio motor da actividade económica?

[150] Rose, C.M. (1994b), 109.

– como é que se remediaria o arrependimento de um «*pactum subjectionis*» irreversível, quando o sujeito descobrisse a inferioridade da decisão soberana face à solução que o próprio sujeito poderia ter promovido negocialmente?

As perguntas poderiam multiplicar-se indefinidamente, e de todas elas se retiraria que, havendo a opção fundamental pelo predomínio da liberdade económica, não há forma simples de resolver os problemas de descoordenação colectiva de que emergem potenciais «tragédias».

Dir-se-á, pois, que há que confrontar, analisar e procurar soluções para os «dilemas sociais» que são suscitados pela existência de recursos comuns. Antes de prosseguirmos, definamos brevemente essa categoria mais ampla, de que os fenómenos que estudaremos seguidamente podem apresentar-se como sub-categorias. «Dilemas sociais» são situações de tensão entre incentivos privados e interesse colectivo, nas quais[151]:

1) A estratégia dominante é a da não-cooperação;
2) A não-cooperação é mais lesiva para os demais do que a cooperação com eles;
3) O dano total da não-cooperação é sempre superior ao total dos ganhos privados dela resultantes.

Dados estes pressupostos, facilmente se depreenderá que os «dilemas sociais» tendem espontaneamente a agudizar-se, não a resolver-se. Temos pela frente problemas genuínos.

[151] Vanneste, S., A. Van Hiel, F. Parisi & B. Depoorter (2006), 105.

2. A «TRAGÉDIA DOS BALDIOS»

Numa segunda parte, passa-se à caracterização da «Tragédia dos Baldios», a consequência extrema de congestionamento e colapso na utilização de recursos – de recursos que partilham com os bens públicos a característica de insusceptibilidade eficiente de exclusão, mas que se distinguem deles pela «rivalidade» no uso (ou consumo). Define-se o acesso livre como o pressuposto dominante neste contexto, na medida em que propicia a externalização recíproca entre todos os envolvidos, apontando pois para a apropriação privada como a solução dominante – sem se ignorar, sejam as alternativas «coaseanas», sejam as formas de coordenação extra-mercado. Procurando exemplificar, referem-se consequências típicas da «Tragédia dos Baldios» e formas de prevenção e de remédio para a situação.

2.1. **Caracterização Inicial do Problema em Garrett Hardin**

Deve-se a um artigo de Garrett Hardin, de 1968, intitulado "The Tragedy of the Commons", o início do estudo desse tema que optámos por traduzir literalmente – pelas razões já aduzidas – como «Tragédia dos Baldios».

Curiosamente, não fosse a escolha feliz do título e talvez o artigo tivesse passado despercebido – visto que ele parece, à primeira vista, não ser senão um entre muitos esforços de trivialização da mensagem malthusiana, repleto que está de proposições deterministas e fatalistas, na habitual tonalidade pessimista e catastrofista do (neo)malthusianismo. Aliás, não é alheia a essa atitude a escolha do termo «tragédia», que para Garrett Hardin significa, não tanto a referência a uma situação extremamente danosa (embora ela o seja também), mas antes, e sobretudo, a alusão à inelutabilidade de uma situação indesejada[152].

---

[152] É sobremaneira revelador que, para fixar o conceito de «tragédia», Hardin invoque a definição de Alfred North Whitehead, especialmente apegada à raiz histórica da expressão:

Em reforço dessa tonalidade, Hardin nem sequer se esquiva a abordar inicialmente as incidências demográficas do «descontrole» populacional face a «subsistências» escassas, o próprio cerne da mensagem malthusiana – só depois avançando para a fulcral demonstração de que há falhanços trágicos da «mão invisível» também em actividades produtivas, escolhendo então o exemplo das pastagens em baldios, os «Baldios» a que se refere o resto do título do seu artigo[153]. Mas, insistamos, antes disso Hardin não hesita sequer em usar a terminologia (neo)malthusiana no que ela tem de mais desagradável e «pecuário», por exemplo quando adverte para as consequências trágicas daquilo que ele entende ser a irresponsável tendência do «*Welfare State*» para o fomento do «*overbreeding*»[154].

Retenhamos desde já, descontada a terminologia, que a intenção inicial de Garrett Hardin é efectivamente a de apresentar a «Tragédia dos Baldios» como uma espécie de fatalidade ao estilo malthusiano, descrevendo-a como um desfecho que só não sucedeu mais cedo na actividade pastoril porque devastações, predações, doenças, calamidades, mantiveram muito tempo os rebanhos abaixo do limite de sustentação das pastagens (e outros recursos, implicitamente, abaixo do seu limiar de sustentabilidade) – mas asseverando que um tal desfecho sucederá inevitavelmente a partir do momento em que se alcance alguma estabilidade social e o mecanismo determinista seja deixado em liberdade para actuar.

Felizmente que a história das ideias é abundante nestas evoluções que consistem no facto de muitos conceitos ganharem rapidamente autonomia, se desprenderem do intento inicial dos seus primeiros formuladores e recobrarem, nessa trajectória própria, a sua plena fertilidade: foi precisamente o que sucedeu com a alegoria da «Tragédia dos Baldios», que ganhou vida própria como a formulação de um problema de sobre-uso de recursos comuns, libertando-se muito rapidamente das tonalidades, mais «carregadas» ideologicamente, com que nasceu.

É dessa alegoria «expurgada» de intenções ideológicas que falaremos doravante.

Sem especificar muito rigorosamente que está a lidar com uma situação de recursos comuns (lembremo-lo, bens em relação aos quais há dificuldades de exclusão mas nos quais podem manifestar-se efeitos de

---

"*The essence of dramatic tragedy is not unhappiness. It resides in the solemnity of the remorseless working of things.*" – cfr. Hardin, G. (1968), 1244.

[153] Hardin, G. (1968), 1244.

[154] Hardin, G. (1968), 1245-1247.

rivalidade de uso, ou seja, efeitos de congestionamento e exaustão), Garrett Hardin descreve a atitude do pastor que encara as vantagens e custos de acesso a um baldio. Caso deseje intensificar a sua utilização das pastagens do baldio, por exemplo acrescentando um animal ao rebanho, o pastor pode perspectivar de antemão que o incremento de utilidade correspondente à sua decisão reverterá integralmente em seu proveito, enquanto que os custos impostos pelo incremento de uso do baldio, os custos impostos sobre o baldio, recaem apenas numa pequena fracção sobre o pastor – dado que o custo é repartido entre todos os que têm acesso ao baldio, não recaindo apenas *naquele* pastor. Numa linguagem mais técnica e estrita, que Hardin evita, diríamos que o pastor externaliza sobre o recurso comum, mas internaliza apenas parcialmente, muito restritamente, a sua própria externalização.

A conclusão que se impõe, por simples extrapolação, é a que Hardin retira de imediato: dado que a proporção entre ganhos e custos relativos à decisão de incremento da exploração favorece invariavelmente esse incremento, a racionalidade ditará ao pastor no baldio que continue a intensificar sem restrições a exploração do recurso comum. Essa conclusão é generalizável: não é apenas um pastor que é assim incentivado, mas são-no todos, e todos da mesma maneira. Logo, a racionalidade colectiva levará ao incremento cumulativo e à ruína do recurso, dada a liberdade de acesso: essa liberdade acaba por ter consequências trágicas – quase se diria estarmos aqui perante mais um afloramento do «paradoxo da liberdade», ou ao menos de algo com o mesmo potencial destrutivo para a liberdade[155].

Não tendo ocorrido a Garrett Hardin – naquele momento inicial – que pudesse haver uma solução espontânea de gestão dos «Baldios», feito o diagnóstico, a terapêutica parecia ser só uma: estancar o acesso livre, e fazê-lo erguendo barreiras de exclusão. Ora a única forma segura de estancar o acesso livre era permitir a apropriação privada dos «Baldios», fosse na forma da sua atribuição global a um único titular, fosse na forma da divisão do baldio em parcelas de propriedade privada, a serem distribuídas pelos anteriores compartes no baldio. Independentemente de custos e complicações que pudessem surgir em qualquer destas vias, a solução de privatização tinha uma vantagem evidente: com um único titular deixaria de haver externalização cruzada, ou melhor, deixaria de haver externa-

[155] Hardin, G. (1968), 1244.

lização «*tout court*», já que todos os custos e sobrecargas impostos sobre o recurso seriam integralmente sentidos e suportados pelo seu titular exclusivo[156].

Na aparência, a solução garantia que deixava de haver vítimas de sobre-exploração. Talvez fosse melhor esclarecer, desde logo, que apenas deixaria de haver vítimas involuntárias, já que a privatização não garante por si mesma que os novos titulares sejam gestores óptimos dos recursos privatizados. Cada um pode tornar-se vítima (mas, agora sim, voluntária) das suas incompetências e irracionalidades na gestão dos recursos de que seja titular exclusivo. Dito por outras palavras, a construção de Garrett Hardin talvez tenha ficado inutilmente fragilizada desde o início pela forma como, acriticamente, apresentava a privatização como uma espécie de «panaceia universal», quando lhe teria bastado, porventura, ter-se concentrado nos efeitos graduais da inserção de barreiras de exclusão (admitindo, por exemplo, a solução que analisaremos melhor adiante, a dos «Semi-Baldios», dos recursos comuns de acesso limitado). Por outras palavras, Hardin terá cometido o erro inicial de presumir que todos os «Baldios» emergiam de situações de acesso livre, confundindo assim situações de partilha colectiva que podem não sofrer de problemas de falta de exclusão, com situações nas quais essa falta de exclusão impede qualquer salvaguarda «interna» dos próprios recursos[157].

Em suma, embora a vertente histórica não seja o forte desta primeira abordagem de Garrett Hardin – bem pelo contrário, abrindo o flanco para críticas persistentes –, a solução proposta por ele é, na essência, aquela que historicamente tinha sido tentada já, nos movimentos de «*enclosure*» anglo-saxónicos, entre nós na chamada «desamortização» ou «arroteamento» dos baldios, seguida mais tarde pelos esforços de «colonização dos baldios» e de sujeição dos baldios ao regime florestal[158]. Numa argumentação que teria merecido o apoio do «primeiro Demsetz», Hardin avança de imediato para a solução de privatização, invocando a pressão populacional, sustentando que é esta que torna justificáveis os custos distributivos inerentes ao incremento da exclusão – visto que, no fim, serão excluídas pessoas que inicialmente o não estavam. É um custo elevado, o da limitação da liberdade prévia de alguns; mas, numa nota

---

[156] Hardin, G. (1968), 1245.

[157] Hess, C. & E. Ostrom (2003), 115-116.

[158] Este último movimento imortalizado por cá em *Quando os Lobos Uivam*, de Aquilino Ribeiro (1958).

positiva, Hardin de imediato observa que esse é o preço de qualquer coordenação social, nomeadamente a promovida pelo Direito – podendo mesmo sustentar-se, num contra-argumento, que a limitação recíproca por normas que evitam tragédias representa um incremento de liberdade, não uma sua diminuição[159].

Estavam assim lançados os termos do debate em torno da «Tragédia dos Baldios», um tema que, como já referimos, não tardou a ingressar nos manuais elementares de Economia, de Ciência e Gestão Ambiental, de Direito da Propriedade (nas vertentes pública e privada), etc.[160]; e uma expressão que foi ganhando foros de lugar-comum, para explicar alguns colapsos económicos e ambientais do passado (começando pela insustentabilidade de certas actividades recolectoras[161]) e para sublinhar algumas antevisões mais sombrias assentes na extrapolação simples de tendências actuais.

Refira-se mais especificamente que, embora seja Hardin quem em 1968 celebrizou e crismou a «Tragédia dos Baldios», o problema já aparecia descrito no século XIX[162], particularmente na obra do matemático Forster Lloyd, em 1833[163], e nalguns escritos de meados do século XX, nomeadamente dois estudos, de H. Scott Gordon em 1954[164] e de Anthony Scott em 1955[165], sobre as pescas – em particular, sobre a pressão das capturas na sustentabilidade das espécies capturadas, e sobre o horizonte de esgotamento de recursos assim perspectivado. Garrett Hardin limitou--se praticamente a generalizar esses resultados em 1968, fornecendo a terminologia ainda hoje dominante.

Porquê, já agora, o pioneirismo do tema das pescas? É basicamente porque as pescas (como melhor veremos adiante) estão expostas, muito visivelmente, a «tragédias» de sobre-exploração, já que o tradicional acesso livre – entretanto muito mitigado e contrariado pelos múltiplos regimes de direito público e de direito internacional que condicionam a exploração dos recursos marinhos – era acompanhado da ilusão de que o primeiro a chegar poderia servir-se ilimitadamente do recurso (o princípio «*first--come, first-served*»), criando por isso um incentivo adicional a uma

---

[159] Hardin, G. (1968), 1247.

[160] McEvoy, A.F. (1988), 214ss..

[161] Berkes, F. (1985), 199ss.; McCay, B.J. (1987), 195ss..

[162] Cfr. Feeny, D., F. Berkes, B.J. McCay & J.M. Acheson (1990), 1ss..

[163] Cfr. Bouton, L., M. Gassner & V. Verardi (2005), 2-3.

[164] Gordon, H.S. (2003), 61ss. ([1]1954).

[165] Scott, A.D. (1955), 116-124.

«corrida aos recursos», à super-eficiência tecnológica na captura desses recursos, excedendo facilmente os limites da respectiva renovação, os limites da sua sustentação – do que resultava, igualmente, a necessidade de medidas especialmente drásticas de preservação dos recursos e de racionamento nesse sector produtivo[166]. Julgamos que é pena que Garrett Hardin não se tivesse focado neste exemplo das pescas, em vez de ter concentrado a sua atenção na actividade de pastorícia em «Baldios» – um exemplo mais equívoco, menos nitidamente tributário do «acesso livre» e até mais fértil em contra-exemplos «não-trágicos».

Uma das razões do sucesso da abordagem de Garrett Hardin não se deve à originalidade nem à felicidade dos exemplos, portanto, deriva antes do facto de ter adoptado pela primeira vez uma concepção ampla de «Baldio», conferindo à sua teoria uma tonalidade malthusiana e evitando enredar-se em tecnicismos – o que permitia ampliar ainda mais o objecto de análise, tornando vibrante o debate em diversos domínios que não apenas o dos «Baldios fundiários» (facto que por vezes parece ter escapado a alguns críticos)[167].

Insistamos que outra das razões do sucesso do artigo de Hardin se deve à expressividade da terminologia empregue, e até à interpelação científica ínsita no emprego do termo «tragédia»: visto que, como o sugeria o próprio Hardin, uma das dimensões da tragédia era a de que a aparente inelutabilidade remetia para a inexistência de uma solução científica ou técnica evidente, sendo portanto um daqueles problemas cuja intratabilidade costuma ser tomada como um desafio irresistível pela comunidade científica[168].

2.2. **Os Termos Básicos do Problema**

É altura de tentarmos uma representação gráfica da «Tragédia dos Baldios», ilustrando, em quatro passos, o que pode significar a entrada sucessiva de produtores num ambiente de acesso livre[169]:

---

[166] White, L.J. (2006). Cfr. Berkes, F. (1985), 199ss.; Berkes, F. (1987), 187ss.; Berkes, F., D. Feeny, B.J. McCay & J.M. Acheson (1989), 91ss.; Crowe, B.L. (1969), 1103ss.; McCay, B.J. & J.M. Acheson (1987), 1ss..

[167] Fischel, W.A. (2005).

[168] Hardin, G. (1968), 1243.

[169] Adaptado de: Tietzel, M. (2001), 161.

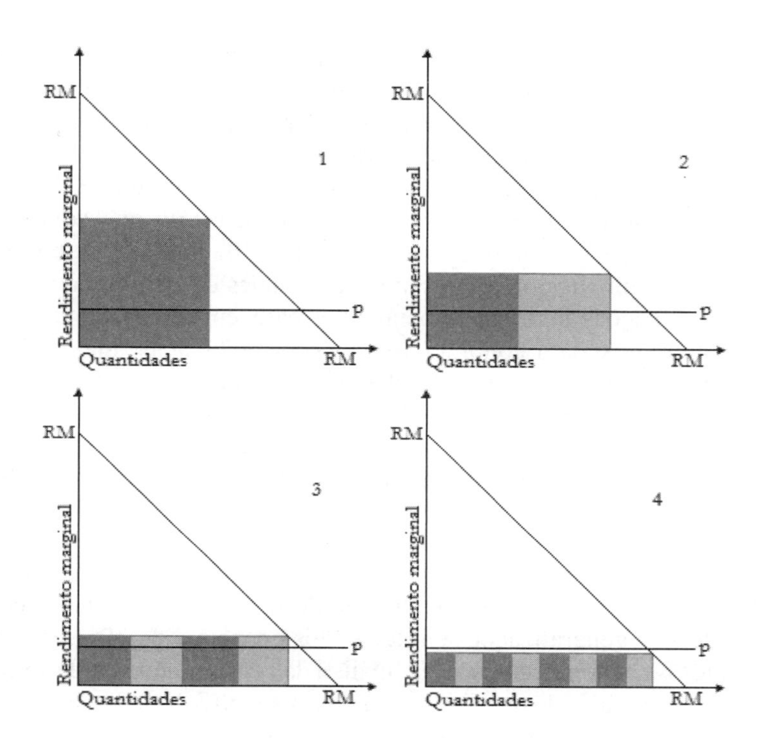

No primeiro caso, o sombreado representa o rendimento obtido por um único explorador do recurso (maximizado na intersecção com a recta do rendimento médio, RM-RM). À medida que vão entrando novos exploradores do recurso, não só o rendimento total tem que ser dividido, como a rivalidade determinará que o somatório das parcelas que hão-de caber a cada um pode não corresponder já ao rendimento total que era assegurado pelo acesso de um único explorador (caso 2). Cada nova entrada determina o abaixamento do rendimento marginal, tendendo este a aproximar-se do nível de preços (p) (caso 3); quando esse rendimento marginal coincidir com o preço, ou descer abaixo dele, teremos uma absoluta dissipação do rendimento obtido na exploração do recurso por qualquer dos exploradores – um resultado «trágico» (caso 4).

Até aqui, nada de novo, dir-se-ia, visto que o resultado corresponde àquilo que há muito a Ciência Económica sabe acerca do equilíbrio concorrencial de longo prazo, o equilíbrio de «lucro normal» ou de «lucro zero» que aguarda todos os produtores num mercado concorrencial, à medida que a entrada de novos concorrentes vai provocando erosão na «renda» que caberia aos produtores num mercado mais limitado – «renda» que seria máxima se só estivesse um produtor no mercado (a «renda monopolística») e que acaba dissipada no número excessivo de produtores presentes nesse equilíbrio de longo prazo.

O que há de novo é que o efeito a que a «Tragédia dos Baldios» se refere é um caso muito mais geral, e generalizável, do que aquele: um efeito que se verifica tanto dentro como fora de mercados, tanto em actividades produtivas como em puras actividades de uso ou consumo, e em muitas situações naturais e sociais que parecem muito afastadas dos próprios domínios da Economia (uma proposição arriscada, dadas as propensões imperialistas e absorventes da moderna Ciência Económica).

2.3. **Demarcações Temáticas e Equívocos. A Definição de «Recurso Comum»**

Isso bastaria para fornecer-nos a razão pela qual a literatura sobre o tema tem crescido exponencialmente nos últimos anos, toda ela buscando convergências e generalizações em torno dos conceitos de «Baldios» e de «Anti-Baldios», e toda centrada na análise das consequências do excesso de acesso, ou da falta de acesso, a recursos susceptíveis de uso partilhado – devendo notar-se que muita dessa literatura se dedica a fazer a destrinça que ficara obnubilada no artigo de Hardin, a destrinça entre uso comum (o regime mais facilmente associável à imagem tradicional dos baldios) e irrestrição de acesso (normalmente associada, mas com impropriedade, aos conceitos de «bem público», por um lado, e de «domínio público», por outro), para com base nessa destrinça primária evoluir para a indagação sobre a natureza das «titularidades» sobre os bens, as distinções entre propriedade privada, comum, pública, por um lado, e a distinção entre «propriedade partilhada» e «insuficiência de apropriação», por outro lado (no fundo, a indagação sobre a legitimidade última, e residual, de definição dos usos e destino dos recursos, e para além dela uma reflexão ocasional sobre os princípios políticos que presidem à atribuição ou reconhecimento dessas legitimidades)[170].

Os temas cruzam-se e interpenetram-se, determinando alguns equívocos e oscilações básicas – como a que ocorre, por exemplo, quando se procura perceber se, nos «Baldios», há uma espécie de áreas toleradas

[170] Hess, C. & E. Ostrom (2003), 114.

sob o domínio do direito público, uma espécie de «zonas francas» sobre as quais paira ainda, em termos residuais, a legitimidade última do Estado, ou se se trata antes de «singularidades locais», áreas de não-propriedade recobertas difusamente por uma apropriação colectiva que não confere a ninguém a legitimidade suprema ou residual[171] – uma dúvida que pode parecer sugerir a primeira via quando estamos a falar de baldios «fundiários» ou territoriais, mas que deixa de sugeri-la, cremos, quando pensamos que também é possível falar-se de «Baldios» quanto à propriedade intelectual, sendo que nesse caso parece tornar-se mais nítido que o conceito se prende com a liberdade de criação e de expressão, uma liberdade que não admite vassalagens a «suzeranias», nem sequer às «residuais» ou supletivas[172].

Muitos dos equívocos poderiam ter sido evitados – é hoje consensual – se se tivesse procedido a uma prévia clarificação de alguns dos conceitos empregues. A um nos referimos já, mas vale a pena demarcá-lo um pouco mais rigorosamente, o de «recurso comum», porque é ele que, passe a expressão, está na berlinda.

Uma fonte habitual de confusões resulta do uso indiscriminado dos conceitos de «recurso comum» e de «propriedade comum» – mais frequente ainda entre os termos ingleses «*common-pool resource*» e «*common property resource*» –, já que essa ambiguidade coloca no mesmo plano dois problemas distintos, por um lado o do acesso e exclusão que resultam da natureza do bem, por outro lado a legitimação conferida por uma titularidade juridicamente reconhecida (e que abarca outros poderes além do da exclusão).

Para definirmos «recurso comum» bastará atender, como já o fizemos, à combinação dos critérios de exclusão e de rivalidade, que dá origem a uma classificação quadripartida que pode já considerar-se «canónica» na doutrina, e que tem ajudado a desfazer a simplista, e potentemente ambígua, bipartição entre bens públicos e privados[173]:

		Rivalidade no uso	
		Baixa ou nula	Elevada ou total
Exclusão de acesso	Difícil ou impossível	BENS PÚBLICOS	RECURSOS COMUNS
	Fácil ou espontânea	BENS DE CLUBE	BENS PRIVADOS

[171] Seabright, P. (1998b), 591ss..
[172] Hess, C. & E. Ostrom (2003), 115.
[173] Hess, C. & E. Ostrom (2003), 119-120.

Caracterizemos novamente, pois, os recursos comuns como aqueles bens que, sendo de acesso livre, ou de acesso dificilmente restringível, contudo geram, entre aqueles que a eles têm acesso, problemas de rivalidade no uso, no sentido de a utilização que é dada por cada um poder conflituar, ao menos a partir de certo nível de intensidade, com a utilização que fica disponível para os demais.

Temos, pois, que os recursos comuns partilham com os bens públicos as dificuldades de exclusão eficiente, enquanto que os produtos desses recursos comuns partilham com os bens privados a característica de a sua utilização subtrair utilidade ao total disponível – revelando por isso *rivalidade* no uso, a raiz de que partem problemas como congestionamento, degradação, esgotamento dos recursos[174]. Por essa mesma razão, note-se de passagem, os recursos comuns foram durante muito tempo designados como «bens públicos impuros», em especial nos domínios das Finanças Públicas, querendo na essência sugerir-se, com a expressão, que por um lado se tratava de bens sub-produzidos pelo mercado (o problema *ex ante*, que partilhavam com os bens públicos «puros»), mas pelo outro lado bens sujeitos a efeitos de congestionamento e de esgotamento (o problema *ex post*, partilhado com os bens privados)[175] – uma expressão que evitaremos, até pelo que ela sugere: que em vez de se tratar de um «*tertium genus*», se trataria na verdade de uma aberração, de uma «terra de ninguém».

Dada a definição, é fácil de compreender o potencial de conflito e de insustentabilidade que se abriga em tais situações. E no entanto, a simples possibilidade de se identificar a situação e de se diagnosticar os problemas já nos deve dizer qualquer coisa sobre desfechos «trágicos» e inelutáveis – ideia que sairá reforçada ainda se, lançando mão dos sofisticados contributos da Teoria dos Jogos, reconhecermos que em muitos casos estão criadas as condições para se evitar um resultado puramente não-cooperativo. Claro que, perante a degradação de um recurso exposto ao livre acesso, a tentação pode ser a de pensar-se prioritariamente, ou até exclusivamente, em soluções radicais, seja a da pura e simples fragmentação em parcelas privatizadas (uma solução secessionista, por assim dizer) seja a da apropriação pública e da sujeição a critérios distributivos rígidos (uma solução hobbesiana, a solução ditatorial a que já aludimos). Foram, refira-se de novo, as soluções que ocorreram a Hardin, com uma indisfar-

[174] Hess, C. & E. Ostrom (2003), 120.

[175] Bell, A. & G. Parchomovsky (2003), 13.

çada preferência pela alternativa mais autoritária ou coerciva (como se esperaria de um malthusiano), suscitando de imediato diversas reservas – dada a conotação negativa do apelo à coerção[176].

2.4. A Possibilidade de Coordenação Espontânea: Uma Primeira Abordagem

Todavia, uma ponderação mais cuidada (quando haja tempo e serenidade para tal) permitirá discernir outras soluções ainda, e mais propriamente um espectro intermédio de soluções de organização espontânea de todos os envolvidos no acesso e na exploração do recurso comum. Coloca-se, no entanto, a dúvida legítima sobre a viabilidade de tais soluções de organização espontânea – essencialmente porque, tratando-se de uma solução em proveito colectivo, e que uma vez alcançada não deixará de trazer esse proveito colectivo, ela reveste características de bem público puro, de externalização positiva extrema com baixo índice de internalização (ou mesmo com nenhuma internalização possível), e assim sendo é de esperar, como acontece com todos os bens públicos, que seja subproduzida e que esteja sujeita a «efeitos de boleia» (já que essencialmente cada um esperará que sejam os outros a providenciar a organização colectiva, suportando os correspondentes custos).

Mais ainda, sempre que a organização colectiva reclame unanimidades ou maiorias reforçadas surgirá o efeito perverso do «*holdout*», ou seja, do bloqueio por parte daqueles que sabem ser indispensável o seu voto, por forma a venderem o desbloqueio por um valor correspondente ao remanescente da «renda total» a ser obtida com a solução consensual. Dadas estas dificuldades, é legítima a dúvida quanto à viabilidade e razoabilidade da hipótese de as pessoas se envolverem em dilemas de segundo e terceiro grau apenas para tentarem resolver o dilema de primeiro grau que é o conflito no uso do recurso comum[177].

E no entanto, ao arrepio de tais prevenções teóricas e dos presságios mais sombrios, o facto é que se têm verificado inúmeras e muito variadas formas de coordenação espontânea no acesso e exploração de recursos

---

[176] Munzer, S.R. (2005), 151. Cfr. ainda: Munzer, S.R. (2001), 46ss.; Krier, J.E. (1992), 337-339; Rose, C.M. (1990b), 50-53.

[177] Hess, C. & E. Ostrom (2003), 116-118.

comuns. No entender de alguns autores, a razão era simples e prendia-se novamente com as insuficiências da teoria na superação de ambiguidades e na destrinça de conceitos, nomeadamente[178]:

1) a já aludida distinção entre *recursos* comuns e *regimes* de propriedade comum;
2) a distinção entre sistemas de recursos e o fluxo de unidades geradas pelo recurso;
3) a definição do conjunto de «*property rights*» inerentes ao conceito de «propriedade».

A administração bem sucedida dos recursos comuns é, pois, aquela que tem conseguido manter distintas as questões de mero acesso (que se constata que serão, por definição, irresolúveis) das questões da partilha dos frutos do recurso, do acesso ao *rendimento* do recurso, sendo que muitas vezes coexiste o acesso livre com o direito à apropriação privada do rendimento gerado pelos recursos. Recordemos muito singelamente o que ficou dito logo de início a propósito dos «*bundles of rights*»: é possível conceder prerrogativas de acesso e não lhes associar quaisquer poderes de extracção, de gestão, de exclusão ou de alienação – mantendo, em suma, uma boa parte daqueles que têm acesso numa posição de puros «*outsiders*», de «*stakeholders*» *stricto sensu*. Mas, como também vimos, é possível uma partilha mais generosa do recurso comum sem que todos fiquem numa posição de gestores e de titulares plenos – uma posição que, com os seus encargos e responsabilidades, nem será muito interessante para muitos dos envolvidos, que preferirão ficar numa situação intermédia de «*claimants*», já com prerrogativas de uso e com algum peso em decisões de gestão.

Dito de outra maneira, e por outra perspectiva, um «baldio» não tem necessariamente que constituir uma situação em que a liberdade de acesso implica a liberdade de exercício indiscriminado (e cumulativo) de todos os poderes concebíveis. Pode ser que um «baldio» seja um recurso singularmente desprovido da protecção de «*property rules*», mas isso não significa, nem implica, que não haja «*liability rules*» a balizarem rigorosamente a respectiva utilização – porventura começando pela mais simples e elementar das «*liability rules*», que seria a que impede a ocupação do recurso, no sentido de impedir que o primeiro acesso invoque, *ipso facto*, a prerrogativa de exclusão dos acessos subsequentes[179].

---

[178] Hess, C. & E. Ostrom (2003), 118-119.
[179] Munzer, S.R. (2005), 150.

Uma administração hábil e criteriosa dos recursos comuns, ao proceder a demarcações entre os «acervos de direitos» que correspondem a cada um dos envolvidos que tem acesso a esses recursos, é bem capaz de minimizar, senão mesmo de eliminar, as principais tensões e ineficiências, para não falarmos já de colapsos trágicos. Em poucas palavras, diremos que basta contrapor, ao acesso livre, um adequado regime de propriedade comum[180].

Já quanto a esta propriedade comum nada há em abstracto que obste à sua perfeita eficiência, dados alguns pressupostos da sua organização interna: e a prova disso são as empresas, que em bom rigor não são frequentemente senão formas de propriedade comum sujeitas a uma especial forma de organização interna que é a integração vertical (uma forma de organização que, note-se, resolve de forma autoritária, através da subordinação hierárquica, os problemas de acesso livre aos recursos partilhados entre todos os participantes na empresa)[181].

Convém ressalvar, neste ponto, que as questões de eficiência devem ser claramente separadas das questões de justiça, mas que isso de modo algum significa a subalternização destas – pelo que, como se compreenderá, muitas soluções aparentemente óbvias e simples poderão soçobrar perante a proeminência de considerações de justiça: porque, por exemplo, não se chega a um consenso sobre quem administra o recurso e quem fica como mero utente, quem tem mais ou menos direito aos rendimentos gerados pelo recurso, quem decide da alienação, quem tira proveito desta, etc. [182].

Perante este binómio, insistamos que o que interessa, para a perspectiva de «*Law and Economics*» que estamos a adoptar, é em primeira linha o problema de eficiência: para haver uma «tragédia» (dos «Baldios» ou dos «Anti-Baldios») é necessário que haja um problema de bem-estar total, não bastando que ocorra uma mera questão distributiva. Isto é, os ganhos da cooperação têm que ser superiores, em valor agregado e em valor para cada participação individual, do que os ganhos finais da não-cooperação (mesmo quando o não sejam dos ganhos iniciais da batota). Ainda que muitas vezes surjam resultados injustos em termos distributivos, a merecerem toda a atenção noutra sede de análise, o que conta aqui, o que há de «trágico», é exclusivamente a dimensão global, «paretiana»,

[180] Hess, C. & E. Ostrom (2003), 121-122.
[181] Hess, C. & E. Ostrom (2003), 123.
[182] Fennell, L.A. (2004), 8.

das perdas absolutas de oportunidades para cada um, e para todos, de prosperarem. Numa alegoria, diremos que o que é crucial, aqui, é a diminuição da dimensão do bolo, não as variações nas proporções das fatias, que hão-de estar expostas a puros jogos distributivos (embora não se desconheça que também estes têm impacto sobre os incentivos e, logo, sobre a eficiência).

De ressalvar também que nem sempre a solução organizativa está disponível, e que portanto nem sempre o espectro de soluções intermédias entre a privatização e a estatização poderá surgir espontaneamente. Depois de termos feito referência às empresas como formas de solução para um certo tipo de potenciais «baldios», poderia afigurar-se que afinal a solução era muito simples, e que verdadeiramente não chegara a haver um problema, ou que deixaria de o haver com grande simplicidade. Nada disso: basta pensarmos na extrema variedade de situações às quais se tem aplicado o paradigma das «Tragédia dos Baldios», algumas delas longe de disporem de um quadro institucional susceptível de propiciar sequer um esboço de «acervos de direitos» diferenciados. Só para darmos alguns exemplos, tem-se falado de «Tragédia dos Baldios» em relação à exploração de recursos naturais – em especial em matéria de pescas –, à poluição, à distribuição geográfica do comércio, ao acesso ao domínio público internacional, à propriedade intelectual, à litigância, ao uso do espectro electromagnético, mas também em relação à «corrida para o fundo» em matéria de financiamentos partidários[183], ou às regras de cortesia que definem o «trânsito» entre os «*surfers*» californianos[184].

São todas elas situações muito distintas, e nalgumas a coordenação espontânea não parece senão um ideal remoto – mesmo quando todos os intervenientes o têm presente e lhe conhecem as vantagens, porque mesmo aí pode ainda prevalecer, como mais racional *imediatamente*, a estratégia dominante da externalização cruzada. Neste sentido reconhecer-se-á que o paradigma da «Tragédia dos Baldios» se avizinha mais da análise de John Nash sobre equilíbrios não-cooperativos do que do optimismo de Adam Smith acerca dos mecanismos agregadores dos interesses privados, e sintonizadores destes com o interesse colectivo, que ele designou por «mão invisível»[185].

---

[183] Hsu, S.-L. (2005), 1.
[184] Rider, R. (1998), 49-64.
[185] Hsu, S.-L. (2005), 1.

2.5. **O Sobreuso e o Subinvestimento**

Definimos «recursos comuns» como uma combinação de características, a do acesso livre por um lado, a da rivalidade no uso, por outro. Não surpreenderá, pois, que possa caracterizar-se a «Tragédia dos Baldios» como não mais do que uma confluência de tendências para o subinvestimento e para o sobreuso – tendências que são o resultado directo daquelas características.

Das duas, a tendência para o sobreuso tem sido a mais evidenciada, a começar pelos exemplos de Garrett Hardin relativos a sobre-pastagem nos «Baldios»: recordemos que o dono do rebanho internaliza, faz seus, todos os ganhos do incremento da pastagem, mesmo que se trate já de sobre-pastagem, e, como suporta (internaliza) apenas a fracção que lhe corresponde nos custos totais que impõe ao recurso, podemos dizer que externaliza uma elevada proporção dos seus custos – mantendo assim, muito para lá do limiar de insustentabilidade que se definirá como a fronteira de sobreuso, os incentivos para continuar a intensificar as pastagens. Há, em suma, uma deficiência de incentivos, e ela aponta para o sobreuso.

Quanto ao subinvestimento, fruto da dificuldade (ou impossibilidade) de exclusão de acesso, ele manifesta-se pelos já aludidos «efeitos de boleia» («*free-riding*»), ou mais amplamente pelo «efeito de retracção» («*shirking*») que costuma ocorrer em empreendimentos comuns. O problema é simétrico do primeiro: aquele que investe num recurso comum provoca externalidades positivas a todos os utentes do recurso comum, pelo que poderá dizer-se que suporta, internaliza, a totalidade dos custos do seu investimento; mas, dada a dificuldade, ou impossibilidade até, de exclusão, não pode afastar dos benefícios do seu investimento aqueles que se furtem ou recusem a pagar-lhos – pelo que não poderá ter esperança senão de recuperar uma fracção mínima, ou nula, das externalidades positivas que causou, o que equivale a dizer que apenas internalizará, fará sua, uma pequena (ou nula) proporção dos benefícios causados com o seu investimento. Dada essa deficiência de incentivos, a tendência será para o subinvestimento.

Como sugerimos já, o problema nasce em larga medida porque, havendo indefinição sobre os «acervos de direitos» que cabem a cada interveniente, tenderá a gerar-se, quase inevitavelmente, uma ambiguidade entre prerrogativas de acesso e prerrogativas de uso e fruição dos rendimentos gerados pelo recurso – sendo que poderá mesmo dizer-se que, por extremas que elas sejam, as soluções de privatização e de estatização visam precipuamente resolver essa ambiguidade, atribuindo exclusivos em matéria de apropriação dos rendimentos gerados pelo recurso (sem curarem tanto do problema da liberdade de acesso, que por definição subsistirá e é irresolúvel).

Por outra perspectiva, dir-se-á que, como o que falha, nestas «tendências trágicas», é uma eficiente distribuição de resultados de apropriação entre a colectividade e o indivíduo, ou, o mesmo é dizer, uma apropriação aceitável por todos, estamos aqui perante um certo tipo de «falha de mercado», especificamente perante uma deficiência no mecanismo dos preços:

– que haja sobreuso e seja possível a alguém tirar proveito privado disso equivale a dizer que, para esse indivíduo, o preço do «Baldio» é demasiadamente baixo (devia subir de modo a incorporar a internalização das externalidades negativas causadas pelo sobreuso);
– que haja subinvestimento e não seja possível a ninguém retirar a compensação adequada de uma decisão de investimento no «Baldio» equivale a dizer que o preço do baldio está demasiadamente elevado (devia baixar, por compensação com a internalização das externalidades positivas causadas pelo investimento).

Vista por este prisma, a solução aponta para um preço intermédio, ou seja, para um ponto de equilíbrio capaz de eliminar simultaneamente as margens do sobreuso e do subinvestimento. A solução não é, no entanto, tão óbvia como isso, visto que na prática as tendências para o sobreuso e para o subinvestimento se reforçam mutuamente, agudizando a «tendência trágica» e tornando apelativos alguns remédios mais drásticos[186]. Além disso, pode admitir-se que haja um contínuo entre os extremos binários dos preços demasiado baixos ou demasiado altos – no caso dos «Anti-Baldios», um contínuo propiciado por graus de substituibilidade e complementaridade entre as várias componentes dos «acervos de direitos» que incidem sobre o recurso (por exemplo, a complementaridade entre as «autorizações de acesso» detidas pelos diversos titulares)[187].

[186] Fennell, L.A. (2004), 9.
[187] Parisi, F., N. Schulz & B. Depoorter (2004), 180.

2.6. A Captura Recíproca de Rendas e a Dissipação de Rendas

A solução de privatização dos «Baldios» pode induzir em erro, na medida em que sugira que, afinal, é possível e viável a exclusão – o que, por definição, não é, porque se fosse estaríamos antes perante «bens privados», ou, quando muito, «bens de clube». Mais ainda, a tomarmos como boa a tese que celebrizou Harold Demsetz, nem sempre estarão reunidas as condições espontâneas para a apropriação privada, mesmo quando ela abstractamente se apresentasse como solução[188].

Claro que podemos imaginar situações de «falsos Baldios», ou seja, situações em que o acesso livre não é um dado estrutural mas somente um acidente, uma casualidade. Nesse caso, se estamos perante «bens privados» ou «bens de clube», trata-se apenas de colocar a porta, o porteiro, a portagem (na doutrina, *«club goods»* e *«toll goods»* são sinónimos), uma qualquer barreira de acesso, e de legitimá-la: e o problema – que não era senão o fruto de uma ambiguidade, ou de uma inércia – poderá ficar resolvido[189].

Mesmo nesses casos, todavia, a «Tragédia dos Baldios» não deixará de servir de advertência eloquente – uma advertência de que, em qualquer situação de conflito de interesses que se reporta a um objecto comum, pode esboçar-se um movimento de *«rent-seeking»* com consequências potencialmente desastrosas se não forem tomadas medidas adequadas e tempestivas, e mais especificamente pode desencadear-se uma dissipação de rendas que, muito mais do que deixar todos os envolvidos a um nível indesejável de «lucros normais de longo prazo», é capaz de redundar nas piores consequências do sobreuso, ou seja, na degradação do bem em termos irrecuperáveis, para lá do limiar da insustentabilidade – uma possibilidade tanto mais presente quanto mais o progresso reduz os custos de exploração e, logo, os de sobre-exploração[190].

Um desleixo na definição de «acervos de direitos» e de titularidades, e mesmo uma situação sem problemas de livre acesso pode ver-se envolvida em problemas graves de descoordenação e colapso – como se notou já, por exemplo, em situações de bancos de órgãos para transplantes, claramente situações de «bens de clube»[191], mas mesmo assim não totalmente imunes a resultados gravemente ineficientes, como veremos adiante[192].

---

[188] Smith, H.E. (2002), S453ss..

[189] Tietzel, M. (2001), 159.

[190] Tietzel, M. (2001), 160.

[191] Biller-Andorno, N. (2004), 19ss.. Cfr. Rangnekar, D. (2004).

[192] Tietzel, M. (2001), 160-161.

Uma razão suplementar para que o paradigma da «Tragédia dos Baldios» seja válido fora dos seus domínios próprios reside no facto de nem toda a dissipação de renda emergir da depauperação acelerada dos recursos produtivos por sobreuso. É que pode surgir outro tipo de externalidades cruzadas, como por exemplo a corrida aos instrumentos de exploração intensiva, ou seja o sobre-investimento nesses instrumentos (no caso das pescas, a aquisição de barcos cada vez maiores, com aparelhos de pesca cada vez mais sofisticados e eficientes, com equipamentos de frio de cada vez maior capacidade, tentando numa disputa de *«derby fishing»* recuperar a perda de capturas resultantes de limitações e da imposição de épocas de defeso[193]).

Se houvesse moderação na exploração do recurso ao ritmo normal, os custos totais seriam menores, e por isso se dirá que, não havendo depauperamento do recurso em si, há diminuição do rendimento líquido extraído do recurso – havendo em suma perdas associadas à não-cooperação (traduzidas no incremento dos custos de captura e apropriação).

Outra forma de colocar a questão é a de presumir que está em jogo um outro baldio, o do «ambiente de exploração» do recurso, o de concorrência no acesso, e que é sobre este que os concorrentes directamente externalizam com a intensificação da exploração (podendo chegar ao extremo de acumular meios preventivos da apropriação alheia, de forma mais do que improdutiva, dir-se-á literalmente contra-produtiva – como veremos adiante suceder com os *«Property-Preempting Investments»*, por exemplo)[194].

Noutros casos, a externalização é um processo cumulativo, no sentido de que a aceleração do processo torna tão nítida a insustentabilidade que se generaliza um ambiente de retaliação e de explícita não-cooperação, cada um tentando maximizar uma exploração claramente separada e sobreposta, colocando os concorrentes perante o facto consumado – ou, no mínimo, e porventura até mais plausivelmente, procurando evitar o facto consumado criado pelos demais.

Pense-se que, em contrapartida, não há ganhos perfeitamente internalizáveis que possam derivar-se de atitudes de cooperação ou de desarmamento unilateral (além de que, obviamente, tais atitudes podem traduzir-se, no final, numa redução da quota individualmente capturada) – sendo pois, em suma, que aos custos há a aditar as perdas, e por isso não há

[193] Grafton, R.Q., D. Squires & K.J. Fox (2000), 705.
[194] Fennell, L.A. (2004), 18.

coordenação possível, nem incentivos à edificação de um «bom ambiente de exploração».

Mais sinteticamente, pode subsistir uma situação de livre acesso relativamente pacificado (seja ele estrutural ou não) enquanto não se atinge um determinado patamar no qual passa a ser discernível o potencial de colapso e se percebe que não se está na presença de um bem público puro – sendo que é só a partir daí que se desencadeiam as atitudes de não-cooperação, a partir daí que emerge no plano dos factos a «rivalidade no uso».

Quando encaramos esse «ambiente de exploração» como uma espécie de «Baldio» *a se* (um «Baldio de segunda ordem», por assim dizer), rapidamente concluímos, portanto, que pode haver resultados graves até relativamente a recursos para os quais é possível a afectação através de mecanismos de mercado ou para os quais não é impossível a apropriação privada – ainda que a existência dos mecanismos de mercado possa atrasar ou mitigar o surgimento da não-cooperação. Buscando um exemplo num domínio diferente: as compras no comércio tradicional podem envolver, a nível individual, um custo adicional que não corresponde totalmente ao benefício produzido, parte do qual é (positivamente) externalizado como benefício social decorrente de alternativas no comércio – e daí que, lamentando o declínio do comércio tradicional, as pessoas optem pelo menor custo directo, ainda que sem externalização positiva, de comprar nas «grandes superfícies», causando eventualmente, com a sua conduta, o colapso das alternativas[195].

Talvez mais eloquente ainda seja o exemplo do «*doping*» no desporto: cada um dos «desportistas» tem um interesse concorrencial no acesso a um recurso comum, que é o universo de resultados ganhadores na competição desportiva. Aparentemente os bons resultados estão ao alcance de todos (acesso livre), mas a vitória de um impede, como é óbvio, a vitória dos demais (há rivalidade). Num primeiro momento não está em causa a degradação do recurso comum, que é o benefício individual da prática desportiva e o prestígio social da actividade – e no entanto pode imediatamente surgir o incentivo à batota, uma forma de sobreuso de meios, obtida através de incrementos ilícitos do potencial físico-desportivo de cada atleta[196]. Esse «Baldio de segunda ordem» pode, por fim, reflectir-

[195] Fennell, L.A. (2004), 18.

[196] Claro que pode contar-se com o dissuasor dos efeitos físicos que individualmente cada atleta «dopado» acabará por suportar no longo prazo – embora interfiram aqui elevadas taxas de desconto, ou seja a «miopia» induzida pela pressão dos ganhos imediatos.

-se numa «Tragédia dos Baldios» de primeiro grau, ou seja, ter um impacto devastador sobre a prática desportiva e sobre o correspondente prestígio social, à medida que se vá descobrindo o falseamento dos resultados. Dir--se-á que esse é um desfecho que não interessa a ninguém, a começar pelos próprios desportistas: o problema é que, sem cooperação, os não-batoteiros estão em desvantagem face aos batoteiros, e por isso todos estão expostos a uma «selecção adversa» que vai expulsando os «não--dopados» até deixar em campo apenas os menos «desportistas» – um descalabro «trágico» que se tem tentado evitar, com sucessos muito variáveis, agravando o quadro sancionatório em termos «beckerianos», ou seja, aumentando ao mesmo tempo as sanções e a probabilidade de detecção, por forma a influenciar o quadro de ganhos e perdas dos potenciais prevaricadores[197-198].

Algo de similar, se pensarmos bem, poderia dizer-se da «entropia de sinal», da degradação em «ruído», que tantas vezes ocorre no mercado publicitário, em prejuízo de todos os envolvidos (que todos para ela contribuem). E o mesmo, *mutatis mutandis*, se dirá da competição informativa que decorre das campanhas eleitorais nas democracias modernas, nas quais o livre acesso à atenção do eleitor acaba numa rivalidade que decorre da escassez desse recurso que é a atenção, terminando, com apreciável regularidade, no resultado trágico (para os promotores) de uma generalizada indiferença, se não mesmo cinismo, pelos conteúdos publicitados, e até muitas vezes uma reacção de repulsa pelo aparato da propaganda, tudo permeado pela estratégia dominante (para o eleitor) da «ignorância racional». Também aqui se suscitam sérias dúvidas, portanto, acerca da eficiência da propaganda – mas o facto é que, sem uma intermediação coordenadora, ninguém tem incentivo ao «desarmamento unilateral», e todos, mesmo as vítimas da trivialização da mensagem publicitária ou propagandística, reclamariam contra qualquer limitação às campanhas[199].

Terminemos este ponto com a ressalva com a qual possivelmente o deveríamos ter começado: a solução da privatização, ainda onde ela seja possível e abstractamente desejável, não é isenta de riscos graves que se prendem com outro tipo de questões: a excessiva fragmentação em parcelas

---

[197] Hsu, S.-L. (2005), 20.

[198] Note-se também que o desporto é tipicamente um daqueles sectores nos quais a fragmentação privatizadora não é uma opção, e no qual susbisitirão sempre problemas estruturais de acesso livre.

[199] Hsu, S.-L. (2005), 29.

privadas de um recurso que se encontrava até a uma certa altura indiviso pode inutilizar esse recurso, no sentido de o colocar em dimensões inferiores às aceitáveis em termos de exploração, fazendo perder economias de escala e impondo custos de coordenação – pode, em suma, conduzir ao pólo oposto dos «Anti-Baldios»[200].

2.7. Externalização, Colapsos de Descoordenação e Congestionamento

As soluções da privatização e da estatização dos «Baldios» têm um ponto em comum, que é o de possibilitarem a concentração de todos os custos e benefícios relevantes num mesmo indivíduo-decisor, permitindo evitar externalizações, ou, se quisermos, externalizações não perfeitamente internalizadas, ou, por outras palavras ainda, qualquer disparidade de custos e benefícios entre a perspectiva subjectiva do utilizador e a perspectiva objectiva da utilidade do recurso. A ser assim, não haveria distorções de incentivos, não haveria obviamente assimetrias informativas nem, também obviamente, problemas de coordenação. Se as soluções da privatização e da estatização dos «Baldios» fossem sempre possíveis e sempre desejáveis também por todas as outras razões, então decerto a «Tragédia dos Baldios» seria sempre um problema benigno e teria um significado muito diminuto[201].

Sucede, todavia, que tais soluções são também elas profundamente problemáticas, por razões em parte já aduzidas e por outras que analisaremos adiante. Subsiste, portanto, um problema de coordenação, de criação de uma disciplina comum, seja através de um quadro legal (ao menos de um enquadramento jurídico propiciador, por exemplo em termos de «*soft law*»), seja através de formas espontâneas do tipo das das «normas sociais». É um problema que encontra uma solução óbvia, como já referimos, sempre que seja possível e vantajosa a integração vertical; mas, dados os pressupostos de verificação desta, e até os seus limites (há um limite de eficiência óbvio relativamente à escala de produção em que teria que situar-se a «empresa das empresas» que asseguraria a integração vertical de um inteiro sector de recursos comuns), não é possível conceber-se uma «integração vertical generalizada», e por isso subsistirão sempre amplos

[200] Fennell, L.A. (2004), 18.
[201] Fennell, L.A. (2004), 16.

domínios em que prevalecerá, com as suas complexidades, fragilidades e riscos de ineficiência, a via da coordenação horizontal[202].

Vejamos, por exemplo, uma actividade produtiva na qual a integração vertical global se revela impraticável, o tráfego rodoviário: nele ocorrem várias situações de descoordenação «trágica», entre as quais se destacam porventura, pela sua dimensão e regularidade, os engarrafamentos de trânsito – típicos fenómenos de congestionamento de recursos comuns, resultantes do livre acesso a certas vias de circulação que, acima de um certo volume de tráfego, deixam de revelar, para os envolvidos, a utilidade que teriam se estivessem desimpedidas (ou seja, quando o volume de tráfego era tão diminuto que cada utente podia encarar essas vias como verdadeiros bens públicos). Tão-pouco se pode pensar, nestes casos, numa pura solução privatizadora, visto não ser fácil de conceber um «acervo de direitos» que garantisse ao mesmo tempo um acesso limitado e coordenado e não caísse de imediato na armadilha oposta dos «Anti-Baldios» – podendo a propósito sublinhar-se também que os «Baldios» do tráfego rodoviário são mais um exemplo eloquente da inaptidão dos paradigmas «reais» da apropriação material e «fundiária» para recobrirem toda esta área temática. Por outro lado, uma solução estatizadora ou ditatorial sobre o tráfego rodoviário tão-pouco parece desejável, ou sequer possível, dada até a ligação desse tráfego com o funcionamento livre da economia.

No congestionamento do tráfego, temos um problema emergente de uma grave descoordenação espontânea no uso com rivalidade, para a qual uma solução espontânea de coordenação esbarra com elevadíssimos custos de transacção (o que dizemos do tráfego rodoviário poderíamos dizê-lo do tráfego ferroviário, aéreo e marítimo, embora neles haja tradicionalmente maior regulação e menores custos de transacção). As soluções para se evitar a «Tragédia dos Baldios» têm sido variadas – demonstrando até, na sua variedade, a inexistência de certezas definitivas ou de adquiridos jurídicos, económicos e políticos acerca do modo de lidar com o problema.

Nalguns casos, tem-se proposto, para lidar com o congestionamento do tráfego, o aumento, seja do número de faixas de rodagem, seja dos percursos alternativos; contudo, há muito se advertiu para os efeitos perversos de tal solução, que mais não faz do que tentar adiar o advento da rivalidade através de um alargamento do acesso livre. É um erro sobejamente comprovado: é que aumentar a capacidade das estradas é diminuir

---

[202] Esposti, R. (2003).

os custos de acesso, e por isso é atrair ainda mais veículos, e mais urbanizações que tiram proveito da melhoria temporária dos acessos, etc. – é, na prática, substituir uma «Tragédia dos Baldios» iminente por uma maior ainda, mas mais remota (e por isso diminuída pela taxa de desconto, num gesto que causa embaraços de uma perspectiva de solidariedade intergeracional).

Noutros casos recorre-se à solução das portagens, mas evidentemente que, por tudo o que já vimos, essa solução só é possível se estivermos perante recursos que sejam estruturalmente bens privados (ou aparentemente «bens de clube»[203]), bens em relação aos quais a exclusão seja economicamente viável (isto é, não provoque mais custos do que aqueles que evita, sendo que, como se sabe, a presença de portagens tende a causar por si mesma congestionamentos).

Hoje a tendência dominante é para a progressiva internalização dos custos da rivalidade no uso dos recursos viários, impondo «taxas de congestionamento» e preços que reflectem a participação no resultado colectivo, de modo a reduzir a intensidade da participação individual – uma alternativa sofisticada que pretende apresentar-se como o sucedâneo de um mercado em que, a baixos custos de transacção, todos os envolvidos no tráfego pudessem exprimir, a partir de «*property rules*», as suas «disposições de aceitar» reportadas a diferentes níveis agregados de tráfego[204].

2.8. **As Situações de Acesso Livre: em Especial, as Pescas**

Subsistem, como indicámos, situações em que a apropriação não é totalmente possível nem desejável, e nas quais, por isso, sempre se verificarão questões estruturais de acesso livre, por mais que algumas judiciosas e sofisticadas soluções de «emulação do mercado» tendam a minimizar as correspondentes tendências «trágicas»: os exemplos das pescas, da utilização dos aquíferos subterrâneos e das alterações climáticas são alguns entre muitos dos que podíamos apresentar – estes três tendo em comum

[203] Em rigor, não se trata aqui de «bens de clube» porque estes, por definição, não estão sujeitos a congestionamento, que é a consequência «trágica» da rivalidade no uso. Portanto, se se introduziu uma portagem para resolver um problema de congestionamento, a via congestionada era um bem privado (quanto à sua natureza, não necessariamente quanto à sua titularidade). Se a portagem foi introduzida apenas para obter receitas e «capturar rendas», então a via tinha a natureza de um «bem de clube».

[204] Hsu, S.-L. (2005), 18.

espelharem a evolução científica e ideológica de que resultou a concepção, hoje largamente dominante, de que deixou de haver bens públicos puros em matéria ambiental, e de que em sede de recursos naturais existe sempre, mesmo que remotamente, um limiar de saturação, de degradação e de esgotamento – uma concepção científica e ideológica dominante que passou a contrastar mais aguda e paradoxalmente ainda com a persistência, malgrado todos os esforços dissuasores, de condutas de acesso e utilização desses recursos que continuam a manifestar a mesma propensão para a descoordenação «trágica»[205].

Quanto às alterações climáticas, elas são um caso peculiar de sobreuso, no sentido de que neste caso o excesso se relaciona com aquilo que as pessoas aditam ao baldio, e não, como é mais comum, aquilo que retiram dele (denotando o uso do baldio como lixeira, em suma). Mas é em todo o caso uma situação nítida de potencial «Tragédia dos Baldios», já que, não obstante todas as advertências, a própria insusceptibilidade de apropriação directa da atmosfera (ainda que haja forma de condicionamento de alguns acessos) e a imensidão do meio incutem nos utentes a noção de que do acesso livre jamais resultará rivalidade (ao menos rivalidade global, visto que da rivalidade local se experimentam ocasionalmente resultados), não surgindo, por isso, qualquer incentivo unilateral à limitação espontânea dos impactos – um ponto que dificulta até a reacção política ou reguladora, que não raro se defrontará com a indiferença das populações e com os cálculos imediatistas dos governos.

Quanto ao abuso de extracção de água dos aquíferos subterrâneos, há que considerar que nestes se contém um terço da água potável do planeta, e a quase totalidade da água potável se excluirmos as reservas geladas[206]. O seu uso, como seria de esperar, está a aumentar mais rapidamente do que o das fontes de água potável à superfície, o que é preocupante porque precisamente se trata de um «Baldio», susceptível de incentivar à exploração para lá de todos os limiares de renovabilidade e de sustentabilidade do recurso. Também aqui se tem verificado que os utilizadores tentam resistir a todas as restrições de acesso e de uso que visem preservar o recurso e a sustentabilidade da sua exploração – ainda quando sejam advertidos de que serão os primeiros, e porventura os principais, prejudicados pelos resultados trágicos – isto sem embargo de

[205] Thompson Jr., B.H. (2000), 7.
[206] Somma, M. (1997).

se registarem algumas tímidas iniciativas de coordenação espontânea, admitindo-se que o progresso tecnológico venha a diminuir os inerentes custos de transacção[207].

Não obstante todos os esforços que interna e internacionalmente têm sido desenvolvidos, com razoável sucesso, para mitigar o problema, as pescas continuam a ser, ainda hoje, o exemplo mais visível de «Baldios Globais», e o palco para os mais graves resultados registados até hoje em matéria de «Tragédia dos Baldios»[208]. Os portugueses têm a obrigação de perceber bem o problema, pois barcos nossos foram protagonistas muito activos, senão os principais, num dos mais notórios e trágicos episódios de esgotamento de recursos piscícolas até hoje registados, o das capturas do bacalhau da Terra Nova[209].

Na viragem para o século XXI, calcula-se que:

- 70% dos recursos piscícolas a nível planetário estão necessitados de uma intervenção correctiva urgente;
- quatro das maiores áreas de pesca a nível global encontram-se esgotadas (entre elas os referidos bancos de pesca da Terra Nova);
- um terço das principais espécies capturadas já ultrapassaram o limiar de insustentabilidade[210].

Trata-se, pois, de situações muito graves, pelo nível de degradação atingido e pela extensão dos danos; e de situações particularmente melindrosas porque, dado o número e dispersão dos envolvidos no sector produtivo das pescas, não há evidentemente qualquer solução espontânea a emergir de baixos custos de transacção[211].

Embora haja muitos outros domínios nos quais é discernível o fenómeno da «Tragédia dos Baldios», e alguns já os referimos, não há dúvida de que é nas pescas que se encontram os exemplos mais fiéis às previsões teóricas, e os mais expressivos do mecanismo que subjaz ao modelo. Em quase todas as situações de esgotamento dos bancos de pesca é fácil discernir-se a evolução, passo a passo, da «Tragédia dos Baldios», na sua

---

[207] Libecap, G.D. (2006); Thompson Jr., B.H. (2000), 7.

[208] Cfr. Safina, C. (1998).

[209] Lembremos que, depois de esgotado o bacalhau ainda se esgotaram outras espécies «sucedâneas», como a palmeta – não foi há muito tempo...

[210] Thompson Jr., B.H. (2000), 7.

[211] Sweeney, R.J., R.D. Tollison & T.D. Willett (1974), 180-181.

fria mecânica – e no também já assinalado paralelismo com os princípios gerais de equilíbrio de longo prazo dos mercados concorrenciais, e com a «dissipação de renda» prevista nos modelos de «*rent-seeking*»[212].

Quando analisamos mais em detalhe a «Tragédia dos Baldios» nas pescas, torna-se nítido que existe um limite natural ao sobreuso, que tende a travar o colapso total: é que à medida que o recurso vai ficando mais depauperado os custos das capturas vão aumentando (um reflexo também da produtividade marginal decrescente), até chegarmos a um ponto para lá do qual deixa de ser lucrativo o sobreuso, dados os custos envolvidos[213]. Mas isso de modo algum pode tomar-se por argumento para se adoptar uma atitude mais displicente nesta matéria: primeiro porque, como referimos antes, a «tragédia» não se reporta apenas ao esgotamento do recurso, mas também à acumulação de meios para a sobre-exploração acelerada do recurso, sendo que, à medida que aparece no horizonte o espectro do esgotamento, a estratégia dominante é para a aceleração, não para o «desarmamento unilateral»[214]; e em segundo lugar porque, mesmo que a travagem se imponha pelos custos e se chegue com espontaneidade a um equilíbrio não-cooperativo, esse equilíbrio será normalmente demasiado tardio, registando-se abaixo do limite de renovabilidade dos recursos, e portanto abaixo no mínimo socialmente aceitável. Ilustremo-lo[215]:

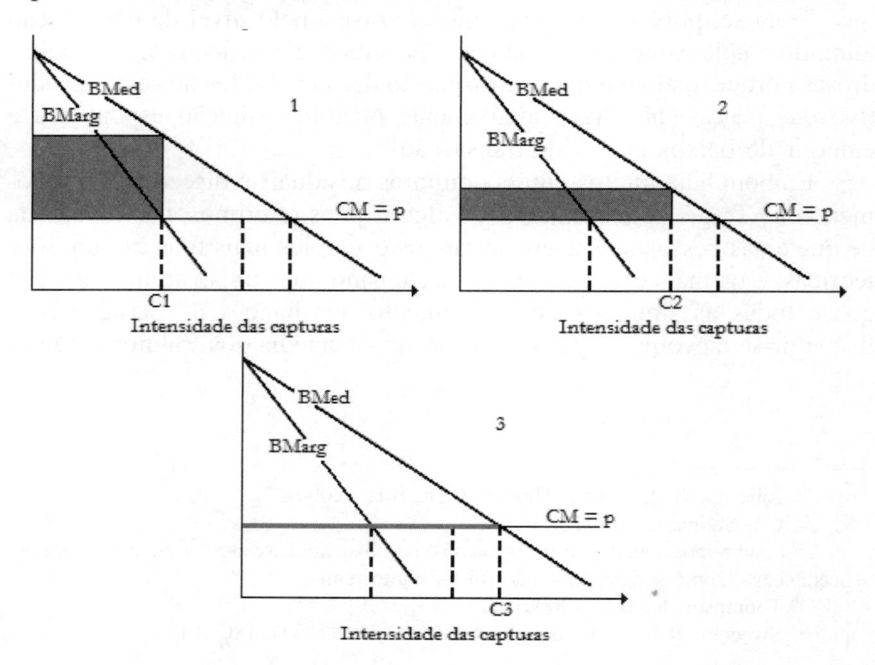

No primeiro caso (1), a exploração fixa-se num nível óptimo (C1), correspondente ao ponto em que os benefícios marginais da exploração (BMarg) coincidem com os custos marginais (CM; custos que, num ambiente concorrencial, se pode presumir que coincidem com os preços, p).

Como os benefícios médios da exploração (BMed) são ainda superiores, subsiste um incentivo para a continuação da exploração e para o acesso de novos exploradores, que tirarão proveito do facto de haver ainda uma renda a partilhar (o sombreado que corresponde à posição C2, que é já uma posição de sobre-exploração). A situação descrita em (2) pode considerar-se grave, na medida em que essa intensidade de captura tenha já violado a barreira da sustentabilidade dos recursos (no caso das pescas, a renovabilidade das espécies).

O mais grave é que essa tendência para a sobre-exploração subsistirá, a verificarem-se condições de *livre acesso*, até à dissipação completa da renda, no ponto em que os benefícios médios da exploração finalmente coincidem com os custos marginais, chegando-se ao nível «trágico» da sobre-exploração, C3. A essa intensidade de capturas, descrita em (3), pode dizer-se que a descoordenação entre os pescadores os fez causarem a pobreza uns dos outros (são eles próprios as vítimas imediatas) e o colapso da exploração económica do recurso, reduzindo as subsistências disponíveis para o todo da população (omitimos, é claro, consequências não-económicas, que podem ser vastíssimas).

Em situações destas, torna-se nítido que o livre acesso é a chave do problema – séculos de proeminência ideológica da noção de «*Mare Liberum*», casados com a dificuldade efectiva de policiamento da grande extensão dos mares, ou mesmo apenas das zonas de pesca, ditaram a persistência da convicção, e da prática, do acesso livre à actividade piscatória – mitigado apenas por alguns factores tecnológicos de peso relativo[216].

---

[212] Hsu, S.-L. (2005), 24.

[213] Caberia aplicar aqui, *mutatis mutandis,* a «Regra de Hotelling» respeitante a recursos não-renováveis: cfr. Araújo, F. (2005), 172ss..

[214] Nenhum pescador desejará fazer o papel do ingénuo que reduz unilateralmente as pescas e, ao fazê-lo, deixa mais abundantes capturas para os seus concorrentes (uma atitude de «não-tuísmo» que é novamente um afloramento da insusceptibilidade de internalização perfeita de uma externalidade positiva).

[215] Adaptado de: Hsu, S.-L. (2005), 13-14.

[216] Pense-se que, se a pesca artesanal é capaz de esgotar as capturas costeiras, o esgotamento das capturas no alto mar exige grandes meios, com investimentos iniciais

Dada a centralidade da questão do acesso livre, a maior parte das soluções apresentadas para a «Tragédia dos Baldios» nas pescas têm consistido na proposta de atribuição, aos pescadores, de «*property rights*» limitadores desse acesso e rigidamente restritivos, além disso, das prerrogativas de exploração daqueles que têm acesso – uma combinação de limitações que caracteriza a solução das «quotas de pesca»[217].

Note-se, desde já, que, no caso das pescas, a referida centralidade do acesso livre autoriza soluções mais ou menos lineares de condicionamento do acesso que não são, pura e simplesmente, extrapoláveis para outras situações de «Tragédia dos Baldios» nas quais a configuração inicial das circunstâncias seja diversa – é um erro que tem sido denunciado, e que, apesar disso, tem sido abundantemente cometido. E mesmo no próprio caso das pescas, a referida «linearidade» das soluções se tem descoberto que é sumamente enganadora – levando a respostas políticas e jurídicas que muito frequentemente desconsideraram tradições locais e formas espontâneas de cooperação e de coordenação que mitigavam já efeitos «trágicos», fazendo tábua-rasa delas e, com isso, fazendo perder tempo na contenção da sobre-exploração.

A solução mais defendida no sector, como já referimos, é, com grande abundância de variantes e com grande amplitude de sofisticação, a das «quotas negociáveis» (as «*individual transferable quotas*», ou *ITQs*). Em termos teóricos, diremos que elas são «acervos de direitos» que não atribuem titularidades fortes: por exemplo, admitem a captura mas não a exclusão, atribuem uma prerrogativa sobre os peixes capturados, não sobre os «*stocks*» totais de que emergem essas capturas. Porém, na medida em que são negociáveis e transferíveis, essas quotas permitem aos pescadores alcançarem as suas escalas de eficiência, ou seja, ajustarem a actividade até chegarem à maximização dos lucros – dando o valor pago pelas quotas como um custo fixo[218].

A negociabilidade, uma característica das «*property rules*» aqui em jogo, pressupõe custos de transacção suficientemente baixos, e é de esperar que eles o sejam se o sector de actividade dentro do qual são atribuídas as quotas for cuidadosamente demarcado. Estando criadas essas condições

---

avultados – uma barreira de entrada no sector que é capaz de mitigar um pouco o impacto do acesso livre (embora, em contrapartida, a redução do número de envolvidos não signifique que a presença daqueles «grandes meios» não seja ainda mais devastadora do que o seria a totalidade da pesca artesanal).

[217] Grafton, R.Q., D. Squires & K.J. Fox (2000), 680-681.

[218] Grafton, R.Q., D. Squires & K.J. Fox (2000), 681-683.

de negociabilidade, pressupõe-se que as «quotas negociáveis» desempenharão com eficiência o seu papel «coaseano», fazendo circular os «*bundles of rights*» em direcção aos pescadores mais eficientes – aqueles que, supõe-se, tendo menores custos nas capturas, evidenciarão mais elevada «disposição de pagar» pelas quotas transaccionáveis.

Ao pescador mais eficiente será preferível adquirir quotas e pescar do que não pescar; e, nas mesmas condições, ao pescador menos eficiente será preferível vender as quotas do que pescar, na medida em que a alienação das quotas que inicialmente lhe foram atribuídas lhe trará, no contacto com pescadores mais eficientes, mais rendimento do que aquele que seria obtido pela pesca. Não se verificando as condições «coaseanas», evidentemente que os resultados poderão ser falseados, ao menos em termos de eficiência dos pescadores que exploram o recurso.

Mas o sistema tem ainda uma outra vantagem, a de fornecer uma salvaguarda de fundo: o volume total de quotas é determinado por uma instância exterior ao sector, e aos pescadores são atribuídos «*property rights*» que apenas permitem a utilização das quotas e a troca de quotas entre eles – não a invenção de novas quotas, a ultrapassagem do limite total fixado. Por isso, mesmo que a negociação das quotas entre os pescadores fique «enredada» (passe a expressão) nalgum impasse de elevados custos de transacção, em todo o caso o limite total não fica, por esse facto, em risco (embora possa ficá-lo por outras razões); e é o limite total que impedirá o resultado final, agregado, da sobre-exploração.

A comprovação estatística, em muitas áreas de pesca, é a de que as «quotas negociáveis» têm efectivamente funcionado, ainda que com algumas das limitações referidas – ilustrando o princípio de que a atribuição de «*property rights*» com suficientes prerrogativas de acesso e exclusão e com boa qualidade do título bastarão para assegurar um incremento, mesmo que paulatino e meramente tendencial, na exploração de recursos comuns[219].

2.9. **Outros Casos de Recursos Comuns**

Embora tenha sido o sector das pescas que, com os seus problemas, mais contribuiu para a tomada de consciência de que havia um problema grave e de resolução complexa na gestão colectiva de recursos comuns,

---

[219] Grafton, R.Q., D. Squires & K.J. Fox (2000), 707-709.

muitos outros sectores, produtivos e não-produtivos, deram também os seus contributos – determinando a fragilização crítica de um pressuposto tradicional da análise económica, o de que as relações individuais estariam perfeitamente «atomizadas», isto é, pulverizadas em «esferas de titularidade» totalmente autonomizáveis, e de que não haveria, consequentemente, «agregações» que não fossem puramente voluntárias, contingentes e externas, em suma, não-problemáticas, susceptíveis de separação para efeitos de disciplina e de estabelecimento de incentivos.

Em contrapartida, na sequência das intuições pioneiras em torno das pescas, e depois, com Hardin, em torno das pastagens em baldios, descobriu-se a extrema abundância de situações de interpenetração inextricável em «novelos de titularidades» sobrepostas e de acesso partilhado, titulado ou não, a recursos deficientemente sujeitos a apropriação, ou de todo inapropriáveis – ou até, perversão máxima face aos pressupostos tradicionais, sujeitos a uma apropriação formalmente «pública» mas tão ampla e difusa que, na prática, esse título consagrava, quando não intensificava, situações de acesso livre[220].

Para se perceber melhor essa disparidade entre os pressupostos individualistas da teoria e a prática dos «Baldios», há que tomar em conta o peso consuetudinário na aquisição colectiva de recursos comuns – mormente em vias de comunicação (como os caminhos vicinais), nas quais algumas formas espontâneas de coordenação começaram por afastar, logo de início, o espectro da «tragédia»:

- tornando secundário o problema da gestão comum do recurso, em especial enquanto não se requereu, por força da sofisticação tecnológica, elevado investimento nesses recursos;
- diminuindo o incentivo à captura unilateral desses recursos com imposição de prerrogativas de exclusão, já que não ocorria a ninguém fazê-lo, dados os ganhos que, como «externalidades de rede», advinham do facto de se evitar a exclusão de qualquer potencial utente[221]. Com efeito, passada a obsessão feudal com as portagens, que se ganharia, a nível vicinal, com a sua subsistência – se não fosse em termos de «captura de renda» da parte do próprio portageiro, à custa dos ganhos colectivos com o incremento da comunicação e do comércio?

[220] Rose, C.M. (1994b), 112.
[221] Rose, C.M. (1994b), 126-127.

O que terá estado na base da referida disparidade? Recordemos a teoria de Harold Demsetz, de que os «*property rights*» não passam na essência de meios para facilitar a internalização de benefícios e custos sobre o seu originador – sendo essa uma visão que manifestamente favorece todas as formas de privatização de recursos, o que conflui com a constatação empírica da superioridade dos sistemas de propriedade privada na promoção de eficiência e de alinhamento de condutas com o interesse geral – quando, ressalvemos uma vez mais, essa privatização seja possível ou viável, quando o seja, mais precisamente, uma exclusão *erga omnes* do acesso e uso de um recurso estruturalmente partilhável.

Descontado o carácter indicativo (ou até metafórico) da teoria de Demsetz, facilmente se perceberá que a transição entre apropriação pública e privada e as repercussões sobre o livre acesso a recursos comuns é bem menos linear e muito mais complicada – como pode ilustrar-se, por exemplo, com a variedade de soluções com que se ocupam «hiatos aparentes» na regulação de recursos partilháveis, espontaneamente ou politicamente – o que em parte devolve à «Escolha Pública» uma margem explicativa para esse fenómeno de transição entre regimes[222].

Richard Epstein apresenta-nos, como caso paradigmático nesta matéria, o da ocupação de lugares de estacionamento na via pública, «hiatos aparentes» que, ao menos enquanto não irrompem soluções reguladoras mais ou menos drásticas, parecem configurar genuínos «Baldios» com acesso livre e rivalidade no uso. Precisamente: cá está uma situação em que tipicamente tendem a misturar-se soluções «*bottom-up*», espontâneas, dominadas por regras de prioridade na ocupação, e soluções «*top-down*», distributivas, dominadas por direitos, licenciamentos, controles administrativos, uma grande variedade de possíveis «*bundles of rights*»[223].

Também na exploração das possibilidades e oportunidades de estacionamento há, passado um limiar de densidade populacional e de tráfego, uma muito perceptível rivalidade (todos competem pelos melhores lugares). A não-cooperação torna-se consistentemente a estratégia dominante: a eliminação de uma prática de externalização negativa, o «desarmamento unilateral», gera uma externalidade positiva, e em relação a esta são previsíveis «efeitos de boleia», ou seja, oportunismo à custa daquele que desistiu da agressividade e da não-cooperação. Como uma coisa conduz à outra, portanto, não sairemos de uma oscilação permanente de exter-

---

[222] Epstein, R.A. (2002), S515-S517.

[223] Epstein, R.A. (2002), S517-S518.

nalizações, positivas e negativas, a menos que se adopte uma forma de estrita apropriação colectiva capaz de minimizar as externalizações (mesmo que seja impossível eliminá-las) – já que, ao arrepio da intuição de Demsetz, que se orientava contra essas soluções de apropriação colectiva, não se afigura possível a pura privatização dos espaços abertos nos quais decorre o estacionamento na via pública[224].

Voltamos assim, por momentos, às limitações da dicotomia em que assenta a construção de Harold Demsetz, polarizando entre os extremos do livre acesso e da propriedade privada, fazendo tábua-rasa das muito imaginativas formas intermédias de apropriação que as sociedades têm sido capazes de apresentar, com maior ou menor consciência e deliberação, quando confrontadas com situações estruturais de insusceptibilidade de exclusão ou de privatização ineficiente (porque excessivamente fragmentadora, por exemplo)[225].

O estacionamento na via pública ou a utilização de espaços verdes são dois problemas urbanos que ilustram, fora da perspectiva estrita das actividades produtivas, a fertilidade do paradigma dos «Baldios»: em ambos os casos a simples estatização, como forma de integração vertical, não se afigura ser uma solução útil ou prática, não se vendo em qualquer das situações como é que a atribuição do recurso a um titular único seria susceptível de assegurar uma utilização maximizadora dos espaços; em ambos os casos a simples privatização não parece ser, tão-pouco, uma solução viável, no duplo sentido de que qualquer dos recursos se degradaria gravemente com uma fragmentação (imaginemos um jardim público retalhado por muros e fragmentado numa miríade de quintais) e de que não se consegue vislumbrar com facilidade uma indústria competitiva capaz de representar eficientemente a oferta desses recursos.

Ambos os casos conhecem, limitadamente embora, casos de eficiência na aplicação de algumas rudimentares regras «*bottom-up*» que vão assegurando alguma coordenação entre os interessados, mesmo quando não se passe das regras de prioridade na ocupação, sempre muito fortes em termos psicológicos mas susceptíveis de muito ineficientes impasses sempre que a prioridade é disputada em ambientes «não-coaseanos», ou sempre que a ocupação é ditada por meras motivações estratégicas (a ocupação preventiva que visa capturar rendas junto dos utentes mais eficientes do

[224] Epstein, R.A. (2002), S521.
[225] Epstein, R.A. (2002), S521.

recurso)[226]. E ambos os casos são claras ilustrações dos problemas típicos dos recursos comuns: subprovisão, sobre-exploração e má gestão, e a necessidade vital de lhes limitar o acesso e uso irrestritos[227].

2.10. A Solução dos «Semi-Baldios»

Cremos já terem ficado subentendidas algumas das razões para a polarização em extremos, de que deriva a ideia de que só a privatização constitui remédio bastante para uma «Tragédia dos Baldios». Explicitemos um pouco melhor aquelas que são, em nosso entender, as duas principais:

- Uma é a tendência para se considerar que a propriedade comum, como solução mitigada de apropriação, é sempre fonte de ineficiência – e isto fundamentalmente por três razões: a dissipação de rendas, os elevados custos de transacção ínsitos nas necessárias coordenação e vigilância, e a baixa produtividade resultante do desalinhamento de incentivos (a abundância de externalizações entre os titulares)[228].
- A outra é a própria confusão entre «livre acesso» e «propriedade comum», fonte de inúmeros equívocos e perplexidades em torno do conceito de «Baldio» – uma confusão há muito denunciada[229], mas que continua a manifestar uma notável persistência, como temos visto. Se a propriedade comum fosse o problema básico dos «Baldios», e a principal raiz da tendência para a «tragédia», então seria no mínimo paradoxal apresentar essa mesma propriedade comum como remédio.

Insistamos enfaticamente – convictos embora da desnecessidade de fazê-lo neste ponto da nossa indagação –: a «propriedade comum» não é sinónimo de «acesso livre»[230]. Na propriedade comum pressupõe-se a existência de um grupo demarcado, um grupo de «*insiders*» que dispõe de prerrogativas de exclusão relativamente a «*outsiders*», não se registando

[226] Epstein, R.A. (2002), S522-S525.
[227] Bell, A. & G. Parchomovsky (2003), 13.
[228] Ostrom, E. (2000), 335.
[229] Ciriacy-Wantrup, S.V. & R.C. Bishop (1975), 713ss..
[230] Acheson, J.M. (1988); Bailey, M.J. (1992), 183ss.; Dahlman, C.J. (1980); Eggertsson, T. (1992), 423ss.; Lueck, D. (1994), 93ss.; Lueck, D. (1995), 393ss..

assim, quanto aos *«outsiders»*, esse acesso livre. O que sucede – e daí deriva a confusão – é que as prerrogativas de exclusão não podem ser exercidas contra os próprios *«insiders»*, e portanto todos os que pertencem a esse grupo têm efectivamente acesso livre ao recurso[231]. No entanto, em bom rigor, apreciando-se o regime global, dir-se-á que, vigorando a «propriedade comum», há globalmente um acesso condicionado: um acesso livre para uns, um acesso restrito para os demais – e dessa forma fica inviabilizado, ou fortemente limitado, o caminho que conduz à «Tragédia dos Baldios»[232].

Acrescentemos que a «propriedade colectiva» é justamente considerada, em muitas circunstâncias, como o adequado sucedâneo de uma solução administrativa ou reguladora directa, em especial quando ela cria condições para a «gestão conjunta», para a *«unitization»* entre os envolvidos – sendo de notar que o estabelecimento de *«property rights»* que definem condições de acesso e exclusão será frequentemente o preciso equivalente da supervisão do acatamento de normas hetero-reguladoras, em ambos os casos se admitindo como instrumentos tanto o emprego de sanções (por violação de uma proibição) como de preços (por aproveitamento de uma permissão) – o que equivale a dizer, tanto de *«liability rules»* como de *«property rules»*[233]. Por outro prisma, diríamos que a «propriedade comum» é um conjunto de «regras de governação» que se tornam relevantes uma vez aplicadas as regras de acesso – uma outra forma de manter a distinção entre os dois tipos de conceitos[234].

Sem querermos entrar a fundo na análise do direito positivo, assinalemos contudo que é precisamente esse regime de «propriedade comum» que tradicionalmente caracterizou os baldios entre nós, e continua a encontrar consagração na actual Lei dos Baldios (Lei n.º 68/93, de 4 de Setembro – que cautelosamente fala de «posse» e não de «propriedade comum», embora confira poderes que ultrapassam os dos meros possuidores), diploma que estabelece condições de acesso irrestrito para os compartes (por exemplo, no art. 4.º, 1) mas ao mesmo tempo atribui aos compartes no baldio prerrogativas de exclusão relativamente aos não-compartes (por exemplo, no art. 4.º, 3).

---

[231] Ostrom, E. (2000), 335-336.

[232] Ellickson, R.C. (1993), 1315ss.; Ostrom, E. (1990); Stevenson, G.G. (1991).

[233] Smith, H.E. (2000), 162.

[234] Smith, H.E. (2002), S486-S487.

Também já tem sido notado que a indiferenciação entre «acesso livre» e «propriedade comum» nos «Baldios» tem sido por vezes deliberada, visto que é uma forma de lançar a confusão e gerar equívocos sobre a titularidade de baldios tradicionais, ou seja, de situações em que é invocada uma apropriação colectiva contra as pretensões daqueles que, não reconhecendo legitimidade à invocação, associam ao conceito de baldio a ideia de livre acesso[235]; outras vezes ainda, a confusão emerge do baixo grau de juridicidade prevalecente, em áreas ou países em que a invocação da «propriedade comum», à falta de meios para assegurar as prerrogativas de exclusão inerentes, na prática se converte em acesso livre[236].

É verdade que nada nos permite presumir que a apropriação colectiva de um recurso, por imemorial que seja, por genuína que seja a sua invocação, garante seja o que for em termos de eficiência, e menos ainda em termos distributivos – pelo que se admitirá a legitimidade de muitas das contestações a que se expõe a «propriedade colectiva» nos «Baldios». Nomeadamente, não pode deixar de se reconhecer o bem-fundado das objecções que se formularam ao movimento histórico da apropriação colectiva, e ocasionalmente privada, dos recursos de acesso livre, o movimento de «*enclosure*», o qual por vezes será apropriadamente descrito como um exercício de rapacidade pelos anteriores titulares colectivos contra as ameaças de acesso por «*outsiders*», independentemente do título ou legitimidade destes últimos[237].

Mais ainda: mesmo que se reconheça o sucesso histórico desses movimentos de «*enclosure*», mesmo que se lhes atribua a virtualidade de terem entravado muitos processos que desembocariam em «Tragédias dos Baldios», não podemos subestimar o potencial que neles se contém de provocarem as situações opostas de «Tragédia dos Anti-Baldios», pela forma como propiciam a acumulação de titularidades sobre os recursos, permitindo até a subsistência de ambiguidades acerca daquilo que se contém na «propriedade comum» (se, por exemplo, existe ou não uma perfeita igualdade quanto aos «acervos de direitos» atribuídos a cada «*insider*»); isso, como veremos, ganha especial relevância e acuidade em matéria de propriedade intelectual, quando o movimento que tem sido designado como «*second enclosure*» se defronta com outros valores que

---

235 Smith, H.E. (2000), 160-161.

236 Ostrom, E. (2000), 336.

237 Boyle, J. (2003b), 34-35.

enaltecem o acesso livre e o associam às perspectivas de uma alegada «Comédia dos Baldios», e lutam até pela preservação de certos bens e valores fora do comércio e da lógica da apropriação[238].

Terá chegado o momento de perguntarmos: se admitimos soluções de «propriedade colectiva» que consistem em estruturas de governação interna com algum grau de integração vertical, implicando por isso alguma medida de exclusão eficiente – não nos teremos nós afastado imperceptivelmente, mas decisivamente, da noção de «Baldios» como recursos comuns, ou seja, como bens que evidenciam uma insusceptibilidade estrutural de exclusão eficiente?

Sim e não: de facto, usámos como ponto de partida os recursos comuns e centrámos nas suas características a nossa análise do problema – pelo que teremos que constatar que se insinuou, nessa área temática dos «Baldios» em sentido económico, uma outra realidade próxima mas distinta, a dos «Baldios» em sentido jurídico (o sentido tradicional e mais estrito). Conviria, por isso, ou empregar termos distintos, ou pelo menos aditar sempre a especificação do tipo de «Baldios» a que estamos a referir-nos.

Em contrapartida, não podemos deixar de reconhecer todas as virtualidades que tem a primeira esquematização que apresentámos no presente estudo e que, recordemos, se referia às «fronteiras da propriedade», ao «*boundary principle*» proposto por Michael Heller: é que entre o acesso livre e a titularidade única existe um contínuo de soluções intermédias, que genericamente caracterizámos como situações de «acesso limitado». Não se trata aí já, é verdade, de puros «recursos comuns», mas também não podemos dizer que estejamos perante puros «bens privados», nos quais a eficiência da exclusão seja máxima – até porque, regressemos a uma advertência que é crucial no nosso estudo, a ênfase na exclusão na presença de uma pluralidade de interesses reportados a um mesmo recurso pode resultar num «Anti-Baldio», e portanto pode resvalar para um problema oposto que não é menos grave nem menos difícil.

É tendo em atenção a possibilidade de existência de um contínuo de soluções intermédias que hoje alguns autores propõem o conceito de «Semi-Baldios» («*semicommons*»[239]), ou «Baldios limitados», designando situações em que coexistem elementos de acesso livre, de «propriedade

---

238 Boyle, J. (2003b), 36-37.

239 Holderness, C.G. (1989), 181ss.; Smith, H.E. (2000), 131ss.; Epstein, R.A. (2001), 431ss..

comum» e até, ocasionalmente, de propriedade privada – uma realidade híbrida que parece adequada ao figurino que a Lei tem em vista quando se refere a baldios[240].

O que é típico de um «Semi-Baldio» é que há um recurso que é detido e utilizado em comum para uma certa finalidade, sendo que para as demais pode subsistir uma titularidade separada e fragmentada desse recurso, e para outras ainda pode haver acesso livre[241]. Exemplo frequente de tal situação era o tradicional «*open-field system*», dentro do qual os agricultores seriam proprietários privados, mas sem poder de exclusão quanto à pastorícia nos seus campos em certas épocas do ano. Era um sistema muito vulnerável a considerações estratégicas e a descoordenações, sempre que não existisse uma rigorosa disciplina comum, e daí a rápida multiplicação de sucedâneos contratuais a especificarem bilateralmente os «acervos de direitos» e os «usos autorizados» (o contrato de parceria pecuária pode servir de bom exemplo para essa tendência).

Este sistema de «Semi-Baldio» tradicional deveria ser gerido comunitariamente, e operava, por assim dizer, em duas «escalas»: uma maior para a pastorícia, outra menor para a lavoura – não se excluindo que outros usos dos bens subsistissem em regime de livre acesso (por exemplo, actividades venatórias, ou a simples passagem de rebanhos sem pastagem, ou o trânsito de pessoas – independentemente da consagração titulada de servidões)[242].

Quanto a estas formas de «Semi-Baldio», dir-se-á que o mais admirável é que o regime tenha tido tanto sucesso e expansão (ainda que se reconheça que se cingiu sempre ao âmbito comunal, de baixos custos de transacção), e que tenha perdurado tão longamente, apesar da pressão de mercado no sentido da fragmentação, da privatização e da negociabilidade privada das terras, por um lado, e apesar dos riscos de colapso de descoordenação, por outro[243].

É que, se atentarmos bem, longe de ser uma solução ideal, o «Semi-Baldio» pode ser a fonte de problemas acrescidos, exacerbando ainda muito mais os riscos – e agora não de uma, mas de ambas as «tragédias» que tomámos para objecto da nossa análise. Com efeito, dir-se-á, nos termos mais gerais, que a posição intermédia, híbrida, em que se coloca

---

[240] A variedade de soluções aplicáveis nos termos da Lei n.º 68/93, de 4 de Setembro (Lei dos Baldios) é eloquente a esse respeito.

[241] Smith, H.E. (2000), 131.

[242] Smith, H.E. (2000), 132, 134ss.

[243] Smith, H.E. (2000), 137-138.

a figura pode aumentar as indeterminações e ambiguidades, potenciando conflitos e impasses; mais especificamente, o «Semi-Baldio» agrava as divergências entre custos individuais e sociais e as possibilidades de externalização, de dissipação de renda, e distribuição estratégica de custos: é que é expressamente autorizado, ao menos por certos períodos, o uso comum de recursos privados, permitindo períodos de concentrada rivalidade no uso (pense-se que, durante os períodos de pastorícia, cada um dos pastores terá o incentivo de sobre-explorar os recursos que não revertem para ele, como lavrador, findo o período de pastorícia, iniciando-se portanto uma «corrida à externalização cruzada»), e isso reflecte-se obviamente sobre o valor global dos recursos[244].

Em contrapartida, poderá também sustentar-se que é precisamente esse carácter transitório da «colocação em comum» que assegura o sucesso e perdurabilidade dos «Semi-Baldios», visto que os resultados nocivos da externalização cruzada serão efectivamente constatados, experimentados e suportados por aqueles a quem os recursos degradados regressam em titularidade privada findo o período transitório – ou seja, a externalização cruzada acaba por ser toda internalizada, ainda que de uma forma distributiva aleatória, numa espécie de «lotaria dos danos», gerando com isso um incentivo à prevenção por pura reciprocidade, uma espécie de «Regra de Ouro» (*"não faças aos outros..."*) que contrabalança eficientemente os ímpetos externalizadores[245]. Por isso é que há mesmo quem, como Robert Heaverly, entenda que, longe de constituírem uma categoria de interesse histórico e já ultrapassada, os «Semi-Baldios» podem constituir ainda hoje uma resposta adequada em muitos domínios, nomeadamente em matéria dos «Baldios informativos»[246].

2.11. A Apropriação, Privada ou Colectiva, como Solução para os «Baldios»

Uma parte dos embaraços com o conceito de «Semi-Baldios» emerge da demasiada ênfase nas titularidades, nas formas de apropriação, e é agravada pela ideia de que existe necessariamente uma rigidez na caracterização desses «títulos» de apropriação. Deste segundo aspecto já tratámos,

---

[244] Smith, H.E. (2000), 138ss..
[245] Smith, H.E. (2000), 161-162.
[246] Opderbeck, D.W. (2004).

sublinhando que se admite, cada vez mais, uma grande ductilidade de formas de «*property rights*», uma ductilidade que nenhum interesse de tipificação parece contrariar decisivamente; não mais se pode sustentar que só haja formas de titularidade absolutas ou puras, rigidamente tipificadas pelo Direito, e entre elas se encontre um vazio comprometedor para todas as soluções intermédias.

Quanto ao primeiro aspecto, entendamo-nos: as titularidades devem constituir um apoio às soluções consensuais, não devem converter-se num obstáculo a elas – ao menos quando essas soluções sejam eficientes. Por cima das titularidades em presença avança o consenso, e por isso a gestão partilhada de recursos comuns não está necessariamente refém da presença ou ausência de qualquer «acervo de direitos» que defina legitimidades – como tem sido verificado em vários figurinos de «*unitization*», de gestão única e conjunta dos recursos que têm sido capazes de suster ao menos as incidências mais graves do problema, tornando dispensável a intervenção pública directa[247]. Como referimos inicialmente, o livre acesso aos recursos comuns nunca impediu, embora se admita que possa ter dificultado, uma gestão eficiente desses recursos – aliás, uma mera confirmação do «Teorema de Coase», empiricamente comprovada pelos estudos de Robert Ellickson e por aqueles que se lhe seguiram[248].

O problema não residia afinal *apenas* nas características básicas dos recursos comuns, mas correspondia antes a tendências inelutáveis que se verificariam somente em «Baldios não-geridos». O próprio Garrett Hardin acabou por reconhecê-lo, e é sumamente reveladora a evolução dos títulos de dois artigos seus separados por alguns decénios: "The Tragedy of the Commons" em 1968, "The Tragedy of the Unmanaged Commons" em 1994[249].

Por outra perspectiva, sustentar-se-á que a titularidade pode reconfigurar-se como uma consagração *ex post* de soluções de gestão cuja eficiência tenha sido comprovada – uma forma de funcionalização radical das titularidades que não soará estranha às modernas concepções sobre a propriedade, e menos ainda a quem seja já minimamente versado nas proposições da «*Law and Economics*» nesta matéria[250].

---

[247] Thompson Jr., B.H. (2000), 2.

[248] Berkes, F. (org.) (1989); Dahlman, C.J. (1980); Fortmann, L. & J.W. Bruce (orgs.) (1988); Marchak, P., N. Guppy & J. McMullan (orgs.) (1987); McEvoy, A.F. (1986); Ostrom, E. (1987), 250-265; Ostrom, E. (1990); Pinkerton, E. (org.) (1989);

[249] Hardin, G. (1968), 1243ss.; Hardin, G. (1994), 199ss..

[250] Munzer, S.R. (2005), 148; cfr. Eggertsson, T. (2003), 73-74.

De certo modo, não se trata aqui senão de retirar alguns corolários daquela concepção analítica do «acervo de direitos», de que temos falado desde o início: se, como Hardin explicou (e Aristóteles afinal também já tinha explicado – lembremos a citação inicial deste estudo), em situações desprovidas de restrições de acesso cada um tem individualmente incentivos ao subinvestimento e à sobre-exploração, porque os custos imediatos inerentes àquele e os ganhos imediatos advindos desta tornam insignificante o benefício marginal que possa retirar-se de qualquer abstenção, seja o benefício para o recurso em si, seja para a fracção de benefício que o indivíduo pode retirar dessa abstenção isolada – nada disto implica que a estratégia dominante se converta numa inelutabilidade, por muito que essa conversão determinista possa constituir um tropo poderoso ao serviço da retórica malthusiana. Bem pelo contrário, a referência a essa «inelutabilidade» deve ser, e tem sido, tomada como uma advertência: precisamente a advertência de que, à falta de uma reacção de cooperação, à falta de empenho colectivo, então sim, pode ocorrer a «tragédia»[251].

A advertência tem sido ouvida, sem dúvida, a nível internacional, multiplicando-se as iniciativas cujo escopo manifesto é o de evitar descoordenações extremas face aos problemas dos «Baldios Globais» (os «*global commons*»), sem no entanto procurar estabelecer «titularidades fortes» que complicassem inutilmente a solução:

- por um lado esboçam-se soluções pseudo-estatizadoras, procurando estabelecer consensualmente um adjudicador único (até em obediência ao «*matching principle*», a ideia de que um problema como o da «Tragédia dos Baldios» é idealmente solucionado com a intervenção de um adjudicador com competências co-extensas com a dimensão total do problema, e portanto imune a impasses de descoordenação);
- por outro lado reconhecem-se algumas prerrogativas locais susceptíveis de incentivarem e responsabilizarem os países envolvidos (a solução das «zonas económicas exclusivas» é decerto a mais óbvia)[252].

Claro que o problema da titularidade não é descurado, não se perdendo de vista a sua relevância jurídica e o seu carácter sinalizador da orientação

---

[251] Thompson Jr., B.H. (2000), 2.

[252] Engel, K.H. & S.R. Saleska (2005), 187ss.. Cfr. Thompson Jr., B.H. (2000); Stewart, R.B. (1993), 2099ss..

adoptada para as soluções – e é por isso que o Direito Internacional Público se afadiga na definição dos poderes e prerrogativas que se reportam ao «Domínio Público Internacional», nos oceanos, na Antárctida, nos rios internacionais, no espaço aéreo e sideral, porque se trata fundamentalmente de sinalizar, independentemente do exercício de quaisquer poderes efectivos ou do desenvolvimento de qualquer actuação alicerçada em «acervos de direitos», que em recanto nenhum do planeta, e até fora dele, se admitirá que recursos estejam expostos ao acesso livre no seu sentido mais radical, e que existe a intenção permanente de manter todos os recursos ao alcance de soluções de governabilidade e de sustentabilidade – presumindo-se, portanto, que qualquer acesso poderá ser sempre sujeito a uma ponderação face aos interesses dos habitantes do planeta, como se fossemos residualmente contitulares de todos os recursos não sujeitos a nenhuma titularidade mais específica, como se ao menos fossemos todos «*insiders*» num «Baldio limitado», de acordo com um regime, se não de «propriedade comum», ao menos de «uso comum» da dádiva natural aos habitantes do planeta (aquilo que se designa por «*joint use*» global)[253].

Prevalece, portanto, a vertente institucional, o arranjo que harmoniza interesses e viabiliza condutas coordenadas – modulando os valores agregados de actividades em direcção a um equilíbrio óptimo, um nível ao qual se conciliem o desejo de maximização (o objectivo económico primário na exploração dos recursos) e as possibilidades de sustentação.

Perduram as questões básicas, atinentes aos recursos comuns e às tensões que geram – são os arranjos institucionais que as rodeiam que vão evoluindo, podendo dar-se como exemplo a mudança do ambiente ideológico em torno da questão dos recursos comuns, que, tributário das ideologias dominantes no debate mais amplo das questões sociais em geral, tem avançado firmemente para o liberalismo, para a confiança nos mercados, para a privatização e fragmentação das titularidades, muito mais do que seria previsível aquando da formulação inicial de Garrett Hardin, altura em que, em sede de recursos comuns, predominava largamente a solução de «*command-and-control*», gerando pois uma espécie de «ultrapassagem inercial» das propostas iniciais de Hardin, e remetendo a ciência e a doutrina para a necessidade de uma reponderação do tema, até em termos de contrabalanço à euforia com que alguns julgaram poder

[253] Hsu, S.-L. (2002).
[254] Sinden, A. (2006).

resolver o problema da «Tragédia dos Baldios» através da via linear e indiscriminada da privatização[254].

Essa a razão principal do sucesso da linha de investigação e reflexão que parte do «Teorema de Coase», passa por Robert Ellickson e, convertida já numa investigação amplíssima sobre as potencialidades de «normas sociais» informais, culmina em Elinor Ostrom[255]. O que notabiliza esta já nossa conhecida abordagem, no que nos interessa agora, é a sua capacidade para explicar, por um lado, como é que a «Tragédia dos Baldios» é evitada mesmo quando estão reunidas todas as premissas, incluindo as respeitantes às deficiências na apropriação dos recursos (aduzindo-se para isso, como sugerimos já, tanto argumentos institucionalistas como também razões psicológicas – e entre estas efeitos de visibilidade e de reputação, de reciprocidade e de policiamento mútuo, de fidelidade ao grupo, de troca de favores, etc.); e a capacidade de explicar, por outro lado, as razões que levam a que, uma vez atingida a «Tragédia dos Baldios», as salvaguardas *ex ante*, mormente as institucionais, se revelem tão impotentes para travar o processo ou para recuperar o equilíbrio, e os próprios envolvidos, mesmo depois de começarem a experimentar as consequências de esgotamento de recursos, se manifestem tão renitentes à sujeição a qualquer remédio, mesmo o da mais elementar disciplina coordenadora[256].

Insistamos, portanto, na constatação de que, aos mais diversos níveis – do local ao global – a polarização de soluções sugerida por Garrett Hardin (ou privatização, ou estatização com regulação pública), era extrema e distorcida. A razão básica para essa polarização ilegítima, insistamos também, foi a confusão entre os conceitos de «livre acesso» e de «propriedade comum», talvez a tentação para tomar à letra o aforismo de que "*o que é de todos não é de ninguém*" (algo que está sugerido também na citação inicial de Aristóteles), e decerto um embaraçoso esquecimento de todo o universo de possibilidades abertas pela «via coaseana» – facto que os cultores da «*Law and Economics*», muito apropriadamente, não demoraram a assinalar[257].

Mesmo fora do puro plano teórico – e deixando de lado, por ora, as complicações da «ressaca» dos «Anti-Baldios» –, muitas das soluções políticas que foram sendo tomadas nos últimos decénios sob a pressão da

[255] Ostrom, E. (2003), 118ss..
[256] Thompson Jr., B.H. (2000), 2.
[257] Sinden, A. (2006).

consciência ambiental afiguram-se claras ilustrações das limitações que afligem a solução da apropriação, na dupla vertente de privatização ou de estatização.

Por um lado, a estatização de alguns recursos comuns, à qual sempre presidiu o escopo de imposição de regimes de acesso e de exploração rigidamente sujeitos a critérios distributivos (não raro delineados de acordo com um figurino ditatorial), muitas vezes não resultou senão na erradicação de formas tradicionais e viáveis de «propriedade comum», embora muitas delas meramente *de facto*, substituindo-as por uma apropriação pública *de jure*, a qual, no entanto, à falta de meios para preencher o vazio gerado na transição e para aplicar as soluções correspondentes ao regime *de jure*, acabaram na prática por retroceder para autênticas situações de acesso livre *de facto*, traduzidas na rápida degradação dos recursos confiados à titularidade do Estado – casos que podem caracterizar-se como puros desenraizamentos de formas tradicionais de gestão dos recursos, não os substituindo por nada senão um aparato formal inerte e inerme[258].

Por seu lado, algumas soluções de privatização não conseguiram melhor: seja por excesso de fragmentação – já lá iremos –, seja amiúde por assentarem na falsa convicção gerada pela dicotomia de soluções de Garrett Hardin, e fazerem por isso tábua-rasa do contínuo de formas intermédias de gestão, e até de apropriação, que, dentro das «fronteiras da propriedade», são susceptíveis de contribuir para alguns incrementos de eficiência[259].

Não quer dizer isto que não possam encontrar-se muitos motivos – tão conhecidos que poderão tomar-se por triviais – para a resistência *institucional* à solução da privatização: objecções de «domínio eminente», por exemplo, receios de confiar ao controle privado alguns recursos tidos como «inerentemente públicos» – presumindo-se, na essência, que quanto mais se privatizar, mais resistências haverá à expropriação, mais oportunidades surgirão de «*holdout*», de empolamento dos preços e das indemnizações requeridos pela alienação dos recursos privadamente apropriados, acima de um «valor justo» ou de «equilíbrio de mercado», impulsionado por um incentivo de captura de renda, quando por alguma razão se descubra o interesse proeminente de reagregar os fragmentos privatizados num todo sujeito a uma única titularidade colectiva[260]. Essa lógica de «*anti-holdout*» não parece, contudo, aplicar-se em situações em

---

[258] Ostrom, E. (2000), 337.

[259] Ostrom, E. (2000), 337-338.

[260] Rose, C.M. (1994b), 128-129.

que seja difícil de imaginar-se esse «*holdout*» (por exemplo, acessos e usos recreativos em recursos com baixa rivalidade): mas tudo está no tipo de consagração que os costumes deram a um determinado recurso, não podendo deduzir-se nada de inequívoco a partir de uma alegada «natureza intrínseca» desse recurso[261].

Retenhamos, ainda assim, as vantagens inequivocamente resultantes da apropriação privada, e mais nitidamente ainda as que derivam de qualquer definição de titularidades, mesmo que afastada do escopo da privatização: os modos de apropriação são particularmente relevantes como propiciadores de formas espontâneas e «*bottom-up*», e como moderadores e limitadores dos concorrentes critérios distributivos e «*top-down*», em geral mais claros e inequivocamente imperativos, mais aptos a formarem pontos focais de acatamento generalizado (pense-se, ainda no caso do estacionamento, no estabelecimento de parquímetros e de autorizações para os residentes)[262]. Isso pode querer dizer que o que verdadeiramente costuma acontecer não é a superação da propriedade privada pela pública, ou vice-versa, mas sim a concorrência, ou sucessão, entre formas «*bottom-up*» e «*top-down*» de gestão de recursos comuns, muitas vezes convergentes em respostas adaptativas a oscilações exógenas[263].

Por outro lado, escamotear o tema das titularidades, considerando-o superado por soluções de governação, é esquecer que os problemas que podem conduzir à «Tragédia dos Baldios» emergem de incentivos racionais à produtividade, e que as titularidades são o fundamento desses incentivos racionais – pelo que o esquecimento pode converter-se numa autorização à interferência nesses incentivos, uma interferência sempre cheia de riscos: especificamente, reconheça-se que a imposição de respostas «*top-down*» simplesmente não erradica os incentivos racionais para a sobre-exploração, apenas tenta contrariá-los, e isso somente quando disponha de meios e de poder para tal, pelo que, ao menos em termos gerais, se afigurará avisado confiar algumas das armas nesse combate aos próprios particulares que possam ser imediatamente vitimizados pela sobre-exploração, presumindo que, descontados problemas de coordenação, ao menos a força combinada dos particulares poderá constituir uma massa crítica de retenção, uma trincheira de «*property rights*» na prevenção da «Tragédia»[264] (veja-se adiante o que diremos acerca da via da «Anti-Propriedade»).

---

[261] Rose, C.M. (1994b), 134-135.

[262] Epstein, R.A. (2002), S533.

[263] Epstein, R.A. (2002), S543-S544.

[264] Hsu, S.-L. (2005), 54.

A solução, já o reconhecemos abundantemente, há-de residir em soluções de compromisso e intermédias – a base do sucesso de algumas reacções espontâneas e costumeiras, em especial, como já sublinhámos também, quando a privatização não seja uma opção viável (porque a exclusão também o não é) mas essa mesma privatização pareça a solução óbvia e urgente, dada a rivalidade no uso: o domínio dos «Semi-Baldios», dos «*managed commons*», dos compromissos sociais e políticos[265]. De certo modo, reconheçamos, o Direito espelhou e espelha a sua confiança nessas formas intermédias e consensuais, e isso explica ao mesmo tempo a conotação jurídica precisa que o termo «Baldio» passou a ter, e também a relativa displicência com que os regimes jurídicos abordaram as tensões internas dos «Baldios»[266] – uma displicência que verdadeiramente só terminou com o incremento da consciência ambiental, com o exemplo de colapsos espectaculares (como nas pescas ou nos congestionamentos causados pelo urbanismo), ou até com a comprovação de que mega-«Tragédias dos Baldios» tinham estado na base do colapso de civilizações inteiras (nas ilhas da Páscoa e de Pitcairn, na Groenlândia, nos povos Anasazi e Maia) ou na base da pobreza e outros cataclismos de povos actuais (no Ruanda, no Haiti), mas também, em contrapartida, com a comprovação de que reacções enérgicas contra a sobre-exploração tinham garantido fases históricas de duradoura prosperidade (o exemplo da reflorestação do Japão na era Tokugawa)[267].

2.12. A Resistência aos Remédios. Das «Economias de Hardin» às «Economias de Ostrom»

Um dos enigmas da «tragédia» é a resistência que as vítimas oferecem aos remédios disponíveis e conhecidos, a dificuldade de salvá-las delas mesmas, de resgatá-las do seu próprio colapso de descoordenação. É verdade que há uma razão de base que se prende com os elevados custos de transacção, a dificultarem saídas espontâneas entre agentes atomísticos; mas mesmo quando não é esse o problema, é bizarro que não haja mais procura de regulação no acesso e uso de recursos comuns – visto que é

[265] Rose, C.M. (1994b), 128.
[266] Rose, C.M. (1994b), 128.
[267] Sobre tudo isto, Diamond, J. (2005).

da regulação que, ao menos em última instância, resultarão a limitação e o condicionamento coordenadores[268].

Nalguns casos, existe efectiva procura de regulação, mas, como desde cedo advertiu George Stigler, essa procura é perversamente motivada pelas rendas e quase-rendas geradas pelo proteccionismo e pelas barreiras à concorrência – inteiramente à margem de considerações acerca do carácter óptimo ou sub-óptimo da concorrência, e mais ainda à margem de quaisquer ganhos de coordenação. Raros serão os casos de adesão espontânea aos remédios «anti-tragédia», e, mesmo entre estes, raros serão os que se manifestarão antes de se terem atingido níveis verdadeiramente graves de degradação dos recursos.

A obstinada imprevidência é por vezes tão preocupante e bizarra que alguns têm procurado explicações no paradigma da racionalidade limitada. É o caso de Barton Thompson, que atribui as resistências ao somatório de três patologias[269]:

– a dificuldade de abdicar de direitos considerados próprios e «adquiridos» (o efeito de dotação, a «viscosidade» das titularidades), traduzida na atitude colectiva de todos quererem ver o problema resolvido, mas ninguém querer ver os seus interesses imediatos sacrificados;
– distorções egoístas sobre o conceito de justiça, que entravam quaisquer sacrifícios, que são sempre empolados por aqueles sobre quem recai o peso principal desses sacrifícios – sendo que, além disso, uma «cultura lamurienta» rejeitará culpas próprias e exacerbará as culpas alheias na eclosão do problema «trágico» de que se trata;
– o excesso de optimismo, que faz com que todos os envolvidos tendam a desvalorizar os efeitos negativos do problema que estão a gerar – e a interpretar no sentido optimista qualquer margem subsistente de incerteza.

Além destes três efeitos, há que não desconsiderar outros, como a inércia ou o misoneísmo, que fazem com que por vezes se prefira uma situação já conhecida e experimentada, apesar da sua tendência para gerar desfechos trágicos, do que situações desconhecidas, mesmo quando elas

[268] Hsu, S.-L. (2005), 49.
[269] Thompson Jr., B.H. (2000)

sejam apresentadas como alternativas redentoras. O medo do desconhecido pode ser, em si mesmo, a base de uma segunda e mais recorrente «tragédia»[270].

Mas, já o sublinhámos, não é preciso encontrar fundamentos em racionalidades limitadas ou em irracionalidades – porque a «Tragédia dos Baldios» é o resultado de uma combinação de atitudes perfeitamente racionais (ao menos no plano imediato), e é essa racionalidade subjacente, acrescente-se, que torna especialmente preocupante a perspectiva «trágica», evidenciando-lhe de certo modo a inelutabilidade. A descoordenação não postula necessariamente a não-cooperação, nem esta pressupõe, por sua vez, assimetrias informativas ou limitações racionais[271] – embora deva reconhecer-se o efeito potenciador destas sobre os resultados mais extremos[272].

Já o dissemos, a «Tragédia dos Baldios» emerge de situações de externalização recíproca – e, se quisermos usar aqui uma outra terminologia económica, é um processo que é agravado pela ausência de «poder de mercado» susceptível de entravar o processo de degradação dos recursos partilhados[273], e aparenta uma inelutabilidade pelo facto de não se vislumbrar um remédio ou solução política que seja inequívoco, pacificamente aceite ou isento de «efeitos colaterais»[274].

Mas enfatizemos que se trata de um desfecho *natural* de um processo *natural* e espontâneo, observável nas populações humanas tanto como em populações não-humanas. A «Tragédia dos Baldios» é o resultado da competição pelos recursos, e não apenas da insensibilidade egoísta à externalização das condutas. Ilustra-o o já referido problema do não--tuísmo, ou seja, a circunstância de a abstenção de sobre-explorar constituir uma externalidade positiva dificilmente internalizável (no limite, um verdadeiro bem público), sendo que nenhuma reciprocidade garante que aquele que se abstém de sobre-explorar ficará imune aos efeitos da sobre-exploração por outros[275].

---

[270] Hsu, S.-L. (2005), 49.

[271] Amir, R. & N. Nannerup (2004), 2.

[272] Levhari, D. & L. Mirman (1980), 322ss.. Cfr. Cave, J. (1987), 596ss.; Fisher, R. & L. Mirman (1996), 34ss.; Datta, M. & L. Mirman (1999), 233ss..

[273] Tal como se dirá, simetricamente, que a «tragédia dos anti-baldios» é exacerbada pela presença de «poder de mercado». Cfr. Coloma, G. (2003b).

[274] Crowe, B.L. (1969), 1103.

[275] Dionísio, F. & I. Gordo (2006), 321-322.

Dito assim, e quanto às populações humanas, a análise das «tragédias» é um sub-capítulo daquilo que poderia designar-se como o estudo do «preço da anarquia», dos resultados ineficientes da conduta egoísta[276] – um egoísmo que procura optimizar resultados no contexto de uma procura invariável de recursos cuja utilidade declina com o congestionamento[277]. O «preço da anarquia» pode até definir-se como a pior relação entre o valor objectivo de um equilíbrio de Nash e uma solução óptima de cooperação – e daí reclamar remédios com mais urgência do que outros resultados ineficientes de não-cooperação[278].

Quanto às populações humanas, é mesmo possível teorizar mais ampla e ambiciosamente e falar de «Economias de Hardin», como situações nacionais em que a população tem baixa expectativa de vida, recursos com taxas intrínsecas de crescimento muito baixas e governos com fraco poder para controlar o acesso aos recursos – situações em que há, portanto, um acesso livre «*de facto*» aos recursos, situações nas quais a dissipação de rendas que isso provoca acarreta por sua vez a aceleração do congestionamento e o esgotamento dos recursos.

A elas se contraporiam as «Economias de Ostrom», situações em que uma combinação de factores permite temperar os efeitos do livre acesso com a subida de preços e a inerente intensificação de incentivos à protecção, por exemplo porque um recurso privatizado, mesmo que parcialmente, começa a gerar rendas «capturáveis» pelo respectivo titular.

Isso tem óbvio impacto nas próprias direcções do comércio internacional, até entre estes dois tipos de «Economias», explicando ainda porque é que a definição prévia de titularidades pode ser um bom pressuposto à abertura de fronteiras ao livre-cambismo, evitando «Baldios internacionais», por um lado, e, por outro, a agudização de barreiras de «Anti-Baldios» que se traduzem nas políticas proteccionistas[279].

Não queremos de modo algum fazer alastrar o nosso estudo para a área das populações não-humanas, mas não deixaremos de referir que o conceito de «Tragédia dos Baldios» tem tido também aí aplicação, encon-

---

[276] Skaperdas, S. (2003b), 335ss..

[277] Embora, como referimos já, se trate de uma simplificação, visto que a própria procura abrandará, em maior ou menor grau, à medida que se torne perceptível a degradação causada pelo congestionamento, um último «travão» ao colapso de sobreuso – como vimos, um afloramento da «Regra de Hotelling» respeitante a recursos não-renováveis, explicada em Araújo, F. (2005), 172ss..

[278] Cole, R., Y. Dodis & T. Roughgarden (2006), 668.

[279] Copeland, B.R. & M.S. Taylor (2004).

trando ilustrações muito sugestivas, em exemplos de biologia e de etologia: sejam casos de vírus e bactérias que competem entre eles pelo recurso escasso que é o corpo do hospedeiro, de acordo com uma lógica evolucionista, mas que ao fazê-lo asseguram a sua destruição mútua – por exemplo pela morte prematura do hospedeiro[280]; sejam populações de répteis nas quais a disputa pelas fêmeas é tão agressiva que reduz drasticamente a viabilidade da reprodução[281]. Se fossemos rigorosamente «ecocêntricos», diríamos que não são «tragédias» menos importantes do que aquelas de que temos falado. De uma perspectiva antropocêntrica, há que reconhecer que não deixam de ser advertências muito impressionantes.

---

[280] A morte antes do tempo necessário para o contágio, com elevada probabilidade, de outro hospedeiro. Cfr. Dionísio, F. & I. Gordo (2006), 324ss., 330ss..

[281] Rankin, D.J. & H. Kokko (2006), 225ss..

3. A «TRAGÉDIA DOS ANTI-BALDIOS»

Na terceira parte, refere-se a «Tragédia dos Anti-Baldios», seja a génese do conceito na análise das «economias de transição», seja a generalização da figura como efeito da fragmentação e acumulação de poderes de exclusão ínsitos na apropriação. Novamente recorrendo a exemplos, passa-se em revista um conjunto de modos de formalização do fenómeno e de propostas de solução preventiva ou curativa para ele. Aproveita-se ainda para aludir ao modo como a teoria tem utilizado o fenómeno dos «Anti-Baldios» para reponderar o conceito e limites da propriedade privada, privilegiando o valor «eficiência» nessa reponderação.

3.1. **Caracterização Inicial do Problema por Michael Heller**

O problema que temos analisado até agora caracteriza-se essencialmente pela falta de poderes de exclusão relativos a um recurso escasso mas partilhável – falta de que resulta o acesso livre, ou ao menos um acesso excessivo a esse recurso, e consequentemente a perspectiva de exploração excessiva, com os conhecidos resultados. Mas não poderá suceder precisamente o inverso, quer nos pressupostos, quer nas consequências?

A «Tragédia dos Anti-Baldios» é o mais recente desenvolvimento na análise do emprego colectivo de recursos comuns, e reporta-se aos efeitos da acumulação de poderes de exclusão a incidirem sobre um mesmo e único recurso, e a tolherem *ipso facto* os benefícios individuais que adviriam de um acesso *normal*, e de uma exploração *normal*, desse recurso. A simetria com a «Tragédia dos Baldios», além de intencional, é mais ou menos óbvia (mantenhamos alguma reserva), já que as duas situações pretendem ser, ambas, consequências de um desfasamento entre poderes de uso e de exclusão inerentes à apropriação individual de recursos *estruturalmente* acessíveis e partilháveis[282].

---

[282] Parisi, F., N. Schulz & B. Depoorter (2004), 175.

Recapitulando: a «Tragédia dos Baldios» surge porque há um recurso comum que, ou é imóvel, ou é incindível, no sentido específico de que «*inputs*» separados e complementares concorrem e geram deseconomias sobre a produtividade uns dos outros – daí resultando que a atomicidade e a descoordenação vedam uma internalização perfeita dos efeitos da conduta de cada um, tanto os efeitos negativos como os efeitos positivos, num processo que, dado o acesso livre, pode tornar-se imediatamente cumulativo.

Em contrapartida, podem surgir situações em que, estabelecendo-se demasiadas titularidades sobrepostas e conflituantes sobre um recurso que de si mesmo já está sujeito a efeitos de rivalidade, se propicia em resultado uma excessiva internalização, cada um de vários titulares concorrendo à obtenção de benefícios, cada um deles experimentando simultaneamente *os mesmos* custos – um efeito amplificador de custos que por si só explica que, nessas situações de sobreposição de titularidades, habitualmente predomine o excesso no exercício de faculdades de exclusão, redundando na sub-exploração[283].

Com efeito, no caso dos «Anti-Baldios» os múltiplos titulares de um bem têm prerrogativas de exclusão que formalmente podem estar niveladas com as prerrogativas de uso, mas que, por razões que já sugerimos e que explicitaremos de seguida – e que evidentemente têm a ver com incentivos racionais –, serão muito mais abundantemente utilizadas, obstando à maximização, primeiro individual mas depois colectiva, do uso, resultando daí que nesse uso se fique aquém dos benefícios sociais líquidos do recurso, podendo mesmo chegar-se a um extremo de abandono (e não apenas de subutilização) de recursos que poderiam gerar um tal benefício social líquido (isto é, um benefício descontado dos custos).

Novamente a questão básica gravita em torno da externalização e dos problemas de internalização: ao exercer as suas prerrogativas de exclusão, cada um externaliza negativamente sobre o recurso e os demais titulares no seu conjunto, mas internaliza somente uma fracção do custo total causado pelo seu «veto de acesso», uma fracção correspondente à sua quota-parte no valor total do recurso[284].

Essas externalidades envolvidas em situações de «Anti-Baldios» podem ser de dois tipos: estáticas, quando o exercício do direito por uns prejudica os direitos de outros; e dinâmicas quando o sub-uso de recursos

[283] Buchanan, J.M. & Y.J. Yoon (2000), 3-4.

[284] Parisi, F., N. Schulz & B. Depoorter (2004), 176.

produtivos no presente tem consequências para o valor dos recursos e para o exercício dos direitos no futuro, eventualmente amplificando-se através de processos cumulativos – e daí que, como veremos, os «Anti--Baldios» provoquem tanto problemas instantâneos como problemas «sequenciais»[285].

Dir-se-ia, num esboço inicial do problema, que os poderes de exclusão e de uso são como que atributos complementares em qualquer *«bundle of rights»* que se associe à apropriação – reforçando assim a nossa proposição inicial de que a exploração dos conceitos de «Baldios» e de «Anti-Baldios» implica o abandono de uma concepção unitária e coesa sobre o direito de propriedade, verificada que é a disfuncionalidade interna entre aqueles poderes de uso e de exclusão, os poderes de uso sobrelevando *de facto* na «Tragédia dos Baldios» e os de exclusão prevalecendo *de facto* na «Tragédia dos Anti-Baldios»[286].

A noção de «Tragédia dos Anti-Baldios» aparece prefigurada em Frank Michelman, num estudo de 1967 sobre «indemnizações justas»[287] e noutro, mais elaborado, em 1982[288], mas só é consagrada com a sua designação actual a partir do momento em que explicitamente se configura como uma situação simétrica em relação à «Tragédia dos Baldios» e se encontram exemplos claramente ilustrativos do problema, o que é levado a cabo por Michael Heller, primeiro em 1998 com um estudo sobre as lojas e quiosques na «economia de transição» em Moscovo, e depois, em 1999, com uma generalização do modelo[289]; e também em 1998, num estudo em conjunto com Rebecca Eisenberg sobre os efeitos do excesso de titularidades no declínio da partilha de informação científica, na redução da colaboração entre cientistas e no estrangulamento do progresso científico, quando este dependa da coordenação eficiente, dentro de um mesmo processo cumulativo, entre os interesses de exclusão a montante e os interesses de exploração a jusante[290-291]. Sendo que, a partir destes estudos

---

[285] Parisi, F., N. Schulz & B. Depoorter (2004), 176-177.

[286] Parisi, F., N. Schulz & B. Depoorter (2004), 176.

[287] Michelman, F.I. (1967), 1165ss.

[288] Michelman, F.I. (1982), 6ss., estudo onde já se esboça a simetria com a «Tragédia dos Baldios».

[289] Heller, M.A. (1998), 621ss.; Heller, M.A. (1999), 1163ss..

[290] Heller, M.A. & R.S. Eisenberg (1998), 698ss..

[291] Cfr. Mireles, M.S. (2004), 171-173; Ellickson, R.C. (1993), 1322n22; Parisi, F., N. Schulz & B. Depoorter (2005), 578.

iniciais, não mais se contestou a validade e fertilidade do paradigma – não tardando a sua recepção nos manuais escolares, a vulgarizar o conceito e a torná-lo património comum, tanto no debate académico sobre «*Property Law*» como na elucidação de problemas delicados em torno da optimização da afectação social de recursos[292].

3.2. **Os Termos Básicos do Problema**

A ideia agregadora desta nova figura já a explicitámos: a concorrência a um recurso estruturalmente partilhável, por um conjunto de rivais, pode terminar no impasse e no bloqueio, se o acesso ficar condicionado ao poder de veto de cada um desses rivais; ou pelo menos terminará numa ineficiente sub-exploração se cada um deles vir o seu acesso limitado apenas a uma parcela ínfima do recurso, aquela que corresponda à sua titularidade dentro da sobre-fragmentação de titularidades incidentes sobre o recurso: aquela parte que, conseguindo furtar-se ao veto dos demais, no entanto corresponde a um fragmento com dimensão inferior àquela que seria minimamente produtiva. Em suma, a ideia básica é a de que surgirá uma «falha de sub-uso»[293].

Podemos começar por tentar uma formalização gráfica da «Tragédia dos Anti-Baldios», de modo até a sublinhar-lhe o paralelismo com a «Tragédia dos Baldios»[294]:

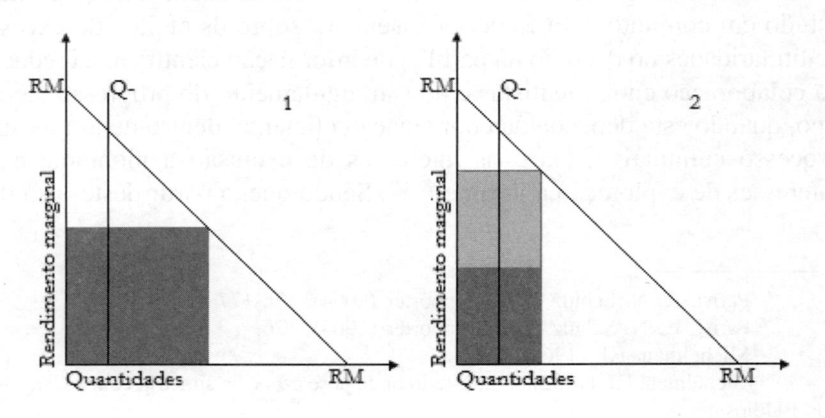

292 Fennell, L.A. (2004), 2.
293 Vanneste, S., A. Van Hiel, F. Parisi & B. Depoorter (2006), 105.
294 Novamente adaptado de: Tietzel, M. (2001), 161.

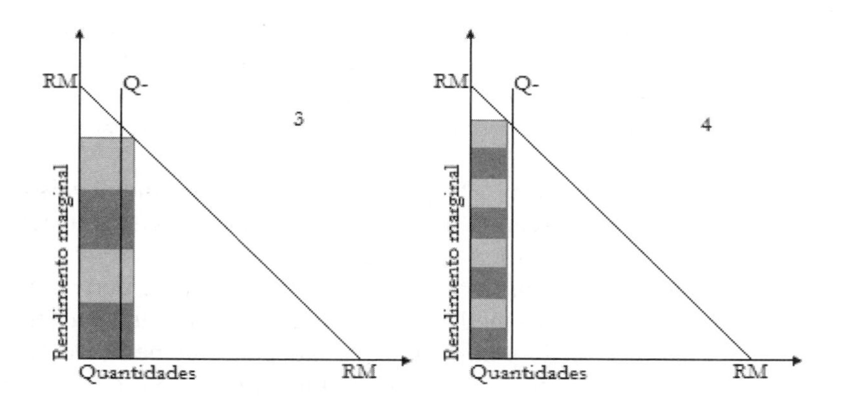

No primeiro caso (1), o sombreado representa o rendimento total obtido por um único explorador do recurso (maximizado na intersecção com a recta do rendimento médio, RM-RM). À medida que vão surgindo novas titularidades cumulativas sobre o recurso partilhável, o rendimento total será dividido, sendo que a rivalidade determinará que o somatório das parcelas que hão-de caber a cada titular pode não corresponder sequer ao rendimento total que era assegurado pelo acesso de um único titular (2): em suma, o acesso separado a um recurso que estruturalmente admitia o acesso conjunto pode determinar só por si uma diminuição do rendimento total gerado pelo recurso – um efeito de «*deadweight loss*», de perda absoluta não-compensada e não cingida a efeitos distributivos (por outras palavras, com a adição de uma nova titularidade exclusiva sobreposta à do proprietário privado original pode registar-se imediatamente que o titular original vê o seu rendimento total reduzido, não para 50% do valor original, mas para menos do que isso).

Cada nova titularidade cumulativa determinará o abaixamento das quantidades produzidas, até se chegar (3), e eventualmente ultrapassar (4), a «quantidade mínima» (Q-), ou seja, o nível da fragmentação improdutiva das titularidades, a quantidade de acesso ao recurso que deixa de assegurar uma exploração minimamente produtiva. Em termos de dimensão física dos fragmentos, podemos não ter chegado ao zero (mas também lá se pode chegar se cada um dos rivais tiver efectivamente um poder de veto); mas, em puros termos de produtividade, chegamos efectivamente ao zero, ou passamos mesmo a valores negativos (no sentido de os fragmentos acessíveis representarem, em termos líquidos, um custo para os seus titulares). Trata-se, inequivocamente, de um resultado «trágico».

Da representação gráfica também se retira que, em termos de desperdício, de valor económico não-realizado, o subaproveitamento de recursos associável à «Tragédia dos Anti-Baldios» será proporcional ao número de envolvidos que exerçam, independente e simultaneamente, o seu «direito de exclusão».

Novamente, tal como na «Tragédia dos Baldios», temos decisores independentes que, ao exercerem descoordenadamente as suas prerrogativas, externalizam sobre o acesso dos demais titulares de prerrogativas idênticas, levando inelutavelmente à perda da renda que se derivaria da plena utilização do recurso – podendo, no limite, e como vimos, chegar-se mesmo à não-utilização pura e simples, independentemente do valor potencial do recurso (também aqui com algum paralelo com o problema dos «Baldios», visto que a não-utilização imediata, no caso dos «Anti-Baldios», é similar àquela que, no caso dos «Baldios», se seguirá ao esgotamento do recurso por sobre-exploração). E em ambos os casos, a primeira constatação reportar-se-á à insusceptibilidade de ratificação «coaseana» dos incentivos que conduzem aos comportamentos colectivamente «trágicos»[295].

Começamos a perceber que as simetrias e paralelismos não são absolutos quando consideramos que, no caso dos «Anti-Baldios», às razões racionais e estruturais para a descoordenação vêm somar-se alguns peculiares contributos institucionais (optemos por rejeitar hipóteses puramente mecanicistas de uma alegada evolução «espontânea» da propriedade privada em direcção aos «Anti-Baldios»[296]).

As razões racionais e estruturais nem sequer constituem uma novidade, e de certo modo reconduzem-se à análise «canónica» das razões pelas quais um duopólio (e mais ainda um oligopólio) é menos eficiente, como maximizador, do que um monopólio – as razões de «externalização recíproca» que subjazem ao modelo de Cournot[297]. Mas até neste plano das «causas», note-se, há quem sustente que existem peculiaridades a quebrarem as simetrias – porque, por exemplo, os «Anti-Baldios» alegadamente emergem de custos de transacção assimétricos (entre titulares e não-titulares, «*insiders*» e «*outsiders*»), por força de «efeitos de dotação» e outras «viscosidades»[298].

---

[295] Buchanan, J.M. & Y.J. Yoon (2000), 4.

[296] Levmore, S. (2002), S421ss..

[297] Araújo, F. (2005), 377ss..

[298] Parisi, F., N. Schulz & B. Depoorter (2005), 579.

Quanto às questões institucionais, elas ganham agora uma proeminência muito peculiar: é que, se ainda podia admitir-se que, num ambiente jurídico evoluído, a «Tragédia dos Baldios» resultasse de uma deficiência reguladora que podia associar-se ao respeito por formas tradicionais de «propriedade comum» ou até da sub-representação político-legislativa dos grupos interessados na exploração de recursos comuns, nesse mesmo ambiente jurídico uma «Tragédia dos Anti-Baldios» resultará a maior parte das vezes de um excesso de regulação, de legiferação, de atribuição «garantística» de direitos, de adjudicação por *«property rules»* em ambientes «não-coaseanos» – um excesso de iniciativa normativa que se afigura abstractamente mais evitável (a abstenção é sempre em princípio a atitude mais simples), tornando portanto mais evitável o desaparecimento do potencial económico dos recursos sob uma avalanche de normas e barreiras artificiais[299].

De tudo isto resulta que, ao menos numa das suas vertentes, a problemática dos «Anti-Baldios» pode converter-se numa muito ampla advertência política contra os «tiques» expansionistas do Estado-Regulador (que, não esqueçamos, é o herdeiro directo do Estado dirigista). Essa problemática obrigará a rever os mecanismos habituais de atribuição de direitos exclusivos e privativos como promotores de inovação e progresso, e portanto o próprio cerne da fundamentação económica do Direito de Propriedade Privada – porque o excesso de atribuição ou reconhecimento de direitos, quando não estejam acautelados os riscos de descoordenação, pode acabar numa multiplicação de vetos, obstáculos, dificuldades de acesso a recursos, com consequências «trágicas», seja quando se trata da exploração simultânea e conjunta desses recursos, seja quando o que está em causa é o acesso sucessivo por parte de utilizadores envolvidos num processo cumulativo, como aquele em que consiste, por exemplo, o progresso científico[300].

Em termos puramente estruturais (ou seja, independentemente do contributo do quadro normativo) poderia ainda pensar-se que os «Anti-Baldios» apresentam uma vantagem sobre os «Baldios», porque naqueles o resultado é a sub-exploração, e portanto a preservação, dos recursos, e nestes a sobre-exploração, e portanto o esgotamento, desses recursos. Em abstracto, dir-se-á que a preservação é sempre preferível, porque deixa em aberto a exploração num momento posterior, não fecha a porta à

---

[299] Abramovitch, D. (2002), 15.

[300] Depoorter, B. & S. Vanneste (2004), 3.

eficiência na utilização dos recursos, enquanto que o esgotamento é o ponto final, o encerramento dessa possibilidade.

A conclusão é simplista, desde logo porque, como melhor veremos quando regressarmos aos temas da «Comédia dos Baldios» e da «Comédia dos Anti-Baldios», há situações em que a sub-exploração é um bem (pense-se na «preservação ambiental», por exemplo) tal como há situações em que a sobre-exploração é um bem (pense-se em economias de escala e em externalidades de rede, situações em que, por definição, "*quanto mais melhor*", ou até em situações de progresso científico de que pode depender a salvação de vidas humanas ou a melhoria drástica das suas condições, casos em que toda a aceleração é positiva e a prioridade absoluta faz com que deixe de ser razoável falar-se em sobre-exploração de recursos).

Por outras palavras, é possível encarar a benignidade da algumas destas situações sem soçobrar em litanias e presságios sombrios – e propor até uma tipologia alternativa, em função do grau de fragmentação de propriedade a que se chega, e do tipo de problema de que essa fragmentação pretende ser uma resposta deliberada, reconhecendo que muitas pressões «trágicas» podem ser valiosas profilaxias ou terapêuticas para alguns dilemas sociais[301]. Pense-se, por exemplo, na subtil, por vezes desconcertante, tensão entre tendências para a partilha e para o individualismo que se manifestam na Internet, por um lado o propiciador por excelência de um «mega-Baldio» no qual florescem éticas de partilha, por exemplo os «*creative commons*» da propriedade intelectual, por outro o veículo de reivindicações libertárias acerca da prevalência de anomia, alegando-se com o carácter de genuíno bem público que a Internet evidenciaria, a dispensar uma disciplina comum de exploração do recursos – dada a sua fundamental insusceptibilidade de rivalidade e congestionamento – e a afastar as soluções hierárquicas e reguladoras[302].

3.3. **Efeitos das Assimetrias**

Por outro lado, como teremos ocasião de enfatizar repetidamente, é possível falar de irreversibilidades também em casos de sub-exploração, e não menos problemáticas – ainda que, admita-se, possivelmente menos *graves* –. Especificamente, a fragmentação das titularidades pode converter-

[301] Fennell, L.A. (2004), 22.
[302] Lee, P. (2004), 673.

se num problema intratável quando começa a revelar a sua *viscosidade* – ou seja, quando custa mais recompor do que decompor os poderes que incidem sobre os recursos, ou se a recomposição se tornou proibitivamente cara[303]. Quando uma oportunidade valiosa reclama a combinação dessas titularidades fragmentadas (até no sentido muito restrito, e caso-limite, de a utilização do recurso por apenas um, a utilização monopolística, ser geradora por si mesma de incrementos de bem-estar para todos), uma decisão de fragmentação que *ex ante* se afigurava óptima pode revelar-se *ex post* sub-óptima – e tanto mais, em termos de «*deadweight losses*», quanto maior for o número de fragmentos e de envolvidos independentes, e maior for a complementaridade entre eles.

É que, para além de outras complicações previsíveis, iniciado um esforço de agregação de fragmentos em direcção à constituição de titularidades com dimensão economicamente viável, tende a suceder que:

1) cada titular se concentre mais nos ganhos individuais deriváveis do processo de agregação dos direitos (no valor do seu «*holdout*») do que nos ganhos de acesso alheio ou no valor objectivo ou de mercado do recurso;
2) haja empolamento de preços face à incerteza, e por isso um agravamento da tendência «trágica»;
3) contudo, a cooperação fique facilitada quando há incerteza quanto ao valor da combinação de direitos (tornando mais difícil o cálculo subjectivo e antecipado de um valor para o «*holdout*»).

Estas três observações reforçam a noção de que todos os dilemas sociais são especialmente «sensíveis ao contexto»[304], mas sobretudo servem de advertência adicional contra a generosidade – por vezes a ligeireza, por vezes a tibieza – com que as ordens jurídicas tendem a multiplicar os «direitos subjectivos» (com a agravante da variedade de modelos de «acervos de direitos» disponíveis, por si só indutora de equívocos)[305].

Decisivo é que se tome consciência de que, ao contrário do que ficou determinado nas primeiras abordagens ao tema – e que indubitavelmente corresponde ao cerne do problema –, não há apenas dificuldades originadas na sobreposição de titularidades, mas juntam-se a esta as mais variadas complicações:

---

[303] Fennell, L.A. (2005), 1453.
[304] Depoorter, B. & S. Vanneste (2004), 3.
[305] Depoorter, B. & S. Vanneste (2004b).

– a resistência «viscosa» à reagregação de uma titularidade única e não-sobreposta;
– a correspondente ao número e interdependência dos envolvidos (aumentando os custos de transacção);
– a indefinição dos valores em causa na superação dessas «viscosidades» (o valor residual do «*holdout*»);
– a falta de um mercado que permita definir valores para o bloqueio e para o desbloqueio, e equipará-los;
– a falta de confiança generalizada em mecanismos de adjudicação capazes de desfazer impasses através da imposição de «*liability rules*»[306].

Por outras palavras, o esforço de internalização de externalidades fica já prejudicado pelos custos de transacção resultantes da sobreposição de interesses, da rivalidade que se manifesta na exploração de recursos[307]; mas é agravado, ampliado, pela formulação prematura de «*property rules*» cuja superabundância por si mesma entravaria já as soluções negociadas, aquelas mais aptas à internalização das externalidades cruzadas[308].

A existência de simetrias e paralelismos entre «Baldios» e «Anti-Baldios» é, em suma, indesmentível, até porque emerge das próprias expressões; contudo, não se retire daí que existe uma perfeita polarização entre as figuras, que elas sejam diametralmente opostas e que constituam, nos pressupostos e consequências, o positivo e o negativo uma da outra. Já referimos que as duas figuras convergem quanto às suas consequências últimas: a subutilização de recursos, nuns casos por prematuro esgotamento, noutros por desaproveitamento liminar (admitamos que, na prática, os efeitos do esgotamento podem não ser muito diferentes dos efeitos da degradação por abandono – dependendo do recurso a que respeitem).

Refiramos também que as figuras sugerem uma conciliação intermédia, numa área que visualizámos inicialmente, ao tratar das «fronteiras da propriedade», englobando nela a «titularidade única» e os conjuntos contíguos dos «Baldios com acesso limitado» e dos «Anti-Baldios com exclusão limitada», ainda caracterizáveis como soluções de «Propriedade Privada», e que, nestes termos, as soluções mais drásticas para os «Baldios»

[306] Kieff, F.S. (2001).
[307] Frech III, H.E. (1979), 254ss.; cfr. Arruñada, B. (2003), 401ss.; Brooks, R., M. Murray, S. Salant & J.C. Weise (1999), 843ss.; Libecap, G.D. (1989).
[308] Libecap, G.D. & S.N. Wiggins (1998), 403ss.; Lueck, D. (1989), 291-323.

originarão uma «Tragédia dos Anti-Baldios», e que o remédio mais radical para os «Anti-Baldios», por exemplo a abolição dos direitos de exclusão, acarretaria por seu lado uma «Tragédia dos Baldios».

E pense-se ainda que em ambas as situações o que está em causa, na «afinação» das titularidades, é a busca de um compromisso entre «*holdouts*» e externalidades, como mais de uma vez sugerimos já (existe uma óbvia equivalência entre entravar um benefício colectivo e provocar um malefício colectivo)[309].

Avancemos para uma referência aos primeiros passos da teoria na elucidação do fenómeno dos «Anti-Baldios», não sem antes sublinharmos que o problema sugere um verdadeiro paradoxo, que é o do subaproveitamento de recursos que são já, por definição, escassos – por muito que o acesso e a susceptibilidade de partilha possam atenuar a percepção individual dessa escassez[310].

Realcemos também que Heller, ao chamar a atenção para os «Anti-Baldios», contribuiu decisivamente para esfriar os ânimos daqueles que julgavam ter encontrado na apropriação privada, na explicitação e desdobramento de todas as virtualidades ínsitas no desenho de titularidades privadas, o remédio para os «Baldios»; lembrando afinal, muito sensatamente, que o excesso de remédio é também ele uma doença – e que para esta outra doença o remédio deve ser ministrado com moderação, para não se regressar à doença inicial[311].

Mas foi precisamente a consciência da necessidade dessa «via intermédia» que logo vimos graficamente representada no «*boundary principle*»[312], que o próprio Michael Heller, muito subtil e sofisticadamente, quis utilizar também para outras finalidades mais específicas, como as de esclarecer:

- que pode haver «tragédia» sem que todos tenham o poder de excluir;
- que pode haver apropriação individual sub-óptima;
- que a lei não tem que ser a fonte de todos os poderes de exclusão;
- que a «tragédia» pode ser puramente sectorial;

[309] Epstein, R.A. (1993), 553ss.. Sobre a relevância do «*holdout*» nestes pontos, cfr. Demsetz, H. (1967), 354-355; Krier, J.E. (1992), 335-336.

[310] Lee, P. (2004), 673-675.

[311] Heller, M.A. (1999), 1167ss..

[312] Munzer, S.R. (2005), 153.

– que a «tragédia» não é uma consequência inevitável, ainda que de novo se trate de uma situação de irracionalidade colectiva assente em perfeita racionalidade individual[313].

3.4. **Os «Anti-Baldios» nas «Economias de Transição»**

Por alguma razão Michael Heller tomou, para um dos primeiros exemplos fortes ou paradigmáticos de «Anti-Baldios», o do contraste entre o sucesso dos quiosques e o insucesso das lojas na «economia de transição» vivida em Moscovo. Tratava-se de uma situação que, mesmo em abstracto, se afigurava promissora, já que se visava apurar como é que se tinha «preenchido o vazio» gerado pelo colapso das titularidades e legitimações típicas dos regimes socialistas; mais especificamente, tratava-se de observar o modo como, a um «núcleo duro» de «propriedade pública» no qual o poder de exclusão no acesso aos recursos comuns poderia ser máximo, já que estava rigidamente subordinado a uma instância distributiva isenta de problemas de descoordenação (exibindo normalmente características ditatoriais), se sucedeu a «pulverização da propriedade» numa panóplia de poderes de exclusão agregadamente mais fortes ainda, porque sobrepostos e não-coordenados – acrescendo a isso a persistência, tanto nas autoridades administrativas como no próprio cidadão privado, de uma insensibilidade aos benefícios da propriedade privada, e a sobrevivência de estruturas institucionais insusceptíveis de sustentar eficientemente essa propriedade privada[314].

Digamos que, por causa da sua peculiar posição acerca da apropriação de recursos, o sistema socialista predispunha a situações de «Anti-Baldios», visto que tendia a atribuir prerrogativas em função da identidade do titular e não da sua conexão com os recursos, ou da sua eficiência revelada na exploração ou circulação desses recursos – gerando com isso uma hierarquia de protecções individualizadas, «por medida», e inadvertidamente sobrepostas. O problema resultante dessa sobreposição estava latente, e ficaria ocultado enquanto perdurasse a proeminência da titularidade pública – enquanto não se desmoronasse o sistema socialista[315].

---

[313] Munzer, S.R. (2005), 152.
[314] Heller, M.A. (1998), 627.
[315] Heller, M.A. (1998), 628.

Outra forma de pôr a questão, também explorada por Michael Heller, é a seguinte: da perspectiva socialista, a demarcação física e jurídica da apropriação de bens é um assunto secundário, senão mesmo irrelevante – visto que tais demarcações só significam algo dentro do âmbito da apropriação privada e em função da finalidade de circulação de recursos através de um mercado (o que nos sistemas de mercado predomina é, inversamente, o escopo de legitimar, com a «titularidade inicial», as bases negociais). Essa terá sido a razão principal pela qual dentro dos sistemas socialistas se criou uma complexa hierarquia de direitos separados e coordenados sobre os objectos apropriáveis, em vez de se confiar na separação de tutelas individualizadas (e no respectivo potencial de coordenação espontânea através do mercado).

No momento de transição para os mercados, quando a exigência de separação de titularidades se tornou premente, manteve-se essa indefinição de limites e a sobreposição de titularidades. Desfez-se, é verdade, a hierarquia socialista da apropriação, admitiu-se a divisibilidade e alienabilidade da propriedade, a paridade da apropriação privada com a apropriação pública, a susceptibilidade de redefinição de titularidades pelos mecanismos de mercado. Mas a genuína separação de titularidades (ou seja, uma segmentação da titularidade central sem diluição do conexo «acervo de direitos» em cada titularidade parcelar) não ocorreu – e com tudo isso abriu-se o caminho directo para os «Anti-Baldios»[316].

Pode até acrescentar-se uma explicação de tom «darwinista» para aquilo que Heller descreve: o excesso de protecção de certas titularidades dentro do sistema socialista redundou em excesso de fragilidade na transição para a economia de mercado, sendo que nesta evidenciaram maiores aptidões aquelas formas de apropriação que, mais desleixadas anteriormente, mais facilmente puderam, precisamente por isso, assumir uma feição individualizada mais conforme com o «*standard*» da apropriação privada[317].

Se aproveitarmos os exemplos analisados por Heller, podemos até representar sinteticamente o contraste entre «protecção socialista» e «eficiência de mercado», o que fornece uma visualização do movimento evolutivo entre os dois momentos pré- e pós-transição, e permite uma associação simples entre maus resultados pós-transição e persistência de «protecções pré-transição», amiúde sob a forma de «Anti-Baldios»[318]:

---

[316] Heller, M.A. (1998), 629-630.
[317] Heller, M.A. (1998), 631.
[318] Heller, M.A. (1998), 632.

Baixa Protecção		Baixa Eficiência	
Regime Socialista Pré-Transição	Apartamentos Komunalkas Quiosques Lojas	Lojas Quiosques Komunalkas Apartamentos	Regime de Mercado Pós-Transição
Elevada Protecção		Elevada Eficiência	

Como bem observa Michael Heller, não constituirá propriamente surpresa que, sob o regime socialista, as lojas de retalho de Moscovo estivessem vazias – visto o desfavorecimento socialista quanto à produção de bens de consumo. Mas já surpreende que, após a transição iniciada nos anos 90, instaurada com grande notoriedade a economia de mercado, essas mesmas lojas tenham permanecido vazias – e mais surpreende porque, diante das lojas vazias, floresceu o negócio dos quiosques, repletos de mercadorias. Não menos estranho é o facto, igualmente comprovado, de os donos dos quiosques não procurarem instalar-se nas lojas, apesar do óbvio incremento de área e de comodidade que isso representaria.

É a este aparente paradoxo que Michael Heller aplica o conceito de «Tragédia dos Anti-Baldios», porque é ela que, segundo Heller, explica a atitude dos donos dos quiosques: eles não fogem das lojas como espaços físicos – decerto mais amplos, mais cómodos, mais adequados ao comércio –; eles fogem, isso sim, do emaranhado de direitos sobrepostos que, tornando as titularidades obscuras e opacas, oneram e paralisam a exploração económica das lojas, redundando na sua subutilização «trágica»[319].

A dimensão do problema não deve ser subestimada, e logo nas suas causas. Analisando as categorias de titulares que emergiram do processo de transição na economia moscovita, Heller distingue, como categorias mais ou menos sobrepostas de titulares:

1) proprietários (com direitos limitados e ambíguos);
2) utentes, os ocupantes efectivos do espaço comercial, normalmente colectivos de trabalhadores da empresa pública a que o espaço estava atribuído (também eles com direitos ambiguamente delimitados);
3) detentores contabilísticos («*balance-sheet holders*», uma forma arcaica de titularidade «fiduciária» no regime soviético);

---

[319] Heller, M.A. (1998), 633-635.

4) reguladores – nada menos do que seis agências reguladoras diferentes, no caso de Moscovo, representativas de interesses arquitectónicos, históricos, urbanísticos, e outros, capazes cada uma de bloquearem tanto alguns usos como a transmissão dos recursos (sendo que, na falta de poderes de regulação de mercado, muito desses reguladores continuaram a exercer os seus poderes, interferindo directamente na utilização dos recursos).

A somar a tudo isso, em pleno processo de privatização muitos dos típicos direitos de titularidade de recursos associados ao funcionamento dos mercados acabaram por ficar sobrepostos ao aglomerado de direitos «socialistas» e de direitos informais herdados[320]. Heller sugere que, no ponto de chegada do processo de transição, a típica sobreposição de prerrogativas de acesso e de exploração sobre as lojas de Moscovo era, esquematicamente, esta[321]:

Titularidades	Titulares
Direito de alienar	Administração Local Comité de Propriedade Comités de Preservação Arquitectónica e Histórica Empresa ou Instituto Público (detentor «contabilístico») Organização Orçamental Conselho relevante
Direito ao preço da alienação	Governo Federal Administração do Distrito (Oblast) Administração Local Comité de Propriedade Comités de Preservação Arquitectónica e Histórica
Direito de arrendar	Comité de Propriedade Empresa ou Instituto Público Organização de Manutenção
Direito às rendas	Administração Relevante Comité de Propriedade Comités de Preservação Arquitectónica e Histórica Empresa ou Instituto Público Organização de Manutenção
Direito de determinar o uso	Comité de Planeamento Comité de Propriedade Detentores «contabilísticos»
Direito de ocupar	Colectivo de Trabalhadores

[320] Heller, M.A. (1998), 636-637.
[321] Heller, M.A. (1998), 638.

Como resulta do esquema, há praticamente a todos os níveis uma sobreposição de prerrogativas, e por isso, para o correspondente exercício, requer-se o acordo de todos os envolvidos – concedendo-se na prática, a cada um, um poder efectivo «de veto» sobre o acesso e uso dos recursos. Dada essa sobreposição, a exigir a unanimidade ou ao menos a formação de maiorias reforçadas, concluir-se-á que sobrelevam os direitos de exclusão: estão preenchidos os pressupostos de um «Anti-Baldios», e aberto o caminho para a subutilização «trágica» dos recursos[322].

3.5. **A Tendência para a «Tragédia dos Anti-Baldios»**

Quando inicialmente recorremos à representação gráfica, pelo mesmo Michael Heller, das «fronteiras da propriedade» (o «*boundary principle*»), vimos que as formas de apropriação podem reconduzir-se a uma tripartição entre «Baldios», Propriedade Privada e «Anti-Baldios»; e desde esse momento inicial fomos sugerindo, explicita ou implicitamente, algumas das características básicas das formas extremas (e extremamente ineficientes) de apropriação[323]:

- nos «Anti-Baldios» há uma multiplicidade de titulares com prerrogativas de exclusão sobre um mesmo recurso;
- nos «Anti-Baldios» cada titular pode impedir efectivamente cada um dos demais de alcançar uma utilização típica (minimamente eficiente) do recurso;
- manter objectos valiosos num regime de «Anti-Baldios» pode significar a sua prisão numa área de difícil alienabilidade, de desuso improdutivo, de insusceptibilidade de definição de prioridades e autoridades no processo decisório;
- a propriedade não-privada propenderá para os «Baldios» se predominarem os privilégios de acesso, para os «Anti-Baldios» se predominarem as prerrogativas de exclusão.

A situação dos «Anti-Baldios» não é necessariamente trágica, visto que a predominância dos direitos de exclusão não condiciona absolutamente o comportamento dos titulares, apenas desequilibra os seus incentivos e cria problemas cuja solução pode ser retardada ou dificultada por

[322] Heller, M.A. (1998), 639.
[323] Heller, M.A. (1998), 673.

elevados custos de transacção (impedindo uma rectificação «coaseana» *ex post*). Mas, como vimos e resultava já da ponderação sobre as «fronteiras da propriedade» (pensemos na área de «exclusão limitada»), isso não obsta à sedimentação de sistemas estáveis de «normas sociais», informais, susceptíveis de promoverem a coordenação eficiente de condutas na gestão de propriedade partilhável e de vencerem a externalização cruzada – como o têm demonstrado os já referidos estudos de Ellickson, Ostrom e outros[324].

Quanto às razões racionais e estruturais, tal como para a «Tragédia» simétrica também aqui, para a «Tragédia dos Anti-Baldios», se pode regressar ao modelo de Cournot, visto que estamos basicamente na presença de um problema há muito identificado, o da concorrência na produção de bens complementares não-substituíveis, uma situação (conhecida por «*complementary oligopoly*») menos eficiente do que a produção desses mesmos bens por um monopolista que tirasse partido da integração vertical (um enquadramento teórico que permite desde logo deduzir que o problema se atenua, ou resolve completamente, se, em alternativa à integração da produção num monopólio, conseguirmos encontrar sucedâneos para cada um dos bens complementares)[325]. Pense-se no muito documentado «*holdout* recíproco» que impediu o desenvolvimento da tecnologia da radiotelefonia antes da 1ª Guerra Mundial, um situação em que a rivalidade de dois concorrentes que detinham direitos sobre componentes essenciais provocou a inutilização absoluta da tecnologia por demasiado tempo[326].

Se existir uma consequência «trágica» para os «Anti-Baldios», essa, já sabemos, é o sub-uso, a sub-exploração decorrente da combinação de poderes de exclusão que impedem o acesso e o uso eficientes do recurso. O exercício cumulativo de poderes de exclusão independentes corresponde a uma nova forma de externalização cruzada, apontando primeiro para a dissolução em atomicidade que entrava a circulação dos recursos em direcção aos seus usos mais eficientes, e no fim para um equilíbrio não-cooperativo de obstrução excessiva – de que é exemplo prático aquilo que se observou no caso das lojas moscovitas –, um equilíbrio ineficiente tanto mais intenso quanto mais elevados forem os custos de coordenação das titularidades separadas, ou mesmo os custos de agregação de tais titularidades, um «*bundling*» que venceria permanentemente as dificuldades de coordenação através de uma integração «monopolística»[327].

[324] Heller, M.A. (1998), 673-675.

[325] Dari-Mattiacci, G. & F. Parisi (2005).

[326] Aoki, K. (1998), 32-33.

[327] Fennell, L.A. (2004), 23.

Insistamos que o sub-uso nem sempre será «trágico» – pense-se nos objectivos de preservação dos recursos, muitas vezes a aconselharem o sub-uso ou mesmo o não-uso, casos em que, como se verá, poderemos, ou constatar a existência de uma «Comédia dos Anti-Baldios», ou advogar a sua prossecução através do agravamento das barreiras de acesso ao recurso, uma solução que qualificaremos adiante como de «Anti-Propriedade». Mas em todos os outros casos, a descoordenação que impede a baixos custos de transacção a agregação de titularidades requerida para o acesso e utilização eficientes de um recurso poderá interpretar-se como uma «tragédia», uma inevitabilidade que ninguém deseja mas todos causam.

Note-se também que as próprias barreiras à agregação das titularidades não são, todas elas, necessariamente indesejadas ou potencialmente «trágicas»: se os titulares que «vetam» a recomposição do recurso colocam um preço muito elevado nas suas parcelas porque lhes atribuem um valor genuinamente elevado, então não há nenhuma ineficiência ou «tragédia»; mas o mesmo já não sucederá se o preço for muito elevado apenas por causa dos custos de transacção – mormente os custos resultantes da descoordenação, ou da multiplicação de «condutas estratégicas» por parte de alguns dos envolvidos, ou de todos eles.

Entre estas «condutas estratégicas» avulta a já referenciada atitude de «*holdout*», que sugestivamente (mesmo que sem muito rigor) poderíamos caracterizar como uma atitude de «ameaça chantagista de veto»; é uma conduta especialmente indutora da elevação de custos de transacção, visto que confunde os sinais que chegam aos potenciais interessados no acesso e uso do recurso, impondo-lhes o esforço adicional de discernirem as verdadeiras disposições negociais de todos os envolvidos, por detrás da «cortina de fumo» de algumas atitudes estratégicas. Como em todas as situações de «*bluff*» bem-sucedido, nalguns casos o «*holdout*» tem que ser levado até ao fim: e nesse caso a frustração da transacção faz com que a conduta estratégica imponha externalidades sobre todos os que teriam a ganhar com a transacção (sendo que apenas uma parte do custo é suportada pelo perpetrador do «*holdout*»).

Refira-se que, para além do efeito principal, que é o do sub-uso, os «Anti-Baldios» também podem originar danos colaterais, alguns não menos «trágicos», como o da sub-protecção – e que consiste no facto de a limitação do acesso legal não impedir, antes facilitar até, o acesso ilegal, por parte daquele que, desrespeitando as prerrogativas de exclusão, vê a exploração do recurso sujeita a muito menor rivalidade do que seria normal; com a agravante de a expulsão do intruso, geradora que é de externalidades positivas, estar sujeita a «efeitos de boleia», pelo que cada titular pode ficar à espera de que os outros promovam essa expulsão a expensas deles, e acabar por ninguém reagir, consolidando *de facto* a posição do intruso. Dir-se-ia, em suma, estarmos aqui perante um resultado irónico: um «Anti-Baldio» legal que funciona, na prática, como um «Baldio» ilegal – exposto novamente a excessos de acesso e de exploração[328].

Caso especial será o dos «Anti-Baldios sequenciais», que são aqueles que resultam da dispersão, por diversos titularidades independentes, de prerrogativas de exclusão que podem interferir com processos produtivos em que aquelas titularidades são convocadas a desempenhar o seu papel em momentos diferentes, gerando-se com isso dependências e riscos de descoordenação inter-temporal entre os participantes. Os utentes a jusante ficam reféns da possibilidade de bloqueio por parte das titularidades a montante (podendo até ocorrer verdadeiras situações de «*holdup*» contratual entre eles). Por seu lado, os titulares a montante podem não querer tirar proveito da sua posição; mas se porventura a remoção das barreiras de acesso aos utentes a jusante envolver custos (suponha-se que é preciso obter-se uma autorização simultânea e coordenada), é muito possível que também aqui se gerem «efeitos de boleia» e impasses, e que nenhum daqueles titulares a montante gere a externalidade positiva em que se traduziria a autorização de acesso e exploração subsequente do recurso[329].

O que se afigura haver de comum em todas estas situações é, em suma, o modo como a multiplicação e sobreposição de titularidades obsta a uma solução «coaseana»: dá-se uma fragmentação de «*property rights*», e o aumento da sua extensão faz perder sinergias e complementaridades entre os fragmentos, até poder chegar-se a uma posição de irreversibilidade na fragmentação – quando sejam demasiado elevados os custos de transacção necessários para se reagregar os fragmentos, ou para se vencer entraves estratégicos potenciados pelas interdependências entre os titulares.

Há, dito de outra maneira, uma assimetria nos custos de transacção, que se traduz numa maior facilidade de fragmentar do que de recompor um «acervo de direitos» de dimensão minimamente eficiente[330]; sendo essa assimetria que essencialmente bloqueia uma adequada rectificação «coaseana»[331]. Já agora, acrescente-se que essa irreversibilidade pode ser

[328] Fennell, L.A. (2004), 23.
[329] Parisi, F., N. Schulz & B. Depoorter (2004), 182.
[330] Parisi, F., N. Schulz & B. Depoorter (2004), 182-184.
[331] Parisi, F., N. Schulz & B. Depoorter (2005), 585.

intensificada por «efeitos dinâmicos», ou seja, por atitudes reactivas que, fugindo por exemplo de riscos de «Anti-Baldio», acabam por redundar em situações de ineficiência «defensiva» (por exemplo, empresas que se instalam em locais estruturalmente ineficientes, mas que o fazem para fugir dos entraves burocráticos – sendo que já não voltam a reinstalar-se, e se perpetuam nessas localizações ineficientes, mesmo depois de removidos os entraves e os riscos de «Anti-Baldios»)[332].

3.6. A «Viscosidade» na Reagregação de Fragmentos

Uma parte da assimetria que vimos traduzida em irreversibilidade da fragmentação poderá subjectivamente atribuir-se a «viscosidades», ou seja, à dificuldade que cada titular terá de ceder, para lá de um certo limite, relativamente àquilo que considera ser *seu*; objectivamente afigura-se ser um caso de «entropia» na titularidade dos recursos[333], a «entropia na fragmentação», resultado das possibilidades de conduta estratégica potenciadas pela situação inercial gerada (as escalas e sinergias da agregação entram em colapso perante a generalização de «*holdouts*»).

Daí haver quem proponha que uma das prioridades legislativas nestas áreas deveria ser a da prevenção e combate a esses factores de fragmentação irreversível – não para cair em soluções fomentadoras da «Tragédia dos Baldios», mas apenas para incrementar a eficiência na agregação das titularidades, conseguindo ganhos superiores às «*deadweight losses*» geradas pela fragmentação[334].

Lembremos que a fragmentação é susceptível de gerar ineficiências na medida em que, separando os vários poderes que compõem os «*bundles of rights*» e atribuindo-os de forma diferenciada a diversos titulares, não apenas gera complementaridades incentivadoras de condutas estratégicas entre eles, como ainda, mesmo na ausência de qualquer componente estratégica, aumenta os custos de transacção associados à recomposição de quaisquer «acervos de direitos» que correspondam a um *standard* mínimo de eficiência – por exemplo, o nível de exploração do recurso que corresponda a uma escala de eficiência em determinado sector produtivo[335].

---

[332] Heller, M.A. (1999), 1187.

[333] Parisi, F. & C. Sevcenko (2002), 303-304.

[334] Parisi, F. (2001); Parisi, F. (2004b), 151ss..

[335] Parisi, F. (2001).

Para se lidar com a impossibilidade de uma reagregação «coaseana» pode seguir-se uma de três vias[336]:

1) preventiva, por exemplo estabelecendo *ex ante* a inalienabilidade e desse modo bloqueando a fragmentação (a «terceira opção» menos estudada na construção de Calabresi e Melamed);
2) reequilibradora, ou «gestora», usando uma combinação de «*property rules*» e de «*liability rules*» para ir minimizando os impactos ao longo do processo;
3) correctiva, aplicando *ex post* os «remédios» consentidos pelas «*liability rules*».

Estas vias ficam algo condicionadas no seu uso não apenas pelo reconhecimento de que, por detrás da «entropia na fragmentação», estão problemas de racionalidade limitada e de assimetria informativa, mas também pela habitual advertência contra as «falhas de intervenção», aqui especialmente pertinentes se considerarmos a diversidade de soluções e a diversidade de instâncias que podem ser convocadas a aplicar essas soluções[337]. Essa uma razão adicional para se sublinhar a subtileza exigida pela concepção de soluções intermédias eficientes, que sejam capazes de evitar um dos extremos «trágicos» sem resvalar no outro, logrando ao mesmo tempo estabelecer legitimidades formais e *de jure* sem descurar, no plano dos factos, a necessidade de preservação de incentivos ao exercício efectivo dos poderes e prerrogativas inerentes a cada «acervo de direitos» atribuído[338].

3.7. **A Formalização das Tendências «Trágicas»**

Tanto no problema dos «Baldios» como no dos «Anti-Baldios», é necessário que haja uma «função-custo» relevante, e que esta dependa da quantidade produzida por cada um dos envolvidos, tanto a quantidade individual como o valor agregado da produção total. Representemo-lo graficamente[339]:

---

[336] Parisi, F. (2002).
[337] Parisi, F., N. Schulz & J. Klick (2003).
[338] Protasel, G.J. & L. Huskey (2005).
[339] Coloma, G. (2003), 2.

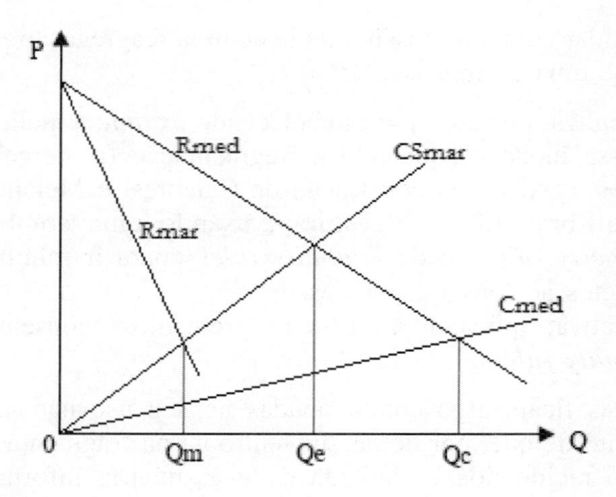

No gráfico, *Rmed* é o rendimento médio, *Rmar* é o rendimento marginal, *Cmed* é o custo médio e *CSmar* o custo social marginal (P é o eixo dos preços, Q os das quantidades). O nível eficiente de produção (Qe) é aquele em que o rendimento médio é igual ao custo social marginal, enquanto que o equilíbrio competitivo (Qc) é aquele em que o rendimento médio é igual ao custo médio, verificando-se que o equilíbrio competitivo (Qc) é superior ao equilíbrio eficiente (Qe). Em condições monopolísticas, o equilíbrio ocorre no ponto de intersecção entre o rendimento marginal e o custo social marginal, originando-se assim um equilíbrio monopolístico (Qm) que é inferior ao equilíbrio eficiente (Qe).

Na formulação mais sintética que é possível, diríamos que a simetria das duas situações «trágicas» consiste no seguinte:

- numa «Tragédia dos Baldios» dá-se um equilíbrio de Cournot a qualquer quantidade entre Qm e Qc, mas que se vai aproximando de Qc à medida que vai aumentando o número de envolvidos;
- numa «Tragédia dos Anti-Baldios» dá-se um equilíbrio de Cournot a qualquer quantidade entre 0 e Qe, mas que se vai aproximando de 0 à medida que vai aumentando o número de envolvidos.

É uma maneira mais formal de dizer o que já sabemos: que na «Tragédia dos Baldios» se evidenciam as ineficiências do acesso livre em condições «não-coaseanas», quando a rivalidade no uso impunha uma definição clara, e preventiva, das prerrogativas de exclusão; e que nos «Anti-Baldios», nas mesmas condições «não-coaseanas», se verifica uma insuficiente definição de prerrogativas de exploração, mas agora em reacção a uma rivalidade no uso que já se exprimiu através da acumulação de poderes de exclusão[340].

Como o caso dos «Anti-Baldios» é o de excesso de poderes de veto no acesso ao recurso comum, diríamos que a propensão para a interacção estratégica é mais imediata e acarreta resultados mais perceptíveis.

Exemplifiquemos. Suponha-se que num conjunto de três condóminos, um precisa da autorização dos outros dois para abrir um consultório médico na sua fracção. Os dois outros condóminos decidirão em função do impacto que o consultório terá no valor total da propriedade, tal como ele é percebido por cada um. A recusa impediria a maximização do bem-estar total dos condóminos, e por isso é de esperar que haja uma autorização, mesmo que limitada; cada um dos dois «autorizadores» vê-se defrontado com um equilíbrio: o equilíbrio entre o interesse individual de exercer algum poder de exclusão e o interesse individual de participar no incremento de bem-estar total que advirá de uma exploração mais plena do recurso comum[341]. Podemos representar graficamente esse «*trade-off*» que subjaz aos «Anti-Baldios», o equilíbrio entre ganhos de «*holdout*» e ganhos de promoção do óptimo colectivo[342]:

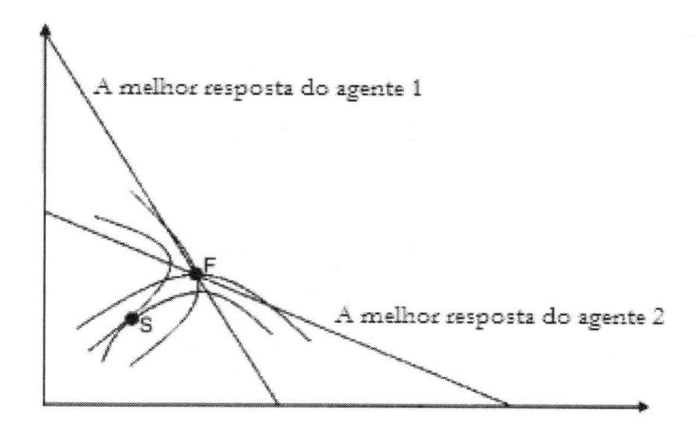

O ponto F (de fragmentação das titularidades) corresponde ao equilíbrio de Nash entre as duas respostas dos agentes, enquanto que o ponto S (de óptimo social) corresponde à intersecção das mais elevadas curvas de indiferença na matriz de ganhos e perdas de cada um deles. Os

[340] Coloma, G. (2003), 2.

[341] Parisi, F., N. Schulz & B. Depoorter (2005), 580-581.

[342] Parisi, F., N. Schulz & B. Depoorter (2005), 582.

agentes equilibram em F, o ponto de intersecção das suas curvas de indiferença mais baixas – chegando a uma posição sub-óptima de desperdício induzido por externalização cruzada, vedando-se mutuamente o acesso ao ponto S.

O que está em causa é, de facto, o nível de externalização recíproca: o aumento no exercício do poder de exclusão por um agente reduz a utilidade do outro, e para o resultado trágico contribui ainda a fraca probabilidade de internalização. Na prática, o que a formalização presume é que o recurso comum é, deste ponto de vista, o produto de um «jogo de contribuições» criticamente exposto a «efeitos de boleia» (sendo que, neste sentido, o problema dos «Anti-Baldios» é mesmo mais extenso do que o dos bens públicos puros)[343].

De um outro prisma, dir-se-á que o caminho para a «tragédia» decorre, com algum automatismo, da verificação dos pressupostos que tornam dominante a estratégia de «não-cooperação», e entre eles: 1) a produção recíproca de externalidades imperfeitamente internalizadas; 2) um bem--estar potencial que é superior em resultado da cooperação do que em resultado da não-cooperação (não se cingindo, portanto, a questões distributivas); 3) a rivalidade no consumo. Podemos representar até, esquematicamente, o que seria o caminho para a «tragédia» no seio de um jogo de múltiplos lances[344]:

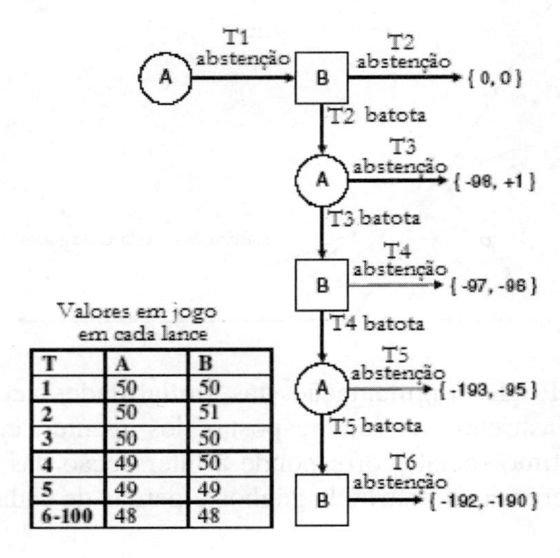

T	A	B
1	50	50
2	50	51
3	50	50
4	49	50
5	49	49
6-100	48	48

343 Parisi, F., N. Schulz & B. Depoorter (2005), 582-583.

344 Hsu, S.-L. (2005), 11.

Neste caso específico, representámos o caminho para uma «Tragédia dos Baldios» como resultado cumulativo do jogo, com pequenos ganhos individuais conduzindo a sucessivas perdas colectivas – sendo que em cada lance não há apenas um incentivo directo para a batota mas também um poderoso incentivo indirecto: a certeza de que qualquer abstenção será respondida com a batota da contraparte. O que há de «trágico» é, em suma, a irresistibilidade dos incentivos à batota, à não-cooperação «activa». A solução óbvia seria, por isso, e como sabemos, a cooperação – à qual se oporão apenas, em princípio, os custos de transacção, embora se possam, e talvez devam, acrescentar factores psicológicos que incentivam a não-cooperação, viezes egoístas e miopias, aversões ao risco, efeitos de dotação – todos contribuindo para atitudes lesivas do potencial económico dos recursos no longo prazo[345].

Note-se ainda que, noutra simulação de estratégia incidindo sobre a probabilidade de uma «Tragédia dos Baldios», concluiu-se que essa probabilidade dependia crucialmente tanto das expectativas das partes quanto à possibilidade de formação de coligações estáveis como do número de jogadores envolvidos[346]; noutra simulação, admitiu-se um contínuo entre os extremos de pessimismo e optimismo das expectativas dos envolvidos[347].

Outras simulações e formalizações têm incidido nos efeitos sobre o bem-estar, em especial no caso dos «Anti-Baldios», já que aqui o equilíbrio maximizador requererá a «deflação» das prerrogativas de exclusão, significando isso que terá que haver uma abstenção generalizada, difícil de alcançar sem coordenação (pense-se, por exemplo, que, sem qualquer sofisticação estratégica, cada um dos titulares pode limitar-se a estabelecer um preço diferente para a sua autorização, bastando isso para complicar seriamente a solução eficiente). A decisão de um terceiro quanto à aquisição dos direitos de uso face ao conjunto dos titulares exclusivos dependerá do preço total, que será o resultado da combinação de preços dispersos estabelecidos por titulares independentes[348].

Muitas dessas formalizações (a que voltaremos adiante) confirmam a simetria fundamental entre os extremos «trágicos», descontada a interferência de factores psicológicos e sociológicos que condicionam as atitudes

[345] Hsu, S.-L. (2005), 7.

[346] Funaki, Y. & T. Yamato (1999), 157ss..

[347] Koczy, L.A. (2002). Cfr. ainda Haidinger, T. (2004) e Haidinger, T. (2004b).

[348] Vanneste, S., A. Van Hiel, F. Parisi & B. Depoorter (2006), 107.

respeitantes à apropriação e à cooperação[349]; mas são precisamente estes factores que podem desmentir uma perfeita simetria entre «Baldios» e «Anti-Baldios», como veremos[350].

3.8. Efeitos Distributivos

Já várias vezes terá ficado subentendido, e é altura de explicitá-lo, que, em muitas situações de «Anti-Baldios», o exercício de prerrogativas de exclusão tem meros objectivos distributivos, sem qualquer intuito de causar impactos na eficiência, e muitas vezes sem esse impacto: por exemplo, o titular que invoca as suas prerrogativas «de veto», ao reclamar um preço superior à sua própria avaliação subjectiva, pode estar a exercer um mero «*holdout*» estratégico que visa capturar uma maior fracção do bem-estar disponível a troco do «desbloqueio» – sendo que, se a pressão resultar, haverá um simples «rearranjo de fatias», e só se falhar é que a consumação da exclusão afectará o «tamanho do bolo» (embora possa sempre haver marginalmente alguma «dissipação» resultante do simples esforço de «*bluff*» e «contra-*bluff*»). Quando se fala de um puro efeito distributivo da «exclusão estratégica», o que pretende sustentar-se é que a situação é neutra em termos de optimização «paretiana», e essa é a razão pela qual se tem tido por negligenciável tal faceta dos «Anti-Baldios»[351].

Lembremos, de passagem, que as próprias considerações estratégicas têm sido subalternizadas nestas áreas – bastando recordarmos que a dimensão «trágica» resulta da ênfase na inelutabilidade racional dos processos, o que até certo ponto corresponderá a um paradigma de «jogo excluído». Nos «Anti-Baldios» pressupõe-se apenas o exercício independente e simultâneo de prerrogativas de exclusão, num mesmo ponto de um processo produtivo ou num mesmo nível de produção (por exemplo, a participação numa «*joint venture*» ou a respectiva sabotagem), podendo cada um exercer um «veto cruzado» que impedirá a produção de externalidades positivas, ou de externalidades de rede, através da utilização geral e coordenada do recurso comum – e isto tudo de uma forma que pode ser inteiramente determinista, ou seja, desprovida de deliberação ou de ponderação prévia[352].

---

[349] Vanneste, S., A. Van Hiel, F. Parisi & B. Depoorter (2006), 107-108.

[350] Ostrom, E., T. Dietz, N. Dolšak, P.C. Stern, S. Stonich & E.U. Weber (orgs.) (2002).

[351] Fennell, L.A. (2004), 27.

[352] Parisi, F., N. Schulz & B. Depoorter (2004), 178-179.

Por outro lado, pode haver deliberação não-estratégica, se porventura o que está ínsito no exercício de prerrogativas de exclusão não passa de um «*hold-in*», no sentido específico de que o bloqueio não é senão o resultado mediato do exercício de prerrogativas de exclusão por parte de um titular que atribui ao recurso um valor superior àquele que estaria disposto a atribuir-lhe aquele que pretende ter acesso[353]. Neste caso, poderá quando muito haver intratabilidade da parte de quem exclui, mas não há qualquer perda de bem-estar, qualquer compromisso de eficiência (salvo uma grave e ostensiva irracionalidade na avaliação do «bloqueador», ou um desejo perverso de exercer o seu poder em termos ineficientes, o equivalente económico de uma disposição auto-mutiladora)[354].

Note-se ainda que a intencionalidade pouco pesa na dimensão dos efeitos distributivos ou das «*deadweight losses*», já que o decisivo é a estrutura das situações, o seu potencial objectivamente «trágico»: por exemplo, a extensão da fragmentação e sobreposição de titularidades, o desperdício de complementaridades e de sinergias, será decerto muito mais extenso e insuperável se estivermos na presença de situações «sequenciais», com «*insiders*» a montante e «*outsiders*» a jusante, pois nesses casos o que temos é um «Anti-Baldio» a manifestar-se sob a forma de um estrangulamento no acesso[355], agravado pela inexistência de factores compensadores como a simetria ou a reciprocidade – e configurando, por isso, um genuíno «*holdup*»[356].

3.9. **Experimentação e Simulação de Casos**

Talvez os «Anti-Baldios» não tivessem alcançado tanta proeminência paradigmática se eles não se prestassem tão claramente à esquematização modelar, à verificação empírica, à reconstrução experimental: na essência, bastará, para que eles se verifiquem, que, num pequeno grupo suficientemente coeso, se esboce um conflito entre os incentivos privados dos diversos titulares, por um lado, e o seu interesse colectivo, por outro – em condições nas quais as decisões individuais e independentes dos titulares têm efeitos cruzados potencialmente negativos para todos, pelo que nenhum

---

[353] Parchomovsky, G. & P. Siegelman (2002), 1455ss..
[354] Fennell, L.A. (2004), 27.
[355] Schulz, N., F. Parisi & B. Depoorter (2002).
[356] Parisi, F., N. Schulz & B. Depoorter (2004), 181.

deve racionalmente perder de vista que as suas decisões podem contribuir para um incremento de bem-estar ao nível agregado[357].

Em suma, como exemplos de «dilema social», de tensão entre incentivos individuais e colectivos, os «Anti-Baldios» prestam-se sobremaneira à experimentação, à sujeição a condições iniciais artificialmente predispostas, por forma a determinar-se, com o mínimo de «ruído» de variáveis irrelevantes, as condutas prevalecentes.

Já nos referimos a várias dessas experiências e simulações; refiramos algumas outras. Numa delas, aos participantes é atribuída uma titularidade parcial sobre um recurso, envolvendo uma prerrogativa de exclusão sobre parte do recurso total, que um terceiro pretende adquirir na íntegra – e depois analisa-se a conduta de cada um dos titulares, em especial no estabelecimento dos preços que reclamam da alienação das suas fracções, em função: a) do grau de complementaridade das fracções; b) do número de fracções e titulares dessas fracções; c) das sinergias contidas no recurso fragmentado; d) do grau de incerteza conexo com os ganhos de bem-estar resultante da recomposição (emparcelamento) dos fragmentos. Entre as condições iniciais incluiu-se a da proibição de comunicação entre os participantes, de forma a aproximar a experiência do paradigma do «dilema do prisioneiro»[358].

Noutro estudo tenta determinar-se o modo como o reforço dos direitos de propriedade intelectual, seja em termos da sua multiplicação (a montante) seja do seu alongamento temporal, leva a um inequívoco, ainda que limitado, declínio no volume de publicação (e, implicitamente, de investigação), confirmando aparentemente a hipótese de que a atribuição de direitos exclusivos entrava a investigação subsequente e a difusão de conhecimento – colocando os direitos de propriedade intelectual, já não na posição de condição suficiente para a formação de um «mercado de ideias», mas, pelo contrário, na de principal obstáculo à formação e desenvolvimento desse mercado, mormente na presença de processos sequenciais e cumulativos de investigação – um entrave que só não é maior graças à persistência, em contrabalanço, de aspectos de «acesso livre» em toda a cultura científica[359].

Uma primeira conclusão que se retira de estudos como estes é a de que os «Anti-Baldios» assumem características muito diversificadas em

[357] Depoorter, B. & S. Vanneste (2004), 7.
[358] Depoorter, B. & S. Vanneste (2004), 7ss..
[359] Murray, F. & S. Stern (2005), 30.

função dos sectores de que se trata – não constituindo, pois, um efeito «puro», já que, se considerarmos os domínios da investigação científica (tema ao qual regressaremos mais detidamente adiante), evidentemente há contrapartidas no incremento de incentivos para a investigação e comercialização, dadas as possibilidades conferidas pelas prerrogativas de fruição exclusiva dos resultados da investigação[360]. Essa relativização e os contrabalanços conduzem a que não seja fácil extrair-se conclusões muito seguras em termos pragmáticos, de concretização de medidas políticas – sendo todavia que, em todo o caso, já é proveitoso que se abra uma reflexão sobre os méritos respectivos da «ciência fechada» e da «ciência aberta», tomando-as por representativas de «Anti-Baldios» e de «Baldios», e se pondere o impacto de ambos os paradigmas nos incentivos reais dos investigadores[361].

Noutros tipos de experimentação mais centrados na simetria geral dos dois paradigmas, procurou comparar-se a diversidade de atitudes de pessoas alternadamente confrontadas com situações de «Baldios» e de «Anti-Baldios», para se saber se a natureza dos «dilemas sociais» é decisiva na configuração das «disposições negociais» dos participantes. Para isso, concebe-se, por exemplo, um jogo em que, ao acaso, a cada jogador pode caber uma titularidade oposta, seja num «Baldio» seja num «Anti-Baldio», podendo por isso cada jogador acabar por encontrar-se simultaneamente em condições diversas de titularidade, e confrontado com a necessidade de negociação[362].

Dos resultados retira-se, como seria de esperar, que as disposições negociais e os preços de equilíbrio são mais elevados nos «Anti-Baldios» (quando se trata de analisar a «disposição negocial» para a venda dos direitos de exclusão) do que nos «Baldios» (quando o que está em causa é a «disposição negocial» reportada à aquisição de direitos exclusivos) – significando isso, por outras palavras, que as pessoas pedem mais pelos «Anti-Baldios» do que aquilo que recebem dos «Baldios»: um resultado já justificável em termos de «efeito de dotação», mas que possivelmente será empolado por um outro viés cognitivo dos envolvidos, que se mostrarão mais capazes de visualizar a situação de sobre-exploração dos «Baldios», a mais trivial e falada, do que a situação de sub-exploração dos «Anti-Baldios», mais ambígua e contra-intuitiva[363]. Note-se que essa

---

[360] Graff, G.D. (2005).

[361] Murray, F. & S. Stern (2005), 30.

[362] Vanneste, S., A. Van Hiel, F. Parisi & B. Depoorter (2006), 108-109.

[363] Vanneste, S., A. Van Hiel, F. Parisi & B. Depoorter (2006), 111-112, 116.

expressão mais intensa de motivações egoístas e descoordenadas no âmbito dos «Anti-Baldios» tem sido entendida, por alguns, como o mais eloquente desmentido da tão propalada «perfeita simetria» entre as duas «tragédias», servindo de fundamento para a proposta de soluções diferenciadas para elas[364].

Numa outra experimentação muito sugestiva, os participantes são convidados a simular a propriedade comum de uma floresta, e a propriedade privada de empresas que concorrem à exploração desse recurso, nomeadamente empresas madeireiras. Apresentam-se as duas situações alternativas: a dos «Anti-Baldios», com predominância de direitos de exclusão, e a dos «Baldios», com sobreposição de direitos de exploração[365].

– no primeiro caso indaga-se a disposição individual de aceitar o acesso de outrem (sejam «*outsiders*», sejam os próprios contitulares). Sabe-se de antemão que, se todos moderarem os seus preços, a probabilidade de aquisição é elevada, e que, de acordo com o modelo teórico, essa probabilidade vai diminuindo à medida que o preço médio for subindo, podendo ocorrer que uma ganância descoordenada termine numa «Tragédia de Anti-Baldios», traduzida não apenas na perda absoluta de bem-estar mas também na própria sub-remuneração da quota-parte de cada um dos titulares. Mas também se sabe de antemão, que, em contrapartida, nenhum dos participantes tem vantagem em iniciar essa estratégia de moderação de preços, procedendo a um «desarmamento unilateral» exposto a «efeitos de boleia» e a tendências «trágicas» de sentido oposto;
– no segundo caso, dos «Baldios», requer-se de cada participante que defina o rendimento que pretende extrair do recurso, dependendo do somatório das propostas dos participantes a própria viabilidade, ou sustentabilidade, do recurso. Como se sabe, até um determinado nível a probabilidade de regeneração seria máxima, mas a partir daí iniciar-se-ia, em cada intensificação da exploração do recurso, o plano inclinado que conduziria à «Tragédia dos Baldios», por se ultrapassar o limiar da insustentabilidade.

Um quadro de resultados possíveis seria[366]:

[364] Buchanan, J.M. & Y.J. Yoon (2000), 1ss.; Schulz, N., F. Parisi & B. Depoorter (2002).

[365] Vanneste, S., A. Van Hiel, F. Parisi & B. Depoorter (2006), 113-114.

[366] Vanneste, S., A. Van Hiel, F. Parisi & B. Depoorter (2006), 114-115.

Anti-Baldios		Baldios	
Se eu pedir...	Probabilidade de uso produtivo (%)	Se eu receber...	Probabilidade de regeneração (%)
0	100	0	100
5000	100	5000	100
15000	90	15000	90
25000	70	25000	70
35000	50	35000	50
45000	30	45000	30
55000	10	55000	10
60000	0	60000	0

3.10. **A Superação dos «Anti-Baldios»**

A superação dos «Anti-Baldios» reclama a sua recomposição, a sua agregação num «*bundle of rights*» utilizável, produtivo. Isso equivale a uma «privatização», que é a sucessão de um só titular a um grupo descoordenado de titulares – de modo a que o titular único (ou um gupo coeso equivalente) passe a dispor da «massa crítica» de poderes que efectivamente o habilitem a um uso razoável do recurso (verificada, é claro, a inviabilidade de uma coordenação eficiente entre titulares dispersos).

Isto abre espaço para a formação, mais ou menos espontânea (e, como veremos, mais ou menos benigna), de um «mercado de agregação da propriedade privada», procurando vencer os custos de transacção relativos à pluralidade e complementaridade de titulares independentes e às suas eventuais estratégias de «*holdout*» – não sendo de excluir que rapidamente o mercado se cinda numa vertente de transacções legais e numa vertente de transacções ilegais ou informais, estas últimas potencialmente violentas (formas de resolver impasses de fragmentação através do recurso à força, evitando que o novo titular veja toda a sua «renda de agregação» ser capturada por um dos alienantes).

Em alternativa, pode o próprio poder político promover a redefinição e a reafectação dos «*property rights*», impondo reformas e emparcelamentos susceptíveis de aumentarem a média da dimensão útil de cada unidade produtiva – ou retirando legitimidade aos titulares que se encontrem «encavalitados» naqueles de quem pode esperar-se a exploração directa e efectiva dos recursos[367]. Esta alternativa da solução extra-mercado tem no mínimo a vantagem de evitar a violência de soluções de mercado informal (ao menos no sentido de que monopoliza o uso da força), vencendo ao mesmo tempo os obstáculos que podem impedir o funcionamento de qualquer mercado de recomposição da propriedade, atentas as naturalmente muito elevadas resistências e barreiras erigidas pelos titulares dos fragmentos de «Anti-Baldios»[368]. Exploremos sucintamente estas duas vertentes.

3.10. A) **A Solução Informal**

Na sua análise do contraste entre as lojas e os quiosques moscovitas, Michael Heller sublinha que, depois de alguns entraves no início do período de transição, logo no princípio dos anos 90 o acesso ao comércio de rua foi efectivamente liberalizado – fornecendo aos quiosques uma vantagem inestimável na superação da «Tragédia dos Anti-Baldios». Os quiosques não precisavam de obter tantas licenças acumuladas, nem de reagregar num «*bundle of rights*» operativo tantas prerrogativas fragmentadas – tanto assim que rapidamente se estabeleceu uma rede empresarial de corrupção, e de protecção mafiosa, a «olear» as engrenagens dos poderes de exclusão e a vencer todas as resistências residuais[369].

Um dos argumentos que, com uma dose de realismo desencantado, pode retirar-se da situação moscovita descrita por Heller é o de que alguma complacência com contratos ilegais e corruptos pode ser a via para se evitar a «Tragédia dos Anti-Baldios» – ainda que isso implique o reconhecimento de que por essa via se chega a soluções sub-óptimas e se geram efeitos secundários, visto que não se alcança uma definição clara e estável de titularidades, como sucederia se o «*bundling*» ocorresse sob a plena tutela do Direito e com a preservação das condições legitimadoras que asseguram no longo prazo os níveis óptimos de investimento e produtividade.

É isso a que se tem assistido, aliás, desde o ponto mais alto da proliferação dos quiosques; sendo que, pouco a pouco, algumas das prerrogativas da legalidade têm vindo a ser restabelecidas, com uma crescente

[367] Cfr. Lasserre, P. & A. Soubeyran (2001).
[368] Heller, M.A. (1998), 640-641.
[369] Heller, M.A. (1998), 642-643.

redefinição das titularidades que entravavam a exploração das lojas – um aumento de elasticidade na oferta de lojas que começa a espelhar, ainda que timidamente e com alguma incerteza, o melhoramento dos dispositivos jurídicos e a pressão da concorrência. Existe contudo um efeito multiplicador que se prende com as conexões entre as titularidades: os «Anti-Baldios» nas lojas são a raiz do sucesso dos quiosques, e o adensamento de interesses informais em torno dos quiosques assegura a perpetuação dos «Anti-Baldios» nas lojas[370].

Torna-se claro que, de outra perspectiva, estamos perante um afloramento do tema mais amplo das relações entre «formalidade» e «informalidade»[371], e do tema da prevalência das soluções informais nas economias em desenvolvimento, em resultado combinado de sub-especificação de titularidades sobre recursos e de rearranjo dessas titularidades através de renegociações ilegais – um tema que é fácil de associar às teses de Hernando de Soto, e em particular às advertências deste quanto ao efeito paralisante de burocracias sobrepostas ao tecido produtivo de certos países, redundando em «tragédias» de sub-exploração de recursos[372]. Não se pense, contudo, que estamos perante problemas próprios de economias «de transição» e de economias «em desenvolvimento»: têm-se identificado variados problemas de «Anti-Baldios» em economias desenvolvidas – por exemplo, no sector da água[373].

Quanto ao mercado de habitação moscovita, os donos dos apartamentos conseguiram pôr em marcha um mercado activo e dinâmico, iniciado com uma privatização que começou por favorecer os arrendatários em detrimento de outros «*stakeholders*» tradicionais, salvo algumas prerrogativas reguladoras deferidas às autoridades centrais, de acordo aliás com o adquirido da regulação em economias não-socialistas (objectivos de urbanismo e zoneamento). Michael Heller não se esquece de sublinhar que isso ilustra o princípio de que a afectação inicial da titularidade, mesmo que seja feita de modo algo casual, não interfere na formação de um mercado através do qual os recursos circulam com elevado grau de eficiência e de espontaneidade[374].

---

[370] Heller, M.A. (1998), 645-647.
[371] Heller, M.A. (1998), 644.
[372] De Soto, H. (2000).
[373] Libecap, G.D. (2005).
[374] Heller, M.A. (1998), 648-649.

Noutras formas comunitárias de habitação, as já mencionadas «*komunalkas*», a superveniente privatização acabou por atribuir direitos de uso pleno mas apenas limitadas prerrogativas de exclusão, dado subsistirem serviços comuns indispensáveis para o conforto dos respectivos titulares. Essa partição limitada de direitos deu origem a um «Anti-Baldio espacial» (dir-se-ia, um «semi-Anti-Baldio»), no qual o uso ilimitado de parte do recurso esbarra com necessidades de coordenação no uso de outra parte do recurso, gerando uma tensão pontual entre os titulares, uma espécie de tensão entre interesses centrífugos e prerrogativas centrípetas[375].

Nestes casos das «*komunalkas*», cada um dos envolvidos passa a dispor de um poder monopolístico que se pode reflectir num poderoso e determinante «*holdout*», um obstáculo decisivo contra qualquer reagregação, contra qualquer utilização eficiente do recurso. O «*holdout*» nas «*komunalkas*» é facilmente explicável: suponha-se que há seis fragmentos e que cada fragmento vale isoladamente 25 mil dólares (num total de 150 mil, portanto). Suponha-se que cinco já venderam e receberam um total de 125 mil dólares. Se o sexto souber que o valor de mercado da propriedade agregada é de 500 mil dólares, ele pedirá pela sua fracção algo aproximado a 375 mil dólares (500 mil – 125 mil), tentando «capturar» o ganho do adquirente. Quanto mais numerosas, fragmentadas ou sobrepostas forem as titularidades, mais hipóteses haverá de «*holdout*», neste caso a manifestação mais radical da prevalência das prerrogativas individuais de exclusão[376].

Cada titular passa, pois, a ter a motivação míope de captura no curto prazo dessa «renda de reagregação» (um «*bundling surplus*»[377]), o que por seu lado explica que muitas vezes se tenha contraposto ao «*holdout*» uma atitude de intimidação e de violência contra os titulares recalcitrantes: os habitantes das «*komunalkas*», participantes nesses «Anti-Baldios espaciais», ficaram perigosamente expostos a situações extremas de predação por parte de «empresários-privatizadores»: alguns «homicídios aleatórios» anunciaram a toda a população moscovita a disposição das novas «mafias» de superarem a qualquer preço todos os obstáculos colocados pelos habitantes das «*komunalkas*» – não podendo ignorar-se o peso que, nessa agressividade «expropriadora», teve o valor da renda a obter-se com a priva-

[375] Heller, M.A. (1998), 651.

[376] Mais amplamente, Zhu, J. (2005).

[377] Heller, M.A. (1998), 653, também ele com um exemplo quantificado do que pode ser a «renda de reagregação», a «equação» do «*property bundler*».

tização dessas «*komunalkas*», a sua conversão à propriedade horizontal, dada a situação privilegiada da maior parte dos imóveis em que elas se encontravam instaladas[378]. Com algum conformismo ingénuo, reconheceríamos que, tratando-se de «Anti-Baldios espaciais» e não de «Anti-Baldios jurídicos», a sua superação sugeria também uma solução puramente «factual», sem necessidade de grandes rearranjos formalizados[379].

Além disso, se a «Tragédia dos Anti-Baldios» foi mais pronunciada nas lojas moscovitas do que nas «*komunalkas*», isso não se deveu apenas à maior homogeneidade e atomicidade dos habitantes destas últimas, a fragilizar-lhes o «poder de bloqueio». É que havia maior acumulação de titularidades sobre as lojas, já desde o tempos «pré-transição», e além disso essas titularidades permitiam mais facilmente representar-se o valor da renda capturável com a reagregação das titularidades fragmentadas e a exploração genuinamente privada das lojas. Estas as principais razões pelas quais, enquanto a privatização das «*komunalkas*» avançava a bom ritmo (pela boas e pelas más razões), as lojas continuaram vazias[380].

Em suma, dir-se-á que a «economia de transição» russa conduziu em diversos domínios (já referimos o comércio retalhista e a habitação) à multiplicação de pequenos e ineficientes poderes monopolísticos, generalizando relações de «*rent-seeking*»[381] e deixando sectores inteiros da actividade económica à mercê das ineficiências da sobre-titularidade e das eficiências da «informalidade» e da «protecção mafiosa»[382].

3.10. B) **Soluções Formais**

Quanto à vertente das soluções formais, já referimos que não faltam, ao longo da história, exemplos de regimes que, reagrupando fragmentos de titularidades e redefinindo «acervos de direitos», visaram assegurar a exploração incondicionada de recursos – em especial evitando as hesitações e as ambiguidades que, nas «economias de transição», asseguraram a coexistência de titularidades que se deviam ter sucedido no tempo.

---

[378] Heller, M.A. (1998), 654, 656.

[379] Heller, M.A. (1998), 656.

[380] Heller, M.A. (1998), 658.

[381] Pistor, K. (1998), 607ss..

[382] Braguinsky, S. (1999), 519, 521, 524.

São regimes que, na boa lógica «coaseana», emergem da constatação de que, em diversos contextos, não pode confiar-se a nenhum automatismo de mercado o equilíbrio de uso e exclusão que se associa abstractamente à apropriação privada – exigindo-se por isso outras salvaguardas institucionais, como, por exemplo, regimes de prescrição, de extinção por não-uso, de emparcelamento, de reordenamento, de sucessões[383].

Reconheça-se a dificuldade do processo: dada a «viscosidade» do processo unidireccional de fragmentação, os titulares apegar-se-ão aos recursos sob seu poder directo, ainda que seja de prever que as suas decisões variem conforme estejamos perante «*property rules*» ou perante «*liability rules*». Se dominam as «*liability rules*», a fragmentação será menos obstinada porque se conhecem os relativamente menores custos de reagregação dos fragmentos, confiadas a um poder adjudicador *ex post*. Se, ao invés, predominam as «*property rules*», a fragmentação torna-se muito mais problemática, dada a maior dificuldade de reafectação pela via da negociação posterior.

Com efeito, é com «*property rules*» que os custos de transacção poderão obstar à reafectação eficiente de recursos – e daí a intuição de Calabresi e Melamed que, nessas situações em que presumivelmente pulularão externalizações e «*holdouts*» a tirarem proveito de viscosidades e outros custos de transacção, é mais eficiente recorrer-se a meras «*liability rules*»; a menos que se constate que, numa determinada situação, os «Anti-Baldios» provocarão tão graves perdas absolutas de bem-estar que passa a justificar-se o regime mais drástico de todos, o da inalienabilidade[384].

Impõe-se, tudo visto, uma nota de cauteloso cepticismo: a fragmentação de interesses em contextos de interdependência é uma inevitabilidade, sendo como é um indício seguro da complexidade de ambientes plurais e competitivos. Por isso, resolver um problema de fragmentação, mesmo que não suscite questões de justiça distributiva, frequentemente gerará um outro problema de fragmentação, pelo que, realisticamente, uma comunidade está limitada à opção pelo modo de fragmentação menos nocivo, quando tem que lidar com recursos comuns.

É neste sentido que os problemas de «Baldios» e «Anti-Baldios» se ligam à teoria de Calabresi e Melamed – uma conexão transparente quando se percebe que as «tragédias» umas vezes se configuram como um pro-

---

[383] Parisi, F., N. Schulz & B. Depoorter (2005), 587.

[384] Parisi, F., N. Schulz & B. Depoorter (2005), 586-587.

blema de «*holdout*», a principal complicação com que se defronta a aplicação de «*property rules*», e outras vezes se configuram como exemplos de condutas mal avaliadas em termos de preços, a principal complicação com que se deparam as «*liability rules*»[385].

Esquematicamente, diríamos que na «Tragédia dos Baldios» predominam condutas mal avaliadas em termos de preços, gerando uma subestimação colectiva das externalidades negativas que reciprocamente se impõem uns aos outros os envolvidos; e que na «Tragédia dos Anti-Baldios» predominam extensos «*holdouts*» assentes no excesso de concentração de «*property rules*» referidas a um mesmo recurso.

Ressalta mais uma vez a simetria: se procurarmos resolver «Anti-Baldios» com recurso a «*liability rules*», há o risco de tornarmos a transferência de recursos demasiado fácil, baixando demasiado o preço e abrindo caminho à contraposta «Tragédia dos Baldios».

Regressando ao plano dos incentivos racionais e das estratégias dominantes, observaríamos ainda que uma pessoa que está protegida por uma simples «*liability rule*» gostaria de poder bloquear as prerrogativas que conflituem com o gozo da sua titularidade – mas esse bloqueio reclamaria uma aquisição susceptível de configurar um «Anti-Baldio» (teria que comprar todos aqueles cujas pretensões se apresentassem como prerrogativas apoiadas em «*property rules*»). Vista deste prisma, a opção entre «*property rules*» e «*liability rules*» pode contribuir tanto para a agudização das tensões como para o seu reequilíbrio[386].

Finalmente, não retiraremos conclusões muito peremptórias por causa daquilo que adiante referiremos a propósito da «Anti-Propriedade» e da «Comédia dos Anti-Baldios»: nunca é de excluir que, em função de uma ponderação complexa das circunstâncias, haja o intuito de criar deliberadamente «Anti-Baldios», não já como forma de perpetuar distorções distributivas ou como forma de multiplicar irresponsavelmente benesses, mas como meio de assegurar uma «exclusão eficiente» cometida à vigilância de titulares locais – podendo até admitir-se um resultado intermédio, a formação de «Semi-Baldios» (ou de «Anti-Baldios espaciais») em que a gestão sustentável de recursos fica confiada a uma dimensão aceitável de «*insiders*» legitimados[387].

---

[385] Fennell, L.A. (2004), 63.
[386] Fennell, L.A. (2004), 79.
[387] Heller, M.A. (1998), 658-659.

4. A SIMETRIA DAS SITUAÇÕES

Na quarta parte, coloca-se a questão da simetria das duas situações, de «Tragédia dos Baldios» e de «Tragédia dos Anti-Baldios», recentrando o problema no equilíbrio, no seio da apropriação privada e colectiva, entre privilégios de uso e direitos de exclusão. Reponderam-se os paralelismos em termos de efeitos da apropriação numa situação e na outra, de implicações «trágicas» em ambas – para se concluir pela existência de algumas assimetrias, mormente no que respeita à margem adicional de oportunismo propiciada pelos «Anti-Baldios».

4.1. **A Formalização Básica de Equilíbrios**

Uma forma simples e intuitiva de realçarmos a fundamental simetria entre as tendências para «Baldios» e «Anti-Baldios» é a de representarmos graficamente as duas situações em termos do binómio «preços / quantidades»[388]:

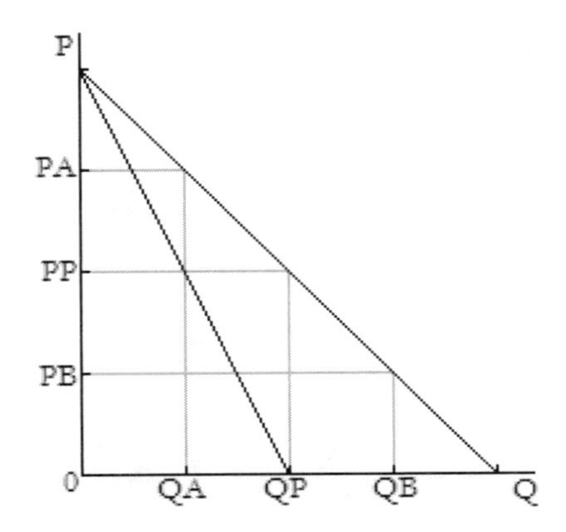

[388] Stewart, S. & D.J. Bjornstad (2002).

(P – preços; Q – quantidades; PA – preços nos «Anti-Baldios»; PP – preços na propriedade privada; PB – preços nos «Baldios»; QA – quantidades nos «Anti-Baldios»; QP – quantidades na propriedade privada; QB – quantidades nos «Baldios»).

Ilustremos uma asserção que de outro modo poderia soar demasiado complexa, ou bizarra até: a de que, apesar das definições, é possível identificar-se situações de sobreuso em «Anti-Baldios» e de sub-uso em «Baldios»; bastando, no primeiro caso, que o exercício de prerrogativas de exclusão seja ineficiente, por exemplo demasiado oneroso para os titulares (conduzindo a que cada um tente ir à boleia do esforço de exclusão iniciado por outros); e bastando, no segundo, que o acesso seja igualmente ineficientemente oneroso, conduzindo ao abandono espontâneo dos «Baldios» à apropriação privada. Todavia, essas situações particulares não negam a tendência trágica que se verifica quando há elevados custos de transacção, condutas estratégicas e informação imperfeita; apenas indicam que, excepcionalmente, a tendência será para a «gravitação espontânea» em direcção à propriedade privada, já não em direcção às «tragédias» (no gráfico, uma convergência de PA e QA para PP e QP e de PB e QB para PP e QP, e não a nossa conhecida divergência, num sentido ou noutro, a partir de PP e QP)[389].

Representemos agora separadamente cada uma das tendências divergentes, e potencialmente «trágicas», começando pelo caso dos «Baldios»[390]:

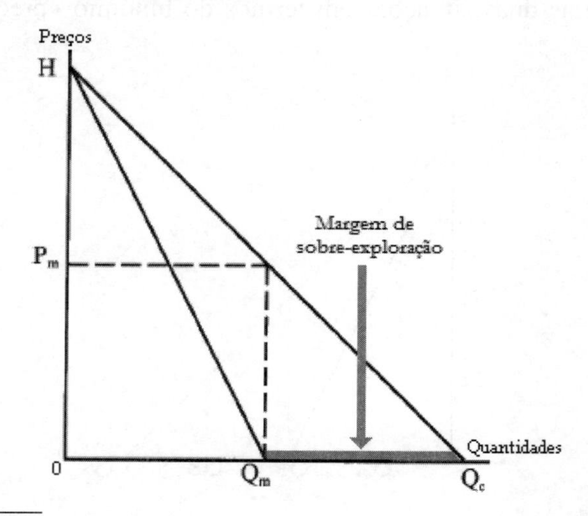

[389] Heller, M.A. (1998), 676.

[390] Buchanan, J.M. & Y.J. Yoon (2000), 5-6.

Neste caso dos «Baldios», o valor marginal do acesso (HQm – com o correspondente valor médio HQc) é função do número de participantes. A um preço zero (0), a utilização crescerá até Qc, dissipando o recurso, enquanto que se houvesse um único titular o uso ficaria pelo nível Qm, com rendas maximizadas através de um preço não-zero (Pm), rendas revertendo exclusivamente para o titular único. O acesso livre conduzirá a um nível de utilização superior a Qm, provavelmente um equilíbrio de Nash algures entre Qm e Qc, dependendo do número de envolvidos.

Recordemos que nos «Anti-Baldios» o condicionamento do acesso à obtenção simultânea de autorizações independentes é que aponta para o sub-uso, mas que por isso também aí, ainda que pelas razões inversas, o desperdício será tanto maior quanto maior o número de envolvidos[391]:

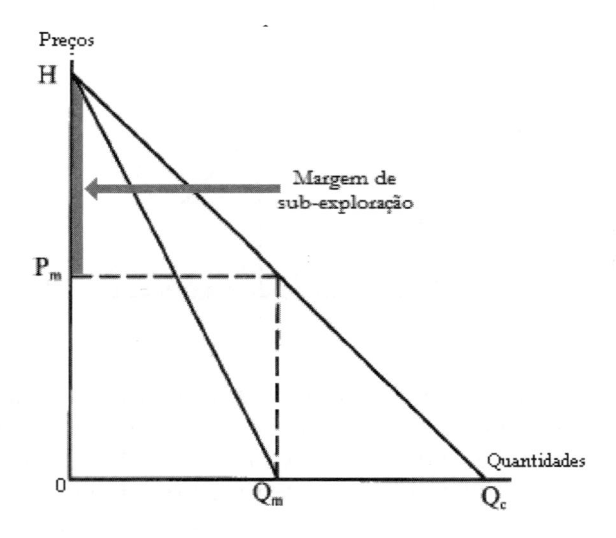

Diremos agora que o problema dos «Anti-Baldios» respeita a situações em que as quantidades envolvidas estão abaixo de Qm e os preços acima de Pm. Admitir-se-á um equilíbrio de Nash algures entre Pm e H, mas não é impossível que o preço do recurso atinga o nível H, um nível proibitivo para todos os pretendentes ao acesso, redundando no sub-uso total[392] – uma situação que, insistamos, há-de estar directamente

[391] Buchanan, J.M. & Y.J. Yoon (2000), 5

[392] Buchanan, J.M. & Y.J. Yoon (2000), 7.

correlacionada com o número de envolvidos, com o grau de sobreposição e com a complementaridade das titularidades[393].

Combinemos as duas representações separadas, e temos[394]:

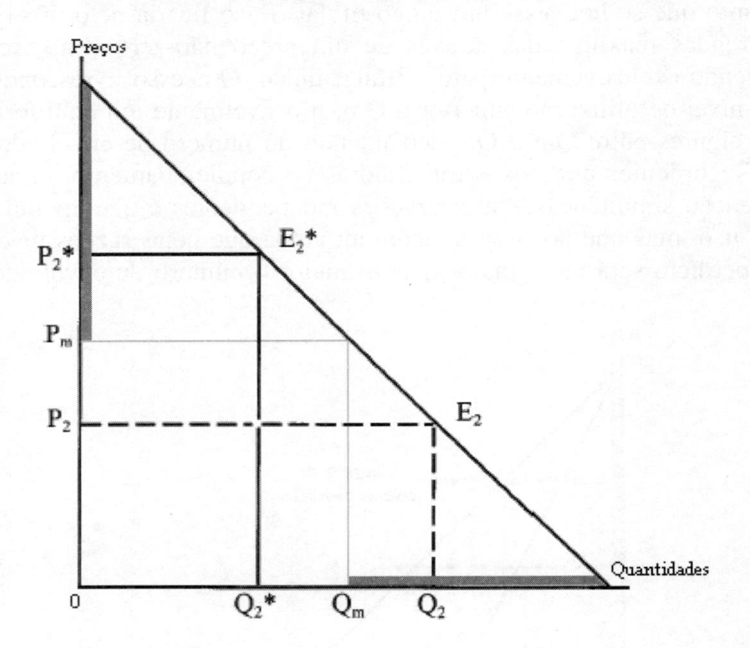

Diremos agora que, nestas condições, é possível um equilíbrio de Nash em E_2*, sendo que cada um dos titulares das prerrogativas de exclusão partilha o total de renda em jogo (a área P_2* E_2* Q_2* 0). Por outro lado, fácil é configurar-se uma simples simetria entre equilíbrio de sub-uso, E_2*, e equilíbrio de sobreuso, E_2, neste segundo caso uma situação em que, como sabemos, dois titulares têm em comum prerrogativas de acesso e uso superiores a prerrogativas de exclusão que existam, partilhando um outro total de renda, mesmo em resultado sub-óptimo das suas atitudes não-cooperativas (a área P_2 E_2 Q_2 0).

A simetria das situações pode ainda ser graficamente esquematizada olhando-se apenas para a extensão dos pressupostos, mais propriamente para o número de titulares[395]:

---

393 Abramovitch, D. (2002), 16.

394 Buchanan, J.M. & Y.J. Yoon (2000), 7.

395 Buchanan, J.M. & Y.J. Yoon (2000), 8.

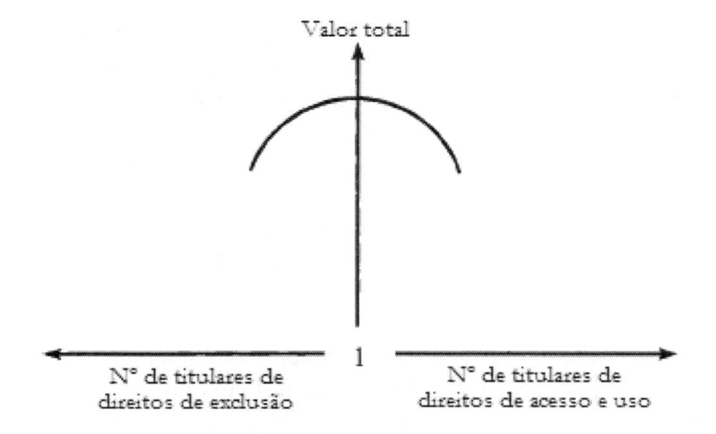

O esquema ilustra bem que a maximização do valor total do recurso reclama uma coordenação entre titulares dos direitos de exclusão, por um lado, e titulares de direitos de acesso e uso, por outro – e até eventualmente uma coligação estável entre todos, denotando o desperdício que pode acarretar qualquer concorrência entre eles, mesmo que se consiga travá-la num equilíbrio não-cooperativo, antes da inutilização total do recurso[396].

Se quiséssemos ir um pouco mais a fundo na análise dos pressupostos teóricos, diríamos que a simetria básica não desmente a existência de algumas «nuances» e variantes nos fundamentos. Por exemplo, o excesso dos direitos de acesso sobre os direitos de exclusão aponta para um equilíbrio entre as partes que é similar ao do duopólio Cournot-Nash; se a situação é a inversa, chega-se a um equilíbrio de Nash; duas situações teoricamente distintas no seu desenho formal, de facto, mas ambas espécies de equilíbrios concorrenciais não-cooperativos, ambas causadoras de resultados sub-óptimos[397].

No primeiro caso, o duopólio Cournot-Nash designa o desfecho paradigmático da concorrência, da vontade de maximização na exploração de recursos por parte de intervenientes independentes cuja conduta representa um limite insuperável aos objectivos maximizadores de cada um deles. Se, em vez de cada utente procurar a maximização imediata dos seus lucros nivelando os rendimentos marginais com os custos *médios*,

[396] Buchanan, J.M. & Y.J. Yoon (2000), 8.
[397] Buchanan, J.M. & Y.J. Yoon (2000), 9-10.

todos eles tivessem acordado em nivelar os rendimentos marginais pelos custos *marginais* (como espontaneamente o faria um titular monopolista), a sustentabilidade e a eficiência na utilização do recurso comum teriam sido melhor asseguradas. Simplesmente, a descoordenação, natural ou induzida, impede esse resultado óptimo para os envolvidos num «Baldio»: natural por causa dos incentivos e efeitos enviesados que já temos referido; induzida quando prevaleçam outros valores, sejam os objectivos da «anti-cartelização», seja a preservação de alguns recursos em condições duradouras de subutilização.

No segundo caso, o «equilíbrio de Nash» a que se chega nos «Anti-Baldios» resulta do facto de a maximização dos ganhos individuais se alcançar através do exercício da prerrogativa de excluir outros e restringir o uso – procurando assegurar uma exploração artificialmente restrita, seja para gozar das rendas directamente causadas pela restrição, seja para obter a renda através da alienação da prerrogativa de exclusão – e isto mesmo que o recurso comum esteja muito aquém do limiar da rivalidade no consumo, provocando uma subida de preços por restrição da oferta que acaba por ser desvantajosa, mas que a descoordenação novamente torna inevitável[398].

A simetria das tragédias é, afinal, a simetria do desalinhamento «externalizado» entre incentivos privados e interesses colectivos no que respeita a recursos comuns – em resultado de discrepâncias potenciadas pela multiplicação de titulares – sendo resultado directo dessa multiplicação, não sendo necessário postular-se uma «falha», por exemplo uma insuficiência na definição de «acervos de direitos», como chegou a supor-se que estivesse na origem das «tragédias»[399].

Que os resultados «trágicos» são, afinal, resultados não-patológicos na sua génese, mas simples corolários da fragmentação e divisão de poderes, pode ser ilustrado com uma classificação de quatro protótipos de «Baldios» e «Anti-Baldios», assentes na existência, em alternativa, de bens sucedâneos ou de bens complementares, gerando externalidades negativas os primeiros, gerando externalidades positivas os segundos, mas todos apontando para desfechos sub-óptimos[400]:

---

[398] Abramovitch, D. (2002), 16.

[399] Parisi, F., N. Schulz & B. Depoorter (2005), 583-584.

[400] Parisi, F., N. Schulz & B. Depoorter (2005), 584-585.

	Sucedâneos (externalidades negativas)	Complementos (externalidades positivas)
Uso	Baldios (do tipo Hardin)[401]	Anti-Baldios (do tipo Michelman--Heller)[402]
Exclusão	Baldios (do tipo Bertrand)[403]	Anti-Baldios (do tipo Buchanan--Yoon)[404]

4.2. **Uma Representação «Bidimensional»**

Mais do que uma vez insistimos na vantagem que há de não se polarizar e tornar demasiado rígida a dicotomia entre as duas tendências «trágicas», sendo preferível adoptar-se o entendimento de que existe um contínuo de formas de apropriação e partilha entre esses dois extremos, com graus variáveis de exclusão e de exploração (um contínuo que, repete-se, poria em cheque as tradicionais fronteiras entre Propriedade Privada, Pública, Cooperativa, e outras).

Além disso, já a propósito dos «Semi-Baldios», e depois disso em relação aos «Anti-Baldios espaciais», concluímos que tão decisivo como o elenco de poderes ínsitos em cada situação concreta e em cada «acervo de direitos» pode ser outro factor, o da própria dimensão do recurso colectivamente apropriado ou colectivamente disputado, já que disso dependerão as dimensões comparadas da massa de «*insiders*» e de «*outsiders*» definidos por referência ao recurso comum.

Esta última ressalva sugeriu, de resto, uma muito interessante, e fértil, representação «bidimensional» do problema[405]:

[401] Hardin, G. (1968), 1243ss..
[402] Michelman, F.I. (1967), 1165ss.; Heller, M.A. (1998), 621ss..
[403] Cfr. Araújo, F. (2005), 378ss..
[404] Buchanan, J.M. & Y.J. Yoon (2000), 1ss..
[405] Hsu, S.-L. (2002).

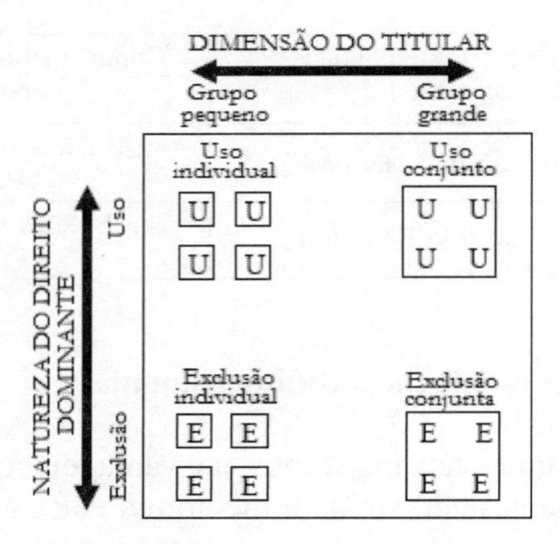

Esta representação bidimensional bastará para demonstrar que a ideia inicial de Michael Heller, de que haveria um contínuo (unidimensional) entre os extremos de «Baldios» e «Anti-Baldios», é algo limitada. As quatro formas graficamente representadas (uso individual e conjunto, exclusão individual e conjunta) polarizam os «*property rights*» de modo mais amplo e dúctil, sendo que cada forma concreta de «acervo de direitos» tende a exibir uma mistura de características destes vários pólos.

Pense-se, por exemplo, que uma apropriação colectiva será mais ou menos eficiente em função do universo de contitulares: se esse universo for muito vasto, o recurso pode tornar-se tão ingerível como o seria se não fosse pura e simplesmente apropriado por ninguém (embora possa sempre admitir-se a interposição de estruturas de «governo», a vencerem a descoordenação e outros custos de transacção).

Incluamos quatro formas básicas de apropriação dentro desta matriz bidimensional:

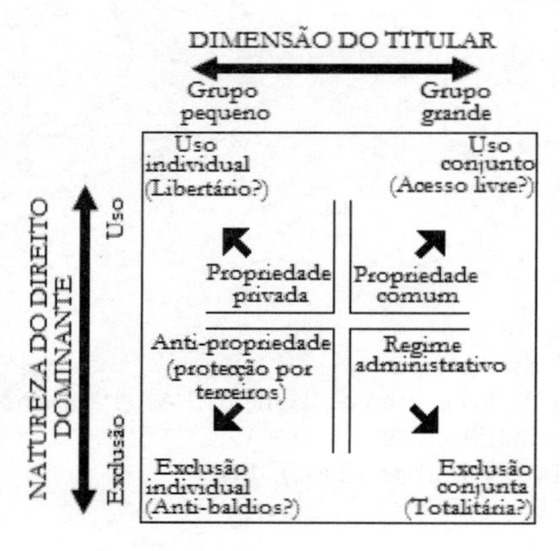

Nesta representação, diremos que a propriedade comum se aproxima do uso conjunto mas fica aquém dela (não há titularidade universal nem uma agregação absoluta de prerrogativas de uso): havendo um pouco de exclusão e alguma restrição no universo de titulares, diríamos que se situa a sudoeste do uso conjunto; sem ir aos limites máximos, a propriedade comum permite já economias de escala e a dispersão de risco, ao mesmo tempo que preserva algum «conhecimento local».

Por seu lado, a propriedade privada aproxima-se do uso individual mas é menos extrema: a titularidade pode estar parcialmente fragmentada entre várias pessoas; por outro lado, pode haver compropriedade relativamente a alguns recursos, e não são de excluir interferências externalizadoras. Diríamos pois que a propriedade privada se encontra a sudeste do uso individual.

Um «regime administrativo» aproximar-se-á da exclusão conjunta, mas ficará aquém desta: proíbem-se alguns usos, mas não todos, ou os usos são apenas parcialmente proibidos, isto é, são restritos: uma autoridade administrativa exerce um poder centralizado de exclusão, mas esse poder é exercido em nome de interesses maioritários, não tendo por isso um alcance universal – e por isso situaremos esse regime administrativo a noroeste da exclusão conjunta.

Finalmente podemos conceber um regime de «protecção por terceiros» («*third-party protection*»), aquilo que designaremos adiante como «Anti-Propriedade»: evita-se o extremo da exclusão individual, que conduz com demasiada facilidade ao «Anti-Baldio», e consegue-se isso admitindo alguns usos ao mesmo tempo que se confere, a alguns dos envolvidos, certos poderes limitados de exclusão ou veto – resultando daí que esse regime de «protecção por terceiros» se situará, na matriz bidimensional, a nordeste do uso exclusivo[406].

A busca de formas intermédias, mitigadas, reflectindo equilíbrios de interesses e conciliações de poderes, fica enriquecida com uma nova polaridade, visualizável dentro desta matriz bilateral: de um lado os «Baldios Liberais», do outro a «Propriedade Regulada». No primeiro caso:

---

406 Hsu, S.-L. (2002).

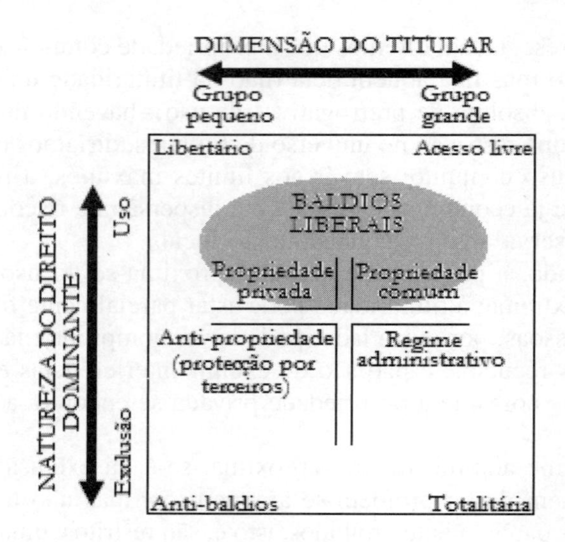

Os «*liberal commons*» (a que voltaremos adiante) combinam aspectos de Propriedade Privada e Comum, permitindo economias de escala ao mesmo tempo que, preservando a prerrogativa individual de alienabilidade, de saída sem sacrifício dos investimentos feitos (sem barreiras de saída), garantem alguma autonomia aos participantes[407]. No fundo, trata-se de assegurar um equilíbrio de prerrogativas e de limitações dentro de um «acervo de direitos» em relação ao qual seria possível «votar com os pés», ao estilo de Charles Tiebout, algo de similar com o que é comum nos condomínios habitacionais – ganha-se com alguns aspectos favoráveis da Propriedade Comum, mas ninguém fica prisioneiro de uma coligação ou de uma indivisão quando é preferível a solução fragmentada e a conduta individualista.

No segundo caso, conceber-se-á uma área de «propriedade regulada», um compromisso entre proibição credível e exclusão eficiente, por um lado, e permissões de uso e alienabilidade, por outro; e pode ser também ela representada na matriz bidimensional[408]:

---

[407] Cfr. Dagan, H. & M.A. Heller (2001), 549ss..
[408] Hsu, S.-L. (2002).

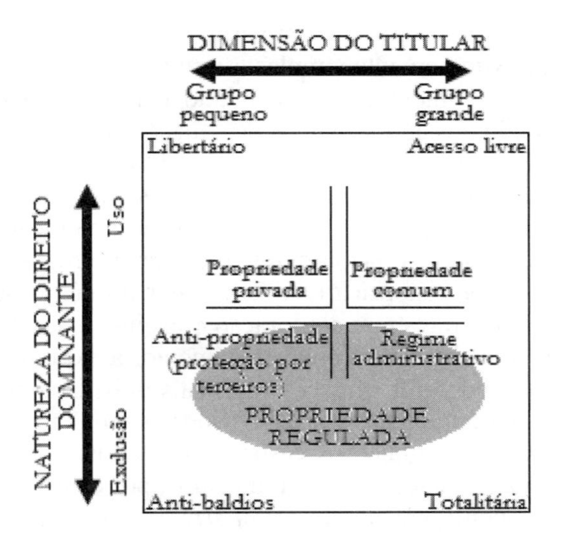

Temos assim que esta representação sugere tendências polarizadoras mitigadas nos vários regimes possíveis de apropriação, sem poder dizer-se que legitima demarcações estanques e muito rigorosas – ao mesmo tempo que permite comparações directas de vantagens e inconvenientes envolvidos na transição de umas áreas para outras.

4.3. **Um Regresso aos Limites da Propriedade**

O tema da simetria das «tragédias» motiva muito naturalmente um regresso ao tema inicial das «fronteiras da propriedade», que, como se recordará, já explicitava muito claramente essa simetria. O ponto a realçar agora é que, no intuito de Michael Heller, a ênfase na hipótese dos «Anti-Baldios» visou advertir para a assimetria que se tinha gerado com a atenção dispensada à «Tragédia dos Baldios» – entendendo Heller que, concentrando-se exclusivamente nas «fronteiras» entre a Propriedade Privada e os «Baldios», a teoria contribuía para deixar criticamente expostas as fronteiras entre a Propriedade Privada e os «Anti-Baldios»[409].

[409] Heller, M.A. (1999), 1188-1189. Cfr. Munzer, S.R. (2005), 154ss..

Ainda que a esquematização (em particular em termos de representação gráfica) seja extremamente simples e intuitiva, correspondendo a um «esqueleto analítico» inteiramente adequado para situações extremas e prototípicas, quando nos aproximamos de situações reais, mais complexas e mitigadas, descobrimos que as «fronteiras da propriedade» perdem a sua nitidez e podem tornar-se problemáticas. Bastará pensarmos que, em situações de forte interdependência no acesso e exploração de recursos comuns, a rivalidade no uso faz com que todas as prerrogativas de acesso e de exploração acabem por acarretar um poder implícito de exclusão – esbatendo-se as fronteiras entre exploração e exclusão, visto que o utente marginal está já a excluir, por congestionamento, a exploração por parte de outros; não havendo, por ironia, forma mais drástica e permanente de exclusão do que o esgotamento por sobreuso (já sublinhámos que o resultado final pode ser, em ambos os casos, o da exclusão generalizada).

O problema agrava-se, como já indicámos, por causa da fluidez com que se admite a configuração de «*property rights*», dificultando uma demarcação «forte» como a que tradicionalmente se estabeleceria entre «direitos» e «interesses juridicamente protegidos», ou entre «propriedade» e «direitos reais menores», subalternizando os segundos em ambos os casos (pense-se também na dicotomia Hohfeldiana entre «direitos» e «privilégios»): numa colisão entre complexos e diferenciados «acervos de direitos», não é evidente quem cede perante quem – e as vantagens de uma titularidade maleável dão lugar a embaraçosas ambiguidades e impasses[410].

Mais uma razão para seguirmos a advertência de Michael Heller, reconhecendo que nesse ambiente mais ambíguo é fácil perder de vista as contra-indicações de cada «remédio». Para evitá-lo, há que lembrar que «Baldios» e «Propriedade Privada» não são realidades contíguas[411]:

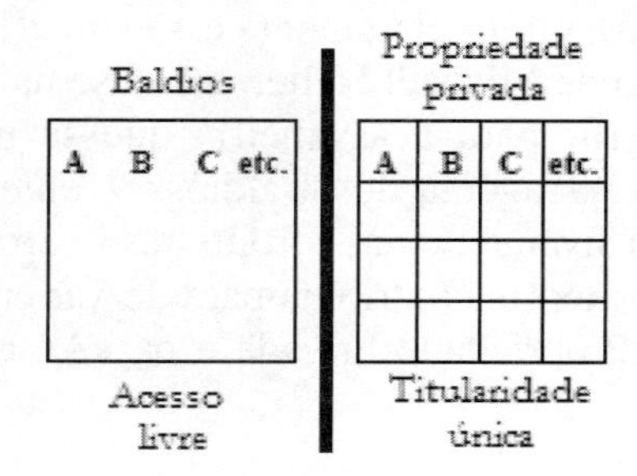

[410] Fennell, L.A. (2004), 35.
[411] Heller, M.A. (1999), 1194-1195.

Impondo-se reconhecer antes que, entre ambas, se encontra a categoria que designámos já por «Baldios de acesso limitado», de que o exemplo mais proeminente é o dos «Semi-Baldios»[412]:

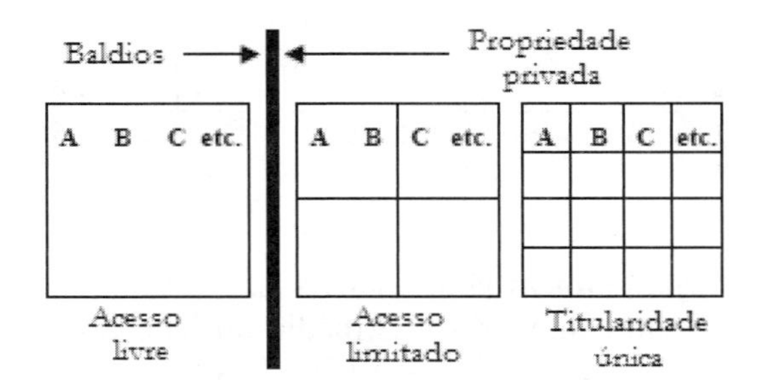

Para lá de se concluir que o conceito de «Baldios» não designa uma realidade monolítica, mas antes um conjunto de situações com implicações muito diversas – bastará pensarmos que a simples limitação do acesso pode significar já a superação de tendências «trágicas» –, daqui se retira também a conclusão de que a «titularidade única» na propriedade privada não trava um combate directo com os «Baldios», não tem que ser protegida por remédios tão fortes[413]: e, talvez mais importante, que seria uma falsificação conceptual e histórica, uma pura inversão dos termos, apresentar a propriedade privada como um expediente unicamente concebido para resolver os problemas emergentes do «acesso livre».

Para reforçar essa ideia, Michael Heller enfatiza também as incidências da simetria de situações – no fundo, para advertir que, mesmo que houvesse que travar um combate encarniçado directamente entre a titularidade única e o acesso livre, mesmo que a alternativa à apropriação individual fosse sempre uma «tragédia» potencial, mesmo assim haveria que acautelar os efeitos de «excesso de remédio», os efeitos, não menos «trágicos», da sobre-apropriação dos recursos comuns. É isso que essencialmente se desprende da simetria consagrada no «*boundary principle*», cuja representação gráfica apresentamos de novo[414]:

412 Heller, M.A. (1999), 1195-1196. Cfr. Smith, H.E. (2000), 131ss..
413 Heller, M.A. (1998), 672.
414 Heller, M.A. (1999), 1198.

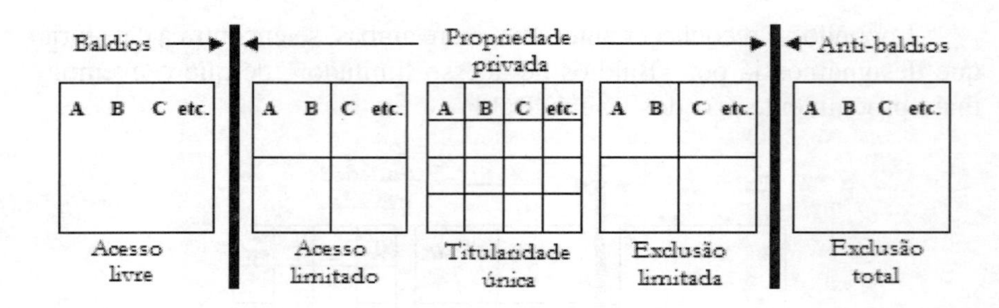

Outra simetria, também já assinalada, se retira deste esquema – e é a interposição de uma categoria intermédia do lado dos «Anti-Baldios» (de que demos como exemplo os «Anti-Baldios espaciais» – um exemplo entre muitos possíveis de liberdade de acesso mútua entre «*insiders*» acompanhada de uma «barreira exterior comum» para os «*outsiders*»)[415].

Michael Heller vai mais longe, e explora corolários do «*boundary principle*» em matéria de «alienabilidade» e de «inalienabilidade». À tese básica de que a alienabilidade irrestrita reforça o valor da propriedade pode contrapor-se a noção de que há pelo menos duas formas de alienabilidade:

- uma que se revela nas transacções de mercado e se concentra num «valor de mercado», limitando as opções do titular em nome da preservação desse valor de mercado da propriedade (o valor de troca do recurso, globalmente analisado);
- outra que se analisa em poderes de fragmentação e de negociabilidade separada dos resultantes fragmentos.

A primeira dessas formas de «alienabilidade» reclama «salvaguardas anti-fragmentação» e incentivos de «reagregação» de recursos fragmentados; a segunda reclama que se mantenha aberta a opção de fragmentação, de secessão entre «*insiders*», de saída da indivisão.

Entre as primeiras, as «salvaguardas anti-fragmentação», poderão contar-se dois «viezes pró-mercado» a serem adoptados por um adjudicador, um hetero-regulador: por um lado, uma atitude de abstenção, de não-intervenção, que não interfira nas vias de circulação dos recursos e por isso facilite a respectiva alienação; por outro lado, um «viés de internalização» que, não interferindo nos efeitos distributivos das trocas, incen-

---

[415] Heller, M.A. (1999), 1198-1199.

tive os titulares alienantes (e também os adquirentes, que perceberão que, graças às salvaguardas anti-fragmentação, os recursos lhes chegam com uma dimensão susceptível de exploração à «escala de eficiência»[416]).

É em relação às segundas, as «salvaguardas pró-fragmentação», que ganha especial relevância o «*boundary principle*», já que ele permite delinear os princípios de governação complexa entre «*insiders*» como um contínuo de soluções de maior ou menor fragmentação ou reagregação, de maior ou menor separação ou sobreposição, entre titularidades – enfatizando as funções da propriedade privada como propiciador, já não somente da «alienabilidade no mercado», mas também, e sobretudo, de soluções de «governo» de interesses partilháveis[417].

Ora, insiste Michael Heller, verifica-se que o ambiente jurídico nem sempre tem sido suficientemente sensível à necessidade de demarcação e prevenção contra os «Anti-Baldios», optando antes por uma extrema generosidade no reconhecimento de direitos, titularidades, legitimidades que se vão sobrepondo aos recursos e imperceptivelmente vão agravando o risco de desperdício por subutilização (por exemplo, «polvilhando» de direitos aquilo que, sem esses poderes de bloqueio, poderia converter-se numa rede produtiva de «externalidades de rede», isto é, de ganhos de inclusão do maior número possível de participantes, ou poderia permitir alcançar economias de escala – converter-se numa «Comédia dos Baldios», em suma)[418].

Note-se, de passagem, que Heller avança neste ponto com uma proposição algo controversa: a de que o «*numerus clausus*» em direitos reais teria por função principal, mesmo que não deliberadamente, limitar os «Anti-Baldios»[419]. Tem-se contraposto a esse argumento um outro: o de que o «*numerus clausus*» limita os tipos de apropriação, a amplitude da respectiva taxonomia, mas não evita a fragmentação dentro de cada tipo em particular, sobretudo quando passa a admitir-se que cada tipo se funde em «acervos de direitos» de conteúdo variável. Os subscritores deste contra-argumento preferem, por isso, enfatizar a já referida poupança em custos de informação que o «*numerus clausus*» propicia[420].

---

[416] Heller, M.A. (1999), 1217-1218.
[417] Heller, M.A. (1999), 1200-1202.
[418] Heller, M.A. (1999), 1203-1207.
[419] Heller, M.A. (1999), 1176ss..
[420] Merrill, T.W. & H.E. Smith (2000), 51-54.

Por outro lado, é preciso lembrar mais uma vez a relevância do contexto na definição da natureza das titularidades – sendo que, por exemplo, um mesmo recurso pode comportar-se como propriedade privada, como «Baldio» e como «Anti-Baldio», conforme as circunstâncias. Se, por exemplo, há a perspectiva de invocação de um interesse público prevalente, então aquilo que se configura internamente como um «Baldio de acesso restrito» ou como um «Anti-Baldio de exclusão limitada» pode ser encarado, da perspectiva externa de um adjudicador público que eventualmente pondere uma decisão de expropriar, como não mais do que uma multiplicação de «*holdouts*» proporcional ao número de titulares, e portanto como um puro «Anti-Baldio»[421].

4.4. **Simetrias e Assimetrias na Reagregação de Titularidades**

Como já deixámos subentendido, os problemas da fragmentação das titularidades não se complicam apenas por causa de irreversibilidades e «viscosidades» estruturais, mas complicam-se também em resultado de efeitos dinâmicos no plano dos incentivos. É que a desagregação e a reagregação de fragmentos pode gerar a sua própria «renda», fazendo nascer incentivos à disputa dessa renda, em especial se não estiverem pré-estabelecidos padrões distributivos de partilha dessa «renda».

Como em qualquer jogo em que existe um troféu único e de valor fixo a ser disputado pelos esforços convergentes dos concorrentes (o horizonte do «*winner takes all*»), as acções de captura de renda externalizam fortemente umas sobre as outras, gerando a já aludida «dissipação de renda», um factor adicional de ineficiência – ao menos de aceleração dos processos de degradação que conduzem aos desfechos «trágicos».

Já o sabemos, o problema básico reside aí na descoordenação, o «pecado original» de todo o «*rent-seeking*»: teria sido melhor, individual e colectivamente, que cada um dos envolvidos tivesse aceitado um ganho inferior ao da captura óptima de renda (a não-maximização do «*sucker's payoff*») do que, com essa dissipação de renda, acabar sem nada, deitando tudo a perder. Insistamos, a dimensão «trágica», para lá da conotação da inelutabilidade, reside na extensão das «*deadweight losses*», na diminuição ou perda do bolo em jogo sem contrapartida nos ganhos de ninguém[422].

---

[421] Heller, M.A. (1999), 1221-1223.

[422] Fennell, L.A. (2004), 30.

Admitamos – sem dificuldade, nesta fase da nossa análise – que o contínuo que conduz dos «Baldios» aos «Anti-Baldios» significa que a fragmentação de titularidades é inevitável numa qualquer medida, e que em todos os «Baldios» se insinuam tendências de «Anti-Baldio», e vice-versa. Não quer dizer que tudo se equivalha ou que tudo seja indiferente, mas que o que é mais decisivo é definir-se, em cada caso, os valores de produtividade e de «renda» em disputa.

Para que haja «tragédia» potencial é preciso que exista complementaridade entre os fragmentos, de modo que possa esperar-se um «excedente de bem-estar» em resultado da agregação desses fragmentos[423]. Insista-se, porém, que não estão em causa valores discretos: entre o zero da fragmentação absoluta e o máximo da agregação perfeita há um contínuo de valores intermédios (de agregação incompleta de todos os fragmentos, ou de agregação total de apenas alguns fragmentos). E diferentes «funções de produção» ditarão estruturas muito diversas para os vários dilemas possíveis[424].

Exemplifiquemos algumas dessas situações intermédias e heterogéneas, começando por uma que exija, para uso mínimo do recurso, a agregação completa de todas as titularidades fragmentadas: por exemplo, um caminho transitável, caso em que o veto de um dos titulares, impedindo a travessia completa, inutiliza o consentimento de todos os outros. Ilustremo-lo:

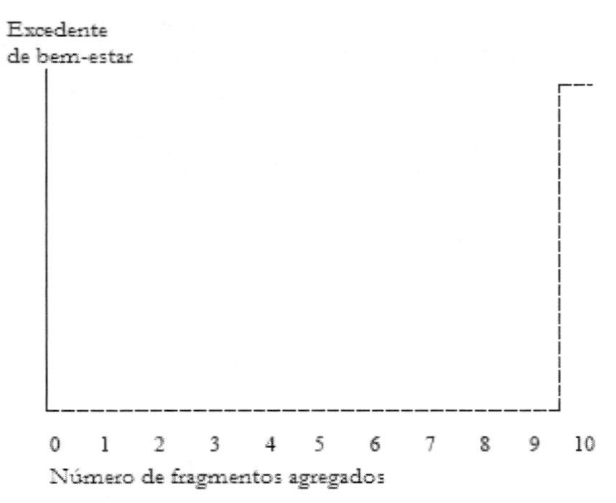

[423] Lembremos o que ficou anteriormente consignado num esquema: a complementaridade no uso aponta para «Anti-Baldios» do «tipo Michelman-Heller», a complementaridade na exclusão aponta para «Anti-Baldios» do «tipo Buchanan-Yoon».

[424] Fennell, L.A. (2004), 70.

Passemos a um exemplo em que basta uma agregação parcial para começarem a sentir-se incrementos no bem-estar total: por exemplo, a imposição de regulamentos de edificação urbana que, não logrando uma harmonia perfeita em todos os prédios de todas as ruas e praças, no entanto vão melhorando essa harmonia – sem embargo de poder experimentar-se um «salto qualitativo» quando o «último resistente» acabar por conformar--se com os regulamentos e abandonar o seu «*holdout*». Ilustremo-lo também:

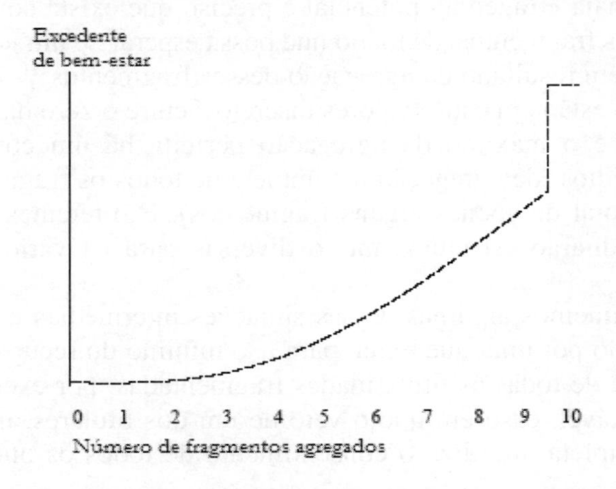

Num último exemplo, há situações em que a agregação do recurso só se pode considerar perfeita por aproximação infinitesimal, e por isso a adição de cada fragmento à acumulação agregada se faz de modo paulatino e sem saltos (vedando posições claras de «*holdout*»). Pense-se, por exemplo, na negociação do «direito ao silêncio» entre vizinhos. Representemo-lo:

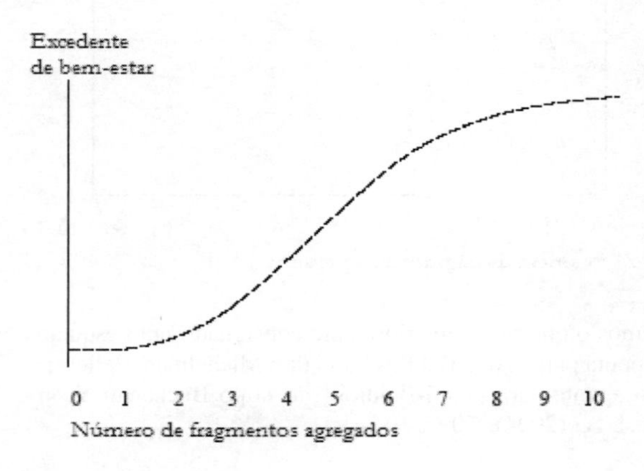

Que podemos nós retirar da comparação destas ilustrações? Não mais, porventura, do que uma recomendação de prudência, a advertência contra as generalizações precipitadas: várias situações de fragmentação e reagregação de titularidades evidenciaram o quanto pesam as funções de produção, os valores em jogo, as características estruturais do recurso comum, a substituibilidade ou complementaridade dos fragmentos, etc.[425].

4.5. **Soluções Colectivas por «*Property Rules*» e «*Liability Rules*»**

Com a prudência sugerida, tentemos ainda assim uma esquematização inspirada em Calabresi e Melamed – cientes de que, se não arriscarmos essa sofisticação adicional, podemos pouco ter contribuído para a superação do plano das trivialidades e das confusões que têm atormentado a análise económica do tema da Propriedade (a começar pelos já denunciados equívocos entre Propriedade Comum e Acesso Livre)[426].

Aproveitemos um exemplo sugerido por Lee Anne Fennell[427]: vizinhos numa rua de moradias discutem se é possível, ou não, colocar flamingos de plástico «ornamentais» nos canteiros diante das suas casas, possibilidade que alguns deles são capazes de interpretar como claras, e graves, «externalizações negativas» sobre o recurso comum que é a qualidade estética do conjunto da rua[428].

Que regras de coordenação podem eles adoptar? Seguindo Calabresi e Melamed e a escola de pensamento que os acompanha de perto, podemos pensar em três regras que atribuem a titularidade inicial a cada um dos indivíduos em presença, e noutras três regras que atribuem a titularidade inicial ao colectivo. Sem nos embrenharmos demasiado nas minúcias da terminologia de Calabresi e Melamed, que de resto temos utilizado abundantemente, concentremo-nos antes nos resultados práticos.

Esclareçamos, antes, que as «*property rules*» só permitem a transmissão voluntária e bilateral das titularidades, enquanto que as «*liability*

---

[425] Fennell, L.A. (2004), 70.

[426] Ciriacy-Wantrup, S.V. & R.C. Bishop (1975), 713ss.; Demsetz, H. (1967), 347ss..

[427] Fennell, L.A. (2004), 70; Fennell, L.A. (2005), 1447.

[428] Não esqueçamos que estamos aqui a lidar com políticas de urbanização e zoneamento, que, apesar de poderem incorporar salvaguardas contra o «veto excessivo», mesmo assim tendem a gerar efeitos de «Anti-Baldio», investindo demasiados protagonistas em poderes de exclusão. Cfr. Heller, M.A. (1999), 1186.

rules» admitem transmissões unilaterais e involuntárias mediante o pagamento posterior de uma quantia, quando configuradas como «*call options*», e, quando configuradas como «*put options*», conferem aos titulares a opção entre conservarem as suas titularidades e forçarem a contraparte a adquiri-las a um preço especificado. Ilustremos os resultados:

Regra	Titular	Protecção	Resultado prático
1	Comunidade	*Property Rule*	Arranjo obrigatório dos canteiros. Proibidos os flamingos (salvo excepção negociada).
2	Comunidade	*Liability Rule* (sujeita a uma *Call Option* individual)	Arranjo obrigatório dos canteiros. Multados (ou tributados) o desarranjo dos canteiros e a colocação de flamingos.
3	Indivíduo	*Property Rule*	Arranjo dos canteiros opcional. Os flamingos são permitidos (um direito renunciável).
4	Indivíduo	*Liability Rule* (sujeita a uma *Call Option* colectiva)	Arranjo dos canteiros opcional. Possibilidade de arranjo compulsivo mediante compensação. Flamingos removíveis mediante indemnização.
5	Indivíduo	*Liability Rule* com *Put Option* (a que se sujeita a comunidade)	Desarranjo dos canteiros permitido, arranjo compensado. Flamingos permitidos, sendo compensada a sua remoção voluntária.
6	Comunidade	*Liability Rule* com *Put Option* (a que se sujeita o indivíduo)	Arranjo dos canteiros obrigatório ou desarranjo multado. Proibidos os flamingos ou multada (ou tributada) a sua colocação.

Observemos também que, de todas, é a Regra 3 que corresponde à norma de vizinhança mais comum e mais próxima da propriedade privada de cada vizinho – mas nela se contêm as raízes de uma «Tragédia dos Baldios». Para evitar esse desfecho, a reacção mais óbvia seria a passagem para a Regra 1, mas é bem evidente o custo e a fragilidade da transição, a requerer estrita coordenação na renúncia aos direitos individuais; além disso, a Regra 1 representaria, por si só, uma «Tragédia dos Anti-Baldios» para quem tivesse elevada disposição de instalar flamingos de plástico nos seus canteiros.

Por isso é que as Regras 2 e 4 (e mais remotamente as Regras 5 e 6) representam «escapes» agilizadores – permitindo uma transferência de titularidades por um preço, na medida em que restauram uma margem de negociação capaz de espelhar mais fielmente a diversidade de preferências dos indivíduos dentro da comunidade, ainda que gerando o risco de eternização de uma fragmentação ineficiente.

Em todo o caso, como «*liability rules*», as Regras 2, 4, 5 e 6 permitem transferências unilaterais e não-negociadas, vencendo os obstáculos do «*holdout*» e dos «Anti-Baldios»; e, se os preços estabelecidos forem os adequados, também permitem evitar uma «Tragédia dos Baldios», na medida em que propiciem uma convergência entre a avaliação individual e a avaliação social das titularidades em jogo.

Terá ficado ilustrado o quanto a classificação de Calabresi e Melamed é sugestiva e fértil, mas refira-se, incidentalmente, que há um corolário que tem sido algo negligenciado, nomeadamente a possibilidade de se encontrar uma titularidade a meio caminho entre as «*liability rules*» e as «*property rules*», conferindo uma tutela mais forte do que aquelas mas menos forte do que estas: por exemplo, os «*entitlements subject to self-made options*» (*ESSMOs*), ou seja titularidades sujeitas a uma avaliação expressa através de uma mera «opção», mas susceptíveis de avaliação objectiva através de adjudicação institucional[429].

Vemos, em suma, como são diversas as possibilidades de se evitar extremos «trágicos» de descoordenação, evidenciando-se que todos podem tirar partido de um *standard* estético (e ambiental) espontaneamente promovido e preservado, e todos se podem vitimizar uns aos outros se se generalizar o desleixo, a descoordenação, a falta de regras[430].

4.6. **Perturbações Estratégicas e Racionalidade Limitada**

Se tivéssemos que assentar num único critério a demarcação da Ciência Económica contemporânea face à Ciência Económica clássica, escolheríamos a atenção prestada hoje aos custos da informação – o abandono do pressuposto de que a informação é gratuita, e a decadência dos importantíssimos corolários assentes nesse frágil pressuposto, mormente as noções de racionalidade perfeita e de informação completa (de egoísmo informado) de que se compunha o paradigma do «*homo oeconomicus*».

---

[429] Fennell, L.A. (2005), 1405ss..

[430] Fennell, L.A. (2005), 1444ss.

Diremos agora que as figuras «trágicas» que escolhemos para objecto do nosso estudo são igualmente afectadas, com elevado (mas não absoluto) grau de simetria, pelas limitações informativas e racionais que são analisadas por essa nova sofisticação teórica da Ciência Económica.

Começando pelos «Baldios», diremos que as limitações e assimetrias informativas podem afectá-los de uma forma especial: se não for fácil determinar-se objectivamente o grau de intensidade do acesso e da exploração ao recurso comum, cada um dos interessados pode tentar ocultar os dados que lhe respeitam, por forma a tentar adiar a sua sujeição a medidas «anti-trágicas». Ocorre, portanto, aquilo que se designa por «retenção estratégica de informação», a qual, é fácil de ver, terá um efeito amplificador das «tendências trágicas» nos «Baldios»: daí que crescentemente se enfatizem os deveres de informação e o estabelecimento de «mecanismos de revelação», reconhecendo-se que, na presença de uma estratégia dominante de ocultação, muitas medidas políticas e jurídicas tradicionais, assentes que estão em pressupostos de observabilidade e verificabilidade das condutas de todos os envolvidos, falharão completamente[431].

Claro está que, por tudo o que vimos até agora, se impõe reconhecer que a «retenção estratégica de informação» é apenas uma de entre muitas razões que levam as pessoas a tomarem decisões sub-óptimas relativamente a recursos comuns a que acedem de forma independente e descoordenada – mas é uma das mais relevantes, visto que é com ela que conseguem consumar-se as externalizações negativas, ou tirar proveito das externalidades positivas, e capturar o máximo da renda disponível, fazendo «*bluff*» ou presumindo a passividade, ou lentidão de reacção, da parte dos lesados por cada estratégia individual[432].

Por outro prisma, diremos que se trata de reconhecer um elemento «dinâmico» ao lado das premissas «estáticas» de que simplificadamente se fazia derivar as tendências «trágicas». Esse elemento «dinâmico» exibirá, conforme as circunstâncias, graus distintos de complexidade: desde a táctica do «dilema do prisioneiro» – em que as partes se «entrincheiram» nas suas titularidades e, por desconfiança recíproca (por falta de informação bastante), passam a ter por estratégia dominante não cooperarem – até à estratégia do «*bluff*» – na qual cada um dos envolvidos é incentivado a

---

[431] Wagner, W.E. (2004), 1622-1624.

[432] Fennell, L.A. (2004), 39.

aguardar pela cedência dos outros, e a não ceder antes[433] –, sendo que em qualquer dos casos se gera um impasse, um «*sticking point*» a impedir uma solução conjunta óptima, e agravando com isso os termos básicos do problema colectivo.

A ser assim, constata-se que estas estratégias podem ter consequências não-despiciendas, no sentido de provocarem externalidades acima do limiar que desperta reacções dos demais envolvidos e resulta na alteração das suas condutas (na proliferação das condutas estratégicas).

Por exemplo, o pescador que se defronta com um «Baldio» contribuirá para a tragédia se os benefícios individuais forem superiores aos custos internalizados, e contribuirá tanto mais quanto maior for a proporção de custos externalizados – isto é, quanto maiores forem os custos impostos ao recurso comum (o inverso no caso das externalidades positivas). Podemos até esquematizar o que seriam as suas motivações estratégicas[434]:

Manteria a decisão se internalizasse?	Sim, manteria	Não, decidiria de outro modo
Externalidades negativas	Exploração benigna e auto-restrita	Sobre-exploração
Externalidades positivas	Desleixo benigno ou provisão espontânea	Sub-exploração

Neste quadro, tudo depende, como se vê, da disposição que tem cada actor para suportar integralmente, ou não, os custos sociais da sua actividade, ou para agir independentemente, ou não, da remuneração total dos benefícios sociais que a sua actividade causa. A resposta «não» à dependência das hipóteses de internalização indica uma predisposição para adoptar uma estratégia não-cooperativa – porque eventualmente essa é, no contexto, a estratégia dominante em termos racionais.

Mas o ponto mais relevante, não esqueçamos, é ainda outro: a descoberta de atitudes estratégicas da parte de outros envolvidos no acesso e exploração de um recurso comum incentivará cada um a retaliar – e a

---

[433] Daí que se designe esta estratégia como «*chicken game*», um jogo em que todos se expõem a um perigo e ganha o último a desistir, ou seja aquele que mantiver até mais tarde o seu sangue-frio (ou a sua inconsciência).

[434] Fennell, L.A. (2004), 39.

retaliar, se possível, de forma parcialmente dissimulada, tirando benefício da assimetria informativa. Não será preciso especificar muito mais para vermos reunidas as condições suficientes para uma «espiral retributiva», a tornar altamente provável uma «guerra aberta» à custa do recurso comum. O mais externalizador dos pescadores, para retomarmos o nosso exemplo, será plausivelmente aquele que se sente justificado por considerar-se vítima de abusos alheios, aquele que considera que apenas está a defender-se.

Quanto aos «Anti-Baldios», temos também um problema básico de assimetria informativa. Como cada titular de um direito de veto não sabe:

– qual a renda que pode extrair, por conta do recurso, àqueles que pretendam ter acesso, e em especial se essa renda é desproporcionadamente elevada face à avaliação subjectiva destes;
– se a sua abstenção de exercer o veto vai aumentar ou não, e em quanto, a renda a capturar por outro titular que mais tarde exerça um «*holdout*» sobre quem queira ter acesso ao recurso;

Na prática cada titular terá como estratégia dominante (a estratégia com maiores ganhos esperados, independentemente da conduta dos demais) a de entrar num exercício de «*bluff*» de todos contra todos, todos tentando evitar a revelação de qualquer disposição de autorizar ou de prescindir das rendas monopolísticas do «*holdout*» (ou, da perspectiva inversa, todos esperando «ir à boleia» daqueles que desarmarem em primeiro lugar, já que a autorização de cada um aumenta o valor do «*holdout*» para todos aqueles que ainda não autorizaram)[435].

Daqui se conclui que, dados os objectivos estratégicos, os participantes normalmente contribuirão mais para a ignorância colectiva do que para a partilha de informação – até porque, como vimos, a «retenção estratégica de informação» é mais uma forma de externalização que pode trazer dividendos a quem a pratica, e a ignorância colectiva é, por ela própria, a atitude para que tende o equilíbrio colectivo (dados os custos da informação, há um incentivo individual para a «ignorância racional»[436]). A informação divulgada tem características de bem público puro, pelo que já é de esperar que seja espontaneamente sub-produzida; mas a isso se poderão aditar outros factores, como a exploração estratégica de assimetrias informativas, como acabámos de ver, o receio de divulgação de notícias

[435] Fennell, L.A. (2004), 39.
[436] Wagner, W.E. (2004), 1649-1654.

– seja as negativas que geram o impulso para o castigo do mensageiro, seja as notícias susceptíveis de lesar o conjunto total dos titulares[437].

À primeira vista, dir-se-ia que a vantagem estratégica da «retenção de informação» assenta em premissas reversíveis, bastando que o adjudicador ou o regulador façam depender a atribuição e conservação de prerrogativas de acesso e exploração da revelação, por parte dos envolvidos, de alguma dessa informação privativa – por exemplo, estabelecendo normas supletivas «penalizadoras», expediente bem conhecido no seio da Teoria do Contrato[438].

Contudo, tal objectivo de revelação e partilha de informação nem sempre será fácil de atingir: seja porque o adjudicador ou regulador está também ele preso de informação e racionalidade limitadas[439], seja porque alguma rigidez no enquadramento institucional e normativo pode ser fortemente dissuasor da produção de informação – pense-se no «obscurantismo» que é incentivado pelo «princípio da precaução», ou na margem de reserva que corresponde à ideia de «dolo consentido» no comércio (partindo-se do princípio de que não é exigível que alguém divulgue, integral e fielmente, informação que o desfavoreça)[440]. Gera-se um «Baldio de ignorância», uma realidade embaraçosa para as pretensões de omnisciência com que alguns conceberam a intervenção dos reguladores perante as «tragédias» dos recursos comuns[441].

Por fim, poderíamos ir ainda mais longe, e reconhecer que muitas das perturbações do acesso e uso de recursos comuns podem manifestar-se no último bastião da racionalidade, a própria racionalidade individual. É que num certo sentido «pico-económico», as próprias capacidades de cada indivíduo podem, na sua pluridimensionalidade, ser objecto de pretensões conflituantes, a que a vontade individual tem acesso livre, gerando uma possibilidade de dissipação, de impasse «hamletiano», de sub-uso[442].

---

[437] Wagner, W.E. (2004), 1632-1647.
[438] Wagner, W.E. (2004), 1659. Cfr. Araújo, F. (2007), ponto 35.A.
[439] Wagner, W.E. (2004), 1670-1696.
[440] Wagner, W.E. (2004), 1723ss..
[441] Wagner, W.E. (2004), 1718, 1745.
[442] Buchanan, J.M. & Y.J. Yoon (1999), 211ss..

5. APLICAÇÕES

Numa quinta parte procuramos ilustrar os princípios com alguns exemplos sectoriais eventualmente menos óbvios, mas que ajudem a perceber a amplitude paradigmática do problema que versamos, como situações atinentes à gestão do espaço electromagnético e de «Baldios» na informação, na biotecnologia, no ciberespaço, entre outros – dedicando especial atenção a situações de «Baldios» e de «Anti-Baldios» na propriedade intelectual.

5.1. **A Fertilidade da Dicotomia**

O principal motor da nossa investigação terá sido a convicção, que mantemos, de que a dicotomia «Baldios / Anti-Baldios» é representativa de um conjunto vastíssimo de fenómenos, e está constantemente a espreitar nos mais recônditos e inesperados recantos da vida colectiva ou nos mais vastos e ostensivos temas da própria vida na Terra – ainda que, reconheça-se, muitas dessas manifestações sejam triviais e benignas, só ocasionalmente confirmando o potencial «trágico» que nele se abriga.

Mais ainda, dos dois pólos, aquele que foi enunciado e estudado mais recentemente parece-nos ser especialmente útil como base de reflexão sobre o Direito, em particular sobre aquilo que o Direito significa e pode implicar, quando ele é convocado a multiplicar-se em atribuições, legitimações, subjectivações de titularidades, sacralizações de prerrogativas «adquiridas», em ambientes de «Crise da Justiça», de transições para economias mais abertas, de submersão do Governo na «Escolha Pública» da gestão de interesses privados, de pressão político-eleitoral para a concessão cumulativa de benesses – tudo degenerando em «Anti-Baldios», na acumulação de barreiras à concorrência e na pulverização de «feudos» de «*insiders*», distorcendo gravemente aquilo que seria um ambiente salutar e pró-competitivo. Não nos iludamos, lendo Michael Heller, com a ideia de que os problemas que ele descreve estão limitados a Moscovo, ou à Rússia, ou às «economias de transição»[443].

---

[443] Heller, M.A. (1998), 679-680.

Os próprios fenómenos da burocracia e da sobre-regulamentação são geradores de efeitos de «Anti-Baldio», e a simples hesitação na definição de critérios políticos – por indolência, por inépcia, por «captura» – pode acabar por traduzir-se numa indiscriminada atribuição de prerrogativas de interferência em processos que de outro modo poderiam ter desfechos mais eficientes: no ambiente, na propriedade intelectual, no mercado da habitação, e em tantos outros – tudo sob a marca comum do empolamento dos custos de transacção, a estrangular (quando devia descongestionar) a alternativa «coaseana»[444].

Aliás, uma advertência básica contra a generosidade política na multiplicação de direitos, no adensamento da «linguagem dos direitos» e da «juridite aguda», nem sequer tem que se basear na ameaça de «Tragédia dos Anti-Baldios», bastando apontar-se para o facto, acabado de demonstrar, de que a atribuição de direitos individuais «dissonantes» da norma colectiva pode prejudicar, mesmo que mitigadamente, o interesse colectivo de uma forma unidireccional e «viscosa», propiciando externalizações e «*holdouts*» que impedem a reafectação de alguns recursos em direcção à sua maior utilidade social.

Esta advertência é particularmente aguda em áreas como a da propriedade intelectual, como veremos, pois aí o adensamento de titularidades, a «*propertization*», conflitua não apenas com os interesses dos excluídos – o que por si só pode já constituir um argumento distributivo de monta –, mas conflitua também, e sobretudo, com as vantagens que podem fazer-se derivar da manutenção da «liberdade de acesso», de preservação de alguns «Baldios»: a tensão, na área da propriedade intelectual, entre a «*propertization*» e a militância do «*open access*» e dos «*creative commons*» é, cremos, sumamente reveladora do que está em causa.

Felizmente, é possível detectar-se nalguns sistemas jurídicos frequentes salvaguardas e contrabalanços a essa tendência – mormente aqueles entraves à multiplicação de titularidades que resultam do «*numerus clausus*», que num certo âmbito funciona como travão a uma fragmentação disfuncional dos recursos económicos, bloqueando não somente a proliferação de títulos legitimadores de um poder directo *in rem*, sobre as coisas, mas também a multiplicação de «efeitos reais» associáveis aos negócios jurídicos (seja essa, ou não, a sua vocação principal). E também não podem deixar de ser mencionadas as vias jurídicas institucionais

---

[444] Buchanan, J.M. & Y.J. Yoon (2000), 11-12. Cfr. Cohen, W.M. & S.A. Merrill (orgs.) (2003).

através das quais, tanto no presente como ao longo da História, se forneceu meios de prevenção e de combate aos excessos de fragmentação: já mencionámos, a propósito, o «emparcelamento», as prescrições aquisitiva e extintiva, e a ligação dos regimes sucessórios à solução da «propriedade vinculada»[445].

Passemos agora a algumas aplicações dos paradigmas de «Baldios» e de «Anti-Baldios», entendidos ambos, convirá recordá-lo, na máxima amplitude semântica que é consentida pela análise económica. Comecemos por alguns exemplos avulsos em matéria de «Baldios».

5.2. **Exemplos de «Baldios»**

5.2. A) **Os «Baldios» no Espectro Electromagnético**

O espectro electromagnético é um óbvio candidato à definição ampla de «Baldio»: é ainda um recurso comum, querendo dizer-se que, na actualidade, não lhe são aplicáveis processos de exclusão muito eficientes, e que continua sujeito a congestionamentos. Numa visão optimista, o progresso tecnológico permitiria a comunicação através desse espectro electromagnético sem qualquer sujeição a limitações de acesso nem a rivalidade no consumo, chegando-se a um ambiente de genuíno bem público – e remetendo para a prateleira dos anacronismos os leilões do «espectro electromagnético», altura em que as frequências tinham que ser definidas e atribuídas com estabilidade, dados os elevados custos de transacção a dificultarem renegociações coaseanas. Não se vê, contudo, que a tecnologia tenha já evoluído a esse ponto[446], e menos ainda que alguma «imaterialidade» do meio imponha aqui desvios ao paradigma dos «Baldios», como também se chegou a alegar[447].

É de referir que, nos momentos pioneiros da utilização da tecnologia necessária, o acesso às frequências no espectro electromagnético começou por assentar numa simples lógica de «Baldio», com livre acesso ao recurso comum e uma legitimidade definida inicialmente por ocupação, e mais tarde por redistribuição administrativa de titularidades, seja[448]:

---

[445] Parisi, F., N. Schulz & B. Depoorter (2004), 184-185.
[446] Brennan, T.J. (1998), 791.
[447] Ryan, P.S. (2005), 10620ss..
[448] Brennan, T.J. (1998), 792-794.

- por sorteios;
- crescentemente, por leilões – reconhecendo-se que, dadas as limitações físicas do espectro e a escala de eficiência dos operadores, seria preciso uma segmentação de mercado e uma coordenação da actividade, de modo a evitar ao mesmo tempo conflitos e «tragédias»;
- por uma solução de autoridade que, por exemplo, nacionalizasse o recurso, pondo cobro à tendência para a descoordenação dos fragmentos – mas gerando, em contrapartida, as típicas ineficiências da gestão pública.

Note-se, aliás, que na prática o recurso às duas primeiras soluções não significa por si só que se tenha aderido à visão «fragmentadora» dos «*property rights*», visto que aquelas soluções têm coexistido com restrições administrativas à sua reafectação negociada e com protecções legais a privilégios anti-competitivos de alguns operadores «incumbentes»[449]. Isso significa que é possível uma «bissectriz de soluções» nestes domínios, precisamente uma via intermédia ao abrigo das repercussões mais extremas.

E no entanto este é um dos sectores em que reconhecidamente muitas redistribuições de titularidades se têm feito de forma «encavalitada» – por exemplo, dando prerrogativas aos novos concorrentes sem as retirar completamente aos «operadores históricos», ou mantendo salvaguardas para o regulador, ou para o Estado, que directamente interferem com a exploração do recurso pelos próprios «*insiders*», ou ainda permitindo o acesso muito para lá do grau de «concentração natural» dos mercados, impedindo generalizadamente a operação à escala de eficiência[450].

É verdade que é possível contrapor, neste último caso, que uma boa lógica de «Baldios» não deveria ocupar-se do apuramento prévio de um tal grau de «concentração natural» dos mercados, na medida em que esse é um problema a ser resolvido *ex post*, de forma «coaseana», entre os operadores. Lembremos a intuição de Coase em 1959: em vez de se afadigar numa definição prévia de «viabilidades» e de «idoneidades», a autoridade administrativa deve apenas assegurar a negociabilidade a baixos custos de transacção – na certeza de que, verificado este único pressuposto, os operadores mais eficientes (depois de analisadas vantagens comparativas, interdependências e complementaridades) comprarão as frequências

[449] Brennan, T.J. (1998), 798.
[450] Heller, M.A. (2005), 280ss., 287.

atribuídas aos menos eficientes, fazendo-os sair voluntariamente do sector, e em número suficiente para que se atinja o referido grau de concentração natural – mesmo que esse grau seja o do «monopólio natural»[451].

Convirá acrescentar que a solução a adoptar também pode depender das condições estruturais do meio, por exemplo do grau de congestionamento a que se chegou com a tecnologia disponível: nalguns casos aponta-se para a «Comédia dos Baldios», para a vantagem da liberalização do acesso[452], e procura-se remover alguns entraves de acesso que ainda subsistam, sob forma de titularidades privadas; noutros casos, percebendo-se os ganhos de eficiência da titularidade privada, poderá optar-se pela pura e simples privatização ou pela constituição de «Semi-Baldios»[453], ou mais especificamente por formas de contitularidade e de gestão colectiva que estruturalmente (na Propriedade Comum) ou contratualmente (por «*covenants*») envolvam a renúncia a algumas prerrogativas individuais em proveito da titularidade comum, embora com um limite de participação (sob pena de fragmentação extrema, de «entropia» ou de «viscosidade» anti-reagregadora)[454].

Uma ideia que preside à ponderação de todas as soluções nesta área, como em tantas outras (se não mesmo em todas), é a da «função social» das titularidades – a necessidade de conciliação dos poderes confiados a indivíduos com os valores que seriam assegurados pelo acesso livre ou pela titularidade partilhada, uma necessidade emergente do reconhecimento de que a fragmentação de titularidades acarreta, por definição até, o potencial de divergência entre os incentivos daquele a quem cabe o controle e os interesses mais amplos em nome dos quais se legitimou a individualização desse controle[455].

Muitas das soluções neste sector têm sido de uma extrema sofisticação, e, honrando os precedentes «coaseanos», têm muitas vezes representado a vanguarda na teoria da gestão e da regulação do acesso a recursos comuns. Não surpreenderá, por isso, que se regresse aqui à referência às «normas sociais», à ductilidade de soluções intermédias de auto-regulação permitidas pelo progresso técnico, é certo, mas não menos

---

[451] Thompson, D.B. (2005).

[452] Por se tratar da «*inherently public property*» de que falou Carol Rose (Rose, C.M. (1994b)).

[453] Thompson, D.B. (2005).

[454] Weiser, J. (2003).

[455] Wagner, R.P. (2003), 995ss..

pela hábil configuração de «acervos de direitos» que evidencie interdependências e estimule a formação de um «jogo com aprendizagem» susceptível de sedimentar condutas e reputações que acabem por tornar redundante o enquadramento normativo-institucional[456].

5.2. B) **O Problema nos Bancos de Órgãos**

A proibição jurídica do comércio de órgãos, impedindo a formação de um mercado, na prática gera um «Baldio». A proibição é bem fundada, não haja equívocos: ela protege os potenciais dadores vivos contra tentações e pressões, e impede os potenciais recipientes de formar titularidades sobre dádivas *post mortem*, evitando em particular que a capacidade económica e a «disposição de pagar» se sobreponham a outros critérios de adjudicação e de racionamento do acesso ao «banco de órgãos». Por tudo isto, o referido «banco» tornou-se um recurso comum – o conjunto total de órgãos disponíveis, não sendo vedado o acesso a nenhum potencial recipiente –, um recurso comum a reclamar critérios distributivos compatíveis com a sua preservação, por um lado, e com a sua utilização efectiva, eficiente e justa, por outro lado[457].

O «Baldio de órgãos» corresponde, pois, à circunstância de a oferta dos potenciais dadores ser incondicional (por imperativo legal), fazendo com que, por seu lado, a procura não esteja dependente de qualquer negociação prévia, de qualquer anterior transmissão de titularidades, entre dadores e recipientes – todos concorrendo num plano de igualdade (formal, pelo menos) ao acesso ao recurso comum. Estruturalmente, já o referimos anteriormente, trata-se de «bens de clube»; mas o próprio regime jurídico, impondo critérios de abertura e de universalidade de acesso, impõe uma situação que não se distingue da dos recursos comuns.

Isso não quer dizer que não tenha que haver, obviamente, um momento de «privatização» em resultado da aplicação de critérios adjudicadores: trata-se, não esqueçamos, de um recurso comum, e portanto também aqui se manifesta a rivalidade no uso – e manifesta-se decerto de modo muito mais radical e impiedoso do que em qualquer outro domínio. Excluído o modelo contratual, a adjudicação de titularidades definitivas

---

[456] Weiser, P.J. & D.N. Hatfield (2005), 112-115.

[457] Tietzel, M. (2001), 162.

sobre os órgãos a serem transplantados resultará da aplicação de critérios distributivos por terceiros (tipicamente um ou mais médicos); se porventura houver excesso de procura sobre a oferta de órgãos, essa adjudicação implica, nalguns casos, que uns morram para que outros vivam; e noutros casos que a qualidade de vida de uns se alcance em prejuízo da qualidade de vida de outros – escolhas difíceis, dilacerantes, portanto, mas absolutamente necessárias[458].

Onde é que surge, neste contexto, o potencial de «Tragédia dos Baldios»? É que, se repararmos bem, no caso a oferta e a procura não se influenciam mutuamente e não há nenhum mecanismo de mercado a ajustar e equilibrar os dois lados: na falta de preços a sinalizarem os valores em presença, cria-se um potencial de «tragédia», com excesso de procura motivada por factores exógenos e tentando fazer valer titularidades conflituantes num ambiente de acesso livre[459].

A rivalidade no uso, aqui com contornos tão extremos, exige uma férrea disciplina na aplicação de critérios distributivos de racionamento, sob pena de se chegar a um colapso por «assalto» ao banco de órgãos, ou por adopção de um critério cego – por exemplo a «ordem de chegada» nas «filas de espera», deixando alguns candidatos a transplantes expostos à carência absoluta de meios por esgotamento do recurso comum, e isto independentemente do «mérito» das suas pretensões (no caso, do mérito relativo das pretensões dos que, chegando em primeiro lugar, tiveram acesso ao recurso, comparado com o daqueles que, chegados mais tarde, se viram irremediavelmente excluídos)[460].

Dado que estamos a falar de bens e recursos «fora do comércio», e fortemente condicionados por indisponibilidades e inalienabilidades, não há aqui redenção pela via «coaseana»: fica excluída uma definição de titularidades por pura reciprocidade, que tenderia espontaneamente, ou para o conflito com dissipação total, ou quando muito para formas de «concentração natural» sub-óptimas – e quando muito se admitirá uma adjudicação presidida por uma intenção de «sucedâneo de mercado», capaz de apresentar a todos os envolvidos uma forma de gestão sujeita a critérios convincentes para todos, não muito afastados das efectivas «dispo-

---

[458] A recusa de decidir será uma manifestação inaceitável da «santificação da vida»: sobre o tema, Araújo, F. (1999), 115ss..

[459] Tietzel, M. (2001), 168-169.

[460] Um mérito relativo que pode abarcar-se na designação «qualidade de vida», tema igualmente abordado em Araújo, F. (1999), 115ss..

sições de pagar» pelo acesso e utilização dos recursos, e susceptíveis de promoverem alguns interesses conexos (por exemplo, de evitarem «dissipações de renda» por excesso de pressão sobre o recurso comum, ou de assegurarem todos os incentivos à manutenção de níveis de oferta susceptíveis de garantir a sustentação do «banco de órgãos»)[461].

5.2. C) **Os «Baldios» Orçamentais**

Não é preciso muito esforço para se perceber que o conjunto das receitas públicas é, também ele, à sua maneira, um «Baldio»: a expressão «público» parece sugerir que o conjunto de entidades a que estão cometidas atribuições e competências públicas têm uma igual legitimidade de acesso e uso desse recurso comum – com a rivalidade no uso a resultar da própria limitação absoluta do Orçamento. A aceitarmos como válida a metáfora dos «Baldios» para descrevermos esta realidade, configurar-se-ão todas as movimentações políticas em torno das decisões orçamentais e tributárias como formas de «barganha» que buscam um equilíbrio de captura de renda, tendo como base o «bolo» das receitas – sendo que muita da eficácia tributária pode até ficar comprometida pela externalização recíproca que os diversos grupos causam, na sua busca descoordenada de maximização na captura desse recurso comum.

A própria regra maioritária nas decisões sobre adjudicação de receitas é evidentemente externalizadora sobre as pretensões de acesso das minorias à cobertura orçamental, e mais ainda se pensarmos que as maiorias podem ser flutuantes e que podem, ao menos em abstracto, formar-se diferentes maiorias para cada uma das decisões de financiamento, agravando portanto o problema do «Baldio», já que, na corrida à «captura de rendas» e à titularidade assente em relações de força e em factos consumados, acumular-se-ão previsivelmente, em detrimento do recurso comum, os efeitos de «*deadweight loss*» e de «*crowding-out*», convergindo para uma situação de «*excess burden*» e de esgotamento das próprias fontes que asseguram a sustentação do «Baldio» (aceitemos ou não o rigor da «Curva de Laffer»)[462].

A racionalidade nos processos de decisão colectiva não fica espontaneamente assegurada, como vimos anteriormente, e pode contribuir decisi-

---

[461] Tietzel, M. (2001), 169-170.
[462] Yoon, Y.J. (2000), 15.

vamente para o aprofundamento e perpetuação de tendências «trágicas», visto que os interesses conflituantes, objectivamente contrapostos, tendem a superar todas as salvaguardas institucionais para se converterem em «colapsos de coordenação», «avalanches de descoordenação». Os autores norte-americanos não têm deixado de assinalar as dificuldades acrescidas que, nessa matérias, resultam de estruturas políticas federais nas quais se acumulam pretensões à partilha de receitas, gerando uma corrida a recursos comuns de que resulta uma acelerada dissipação, traduzida em sobreprodução e sobreprovisão de bens públicos[463], nem sequer compensada pela observada tendência das entidades descentralizadas para agirem com parcimónia, visto que também aí essas entidades tenderão a externalizar sobre o recurso comum, com condutas estratégicas e oportunistas a exigirem um contrabalanço muito forte e rígido da parte da autoridade federal – o que nem sempre ocorrerá, colocando-se esta última, antes, também ela no plano dos concorrentes à captura de rendas à custa do «bolo orçamental»[464].

Dir-se-á que a única nota positiva aqui se encontra na possibilidade de um espontâneo contrabalanço em «Anti-Baldios», dados os entraves e sobreposições burocráticos capazes de determinar uma subutilização de recursos financeiros – possivelmente uma inevitabilidade numa democracia, na qual maiorias flutuantes aprovam, separada ou sucessivamente, agências distintas, todas com o poder de supervisão e entrave na aplicação dos recursos financeiros, todas capazes de agir independentemente umas das outras, indiferentes às sobreposições e às redundâncias que a sua descoordenação causa: no caso, uma subutilização das receitas orçamentais, possivelmente compensadora da tendência para a sobre-utilização[465].

5.3. Exemplos de «Anti-Baldios»

5.3. A) Os «Anti-Baldios» no Mercado de Capitais

Encontramos um primeiro exemplo de «Anti-Baldios», muito linear e simples, no mercado de capitais. Nestes mercados há muito que se

---

[463] Bouton, L., M. Gassner & V. Verardi (2005), 2-3; Weingast, B.R., K.A. Shepsle & C. Johnsen (1981), 642ss.; Rodden, J. (2003), 695ss..

[464] Bouton, L., M. Gassner & V. Verardi (2005), 24.

[465] Buchanan, J.M. & Y.J. Yoon (2000), 1ss..

apontam defeitos estruturais, mais ou menos universalmente repetidos – como o excesso de paternalismo, a sobrecarga de informação exigida (gerando uma «entropia informativa» por «exagero de sinal»), o excesso de regulação. É neste último que nos concentramos: um excesso de normas, de competências de supervisão, de jurisdições, permite que demasiada gente disponha de prerrogativas e legitimidade para interferir no funcionamento do mercado, para excluir o acesso, para condicionar a utilização. Essa teia pesada de titularidades, essa configuração «*top-heavy*», causa invariavelmente o agravamento drástico dos custos envolvidos, sejam os custos directos dos emitentes, sejam os custos de acatamento (os «*compliance costs*») de emitentes e subscritores, tudo resultando numa subutilização do mercado de capitais, por elevação das barreiras de entrada, dos custos gerais de participação (sentida de imediato como discriminação contra os agentes com menor poder económico)[466].

Podem encontrar-se todas as razões, melhores ou piores, para essa regulação pesada: não deve é ignorar-se os efeitos em termos de «Anti-Baldios», de subutilização, de perda de eficiência, mesmo quando esteja excluído o extremo «trágico»[467].

5.3. B) **Os «Anti-Baldios» na Biotecnologia**

O tema dos «Anti-Baldios» na Biotecnologia não se apresenta tão evidente – e no entanto foi a segunda área temática, depois do comércio retalhista em Moscovo, a ser associada com o conceito de «Anti-Baldios», novamente por iniciativa de Michael Heller, desta feita em colaboração com Rebecca Eisenberg[468].

Compreende-se a associação: trata-se de uma área de ponta da ciência, tanto em termos de investigação fundamental como de investigação aplicada, e por isso não surpreende que os problemas usuais da propriedade intelectual, a que aludiremos mais à frente, se somem a problemas políticos, sociais, ambientais: pense-se no exemplo do «arroz dourado», uma inovação biotecnológica de grande relevância e interesse, sobretudo para os países subdesenvolvidos – mas uma inovação que viu o seu desenvolvimento e aplicação entravados por mais de 40 obstáculos de patentes, de

---

[466] Abramovitch, D. (2002), 6.
[467] Abramovitch, D. (2002), 29.
[468] Heller, M.A. & R.S. Eisenberg (1998), 698ss..

arranjos contratuais, e por sobre eles ainda as dificuldades do estridente debate em torno dos Organismos Geneticamente Modificados, e os obstáculos erigidos por legislação impregnada do «princípio da precaução», etc., uma acumulação tão forte e pesada de «direitos de veto» que quase se afigura milagroso que a inovação tenha chegado ao estádio da sua aplicação prática[469].

Diremos até que a associação da Biotecnologia aos «Anti-Baldios» só não é mais evidente porque, tratando-se de uma «área de ponta» na qual por definição predominam as incertezas, é difícil uma comprovação cabal e rigorosa de todos os efeitos perversos, já que eles supõem uma argumentação contrafactual – a prova de que se teria ido mais longe, se não fossem os obstáculos subsistentes, o que por vezes contende com a intuição mais imediata de que, apesar de tudo, houve progressos[470].

Fiquemo-nos pelas incidências mais salientes, deixando algumas questões de fundo para o tema mais vasto dos «Anti-Baldios» na propriedade intelectual. O investimento privado em Biotecnologia expõe cada um dos envolvidos a um risco de fragmentação descoordenada que, combinada com custos proibitivos de reagregação das titularidades num viável «acervo de direitos» resulta, como sabemos, em sub-uso[471]; na falta de definição prévia e cuidadosa de «*property rights*» coerentes e operativos, ou na falta de abaixamento, pelo quadro normativo-institucional, dos custos de transacção, as titularidades entravarão a produção e circulação eficientes de frutos da investigação[472].

Em larga medida, pode dizer-se que a Biotecnologia é vítima do seu espectacular sucesso, entre outras razões porque desencadeou uma «corrida às patentes» que se espraiou para os mais ínfimos e remotos fragmentos da «matéria-prima» da investigação – cada um procurando «ocupar terreno» para depois poder proceder a «capturas de renda» exercendo «*holdouts*», ou bloqueando efectivamente, a investigação subsequente que dependesse, no seu progresso, da utilização do material patenteado. Essa bateria de titularidades independentes sobre recursos fundamentais pode tornar a investigação incomportavelmente cara, esterilizando-a[473].

---

[469] Mireles, M.S. (2004), 191.
[470] Mireles, M.S. (2004), 193.
[471] Sedjo, R.A. (1992), 199ss..
[472] Merges, R.M. (2004), 4.
[473] Epstein, R.A. (2002b).

Isso torna aconselhável o estabelecimento de algumas medidas preventivas a nível político-jurídico – a proibição de titularidades sobre algum material fundamental ou sobre fracções demasiado ínfimas de «*inputs*» da investigação, a proibição de fragmentação de patentes ou de sobreposição do âmbito dessas patentes (o combate ao «*patent stacking*»), o esvaziamento do correspondente «acervo de direitos»[474].

Na falta disso, resta aos envolvidos na investigação biotecnológica tomarem as suas próprias iniciativas, nomeadamente gerando factos consumados que impeçam a formação de «Anti-Baldios»: por exemplo, recorrendo à «publicação preventiva» de informação que, caída no domínio público, deixe de ser patenteável (voltaremos adiante ao tema), ou constituindo «*patent pools*» e «bases de dados abertas», «Semi-Baldios» de informação em proveito da comunidade dos investigadores[475]. Aqueles que o fazem correm o risco de, com a sua externalização positiva, alimentarem a «boleia» de todos os outros investigadores; mas se o fazem é porque consideram que:

– o «valor de uso» da informação – da informação divulgada, e portanto convertida em «bem público puro» – é inferior ao «valor de bloqueio» que essa informação teria se tivesse sido apropriada, e sujeita a patentes, por outros;
– se ninguém resistir a participar na «corrida às patentes», todos acabarão por ser vítimas de uma «Tragédia dos Anti-Baldios», pelo que não vale a pena cair na tentação da «boleia» e vale a pena, antes, interromper o processo colectivo.

Sendo crescentemente consensual que o risco de «tragédia» requererá uma colaboração das entidades públicas com os protagonistas capazes de colocar o seu poder de mercado ao serviço de iniciativas preventivas[476].

Se recuarmos para um plano mais geral e abstracto, diremos que o sector da Biotecnologia é uma confirmação expressiva do problema das «complementaridades», já enfatizado nos modelos de Cournot que subjazem à intuição dos «Anti-Baldios»[477] (explicitando um pouco mais, uma fragmentação «vertical» não suscitará em princípio problemas de eficiência, pelo menos aqueles que são suscitados por uma fragmentação «horizontal»

[474] Stewart, S. & D.J. Bjornstad (2002).
[475] Maurer, S.M. (2001).
[476] Merges, R.M. (2004), 4.
[477] Economides, N. & S.C. Salop (1992), 105ss..

susceptível de gerar parcelas inúteis porque separadas de outras parcelas que lhes são complementares[478]).

O que sucede é que a investigação científica, nesta como noutras áreas, está muito assente em complementaridades, em interdependência, e portanto na necessidade de partilha de um «Baldio» de informação[479], dificilmente compatível com a fragmentação em titularidades complementares atribuídas a participantes independentes, em especial quando essa fragmentação se converte na base para o «estrangulamento» de investigação dependente ou subsequente[480], uma forma de externalização negativa que, como vimos, pode resultar da consagração excessiva de poderes de exclusão dentro de cada «acervo de direitos» quando estão em causa recursos nos quais pode manifestar-se «rivalidade de uso»[481], e quando sejam demasiado elevados os custos de transacção – especificamente, como sabemos, os custos de reagregação em «*bundles of rights*» com a dimensão requerida pelos investigadores[482].

Claro que há quem, em contrapartida, enfatize os riscos de «Baldios» na investigação – aliás, a perspectiva tradicional nos domínios da propriedade intelectual, realçando-se a ideia de que, na falta de apropriação privada, de sujeição a patentes de domínios inteiros de conhecimento e investigação, se perde o próprio incentivo básico para a actividade de investigação e para o investimento em ciência e tecnologia. Esta proposição quanto ao incentivo básico é eminentemente discutível, como veremos, mas o ponto, aqui, é que os poderes de exclusão atribuídos por essas titularidades rapidamente podem revelar-se demasiado fortes, dada a relevância social dos interesses em jogo – e mais ainda quando a titularidade se converte numa base para oportunismos e «condutas estratégicas», ou quando «viezes cognitivos» fazem empolar a importância que cada titular atribui aos recursos que controla, distorcendo gravemente a sua «disposição negocial»[483] ou empolando-a inutilmente para uma posição «monopolística»[484].

---

[478] Fairfield, J.A.T. (2005), 1070ss..

[479] Heller, M.A. & R.S. Eisenberg (1998), 698ss.; Buchanan, J.M. & Y.J. Yoon (2000), 1ss..

[480] Greer, L.A. & D.J. Bjornstad (2004). Cfr. Kamien, M.I. & Y. Tauman (1984), 93ss.; Kamien, M.I. & Y. Tauman (1986), 471ss.; Katz, M.L. & C. Shapiro (1985), 504ss.; Katz, M.L. & C. Shapiro (1986), 567ss..

[481] Grossman, H.I. (2001), 347ss..

[482] Heller, M.A. & R.S. Eisenberg (1998), 698ss..

[483] Heller, M.A. & R.S. Eisenberg (1998), 701.

[484] Joly, Y. (2006).

5.3. C) **Os «Anti-Baldios» no Ciberespaço**

O Ciberespaço torna muito claro, simbólico mesmo, que o futuro das actividades intelectuais se defronta com uma alternativa entre dois modelos: um de absoluta privatização e de absorção em titularidades exclusivas, o outro mais aberto a considerações de relevância social, a reclamarem que a apropriação privada por vezes coexista com formas comunitárias de acesso livre. Isso é assim porque o Ciberespaço, que nasceu com características que pareciam apontar inequivocamente para futuras características de bem público, com acesso livre e sem rivalidade no consumo, tem vindo a evoluir, ao menos nalgumas vertentes, no sentido de uma drástica privatização[485].

Essa privatização de recursos do Ciberespaço não representa em si mesma um problema, visto que ela repete, num novo meio, formas de titularidade até agora predominantemente conexas com a materialidade dos bens, e formas que, em si mesmas, não são problemáticas. A questão reside muito mais naquilo que se esperava, ou espera ainda, que a Internet fosse: um meio profundamente dominado pelo acesso livre (isto é, com uma baixa barreira tecnológica de acesso – já que «acesso livre» e «custo zero» são conceitos distintos[486]) e progressivamente imunizado contra os efeitos da rivalidade no uso, do congestionamento (pense-se em tudo o que se conseguiu já em termos de generalização da «banda larga» e da potência dos «pontos de entrada»). A questão reside, pois, no risco de degeneração daquele meio num «Anti-Baldio» que, por mais «limitado» que fosse, representaria sempre o desfazer de um sonho, o da constituição de um «Baldio planetário» de partilha de informação[487].

A isto poderá contrapor-se que talvez exista um erro de perspectiva quanto à natureza da Internet, que parecerá um potencial «Baldio» apenas pela dificuldade de regulá-la legislativamente de acordo com lógicas politicas nacionais, que ela obviamente transcende – e que talvez seja isso

---

[485] Hunter, D. (2002), 2.

[486] «Custo zero» é, na Ciência Económica, uma impossibilidade (e uma perigosa ilusão): tudo tem um custo, nem que seja um mero custo de oportunidade medido em unidades de tempo (o tempo gasto numa actividade é tempo perdido para a melhor alternativa disponível àquela actividade). «Acesso Livre» significará, por isso, acesso a um custo baixo, nivelado, neutro para todos os interessados. Cfr. Boyle, J. (2003b), 62--63.

[487] Hunter, D. (2002), 2.

que sugere a superioridade da manutenção do «acesso livre» e da sujeição a puras normas de auto-regulação, entre participantes que aparentemente estariam pouco sujeitos às pressões da rivalidade no uso[488]. Mais ainda, há quem argumente que foi a absoluta novidade do meio que levou à busca muito apressada de paralelismos com regras de inspiração «física» e «espacial», conduzindo a um excesso de literalidade na adopção do conceito de «Baldio» para referi-lo ao Ciberespaço, o que teria acarretado uma injustificada aversão «ideológica» à apropriação privada dentro desse meio, como se toda ela constituísse, sob qualquer forma e com qualquer intensidade, uma subversão do meio (às mãos de poderosos «terratenentes») e uma ameaça de colapso num «Anti-Baldio» atomístico e individualista[489].

É verdade que o universo convencional criado pela Internet tem uma natureza «*sui generis*», a reclamar um enquadramento valorativo e normativo que não se esgota no âmbito muito mais restrito da propriedade intelectual, e que por ter uma natureza imaterial não se furta à aplicação de regras de titularidade originalmente concebidas para direitos *in rem*. De facto, se é certo que um dos principais escopos dos regimes de propriedade intelectual é o de prevenir a perda de incentivos que resultaria do acesso irrestrito a bens relativamente aos quais não há rivalidade no uso[490], em contrapartida é bem claro que no Ciberespaço há muitas realidades que, pelo facto de serem criações intelectuais, nem por isso deixam de estar expostas à rivalidade no uso tanto como quaisquer bens privados no mundo «físico»: pense-se em endereços de e-mail, em nomes de domínio, etc..

Por essa razão é que hoje predomina o entendimento de que se deve falar aí de uma «propriedade virtual» não restrita às limitações tradicionais da propriedade intelectual, e capaz de servir, muito mais do que esta, de baliza eficiente ao alastramento dos paradigmas contratuais na Internet[491], um regime de titularidades que deveria ter como única condicionante a prevenção de «Anti-Baldios», procurando evitar-se que a fluidez e relativa novidade do meio facilitasse uma multiplicação inadvertida de «*property rights*»[492].

---

[488] Ostrom, E. (1998), 424ss..
[489] Hunter, D. (2002), 2.
[490] Fairfield, J.A.T. (2005), 1048-1049.
[491] Fairfield, J.A.T. (2005), 1051ss..
[492] Fairfield, J.A.T. (2005), 1069ss..

Não podemos deixar de sublinhar, de novo, que o Ciberespaço pode estar exposto a um efeito de «ilusão de livre acesso», ou seja, um empolamento do âmbito e impacto desse livre acesso, em resultado da proliferação de «*liability rules*» que, não vedando *ex ante* o acesso a recursos, mesmo quando eles estão sujeitos a apropriação privada, geram a falsa impressão de que não existem barreiras protectoras, e de que ao acesso indiscriminado corresponde a impunidade de quem acede ao recurso comum[493]. E também não é de excluir que se crie uma «ilusão de não-rivalidade», por razões similares a outras já aduzidas: dada a natureza inovadora e dinâmica da Internet, e dadas as incertezas quanto à sua evolução, nem sempre é fácil avaliar-se as perdas resultantes de «Baldios» e de «Anti-Baldios», o que exigiria um exercício de comparação com um contrafactual – nomeadamente com um contrafactual de menor congestionamento do recurso, o que nem sempre é fácil de imaginar (frequentemente falta-nos a imaginação, como utentes, para as possibilidades de se fazer melhor).

Por outro lado, embora, insistamos, o Ciberespaço não se confine de modo algum aos meros problemas da propriedade intelectual e suscite muitos outros, não há dúvida de que as tensões de «Baldios» e «Anti--Baldios» em sede de propriedade intelectual, a que nos referiremos de seguida, atingem também o funcionamento desse meio, em especial no que se refere à possibilidade de «privatização maciça» e de formação acelerada de «Anti-Baldios digitais», ainda que assentes num entrechoque de «*property rights*» e faculdades de exclusão muito heterogéneos, ainda que implicando apenas alguns sectores da Internet e não outros. Bastando, no entender de alguns, que se formem dentro do meio certas «minorias controladoras» susceptíveis de tirarem proveito da atomicidade, da descoordenação e dos «efeitos de boleia» da maioria[494] – razão pela qual até não se tem excluído o recurso a regras «supermajoritárias», a «regras reforçadas», quando estas sejam tidas por susceptíveis de quebrarem as assimetrias geradas por excessivos poderes de veto cometidos àquelas «minorias controladoras»[495].

Mais visíveis são, ao menos nalguns recantos do Ciberespaço, alguns efeitos precursores de «Tragédias dos Baldios»: se pensarmos que há, também nesse meio, algumas «rivalidades no uso», como por exemplo a

---

[493] Boyle, J. (2003b), 63.
[494] Hunter, D. (2002), 89.
[495] Heller, M.A. (1999), 1185.

disputa pela atenção dos utentes, claramente um recurso limitado, então é fácil entendermos o congestionamento e a degradação que resultam do «ruído» do «*spam*», do «*junk-mail*», dos «*pop-ups*», do «*spyware*», do emprego de meios pesados na «largura de banda», etc.[496]. A «Tragédia dos Baldios Digitais» pode espreitar nessas «sobrecargas informativas», requerendo a adopção de remédios fortes para evitar a entropia da «*attention squeeze*», a degradação do meio, o esgotamento de algumas das virtualidades da rede – que vão desde a degradação da rapidez de acesso até à liberdade de expressão e de transmissão de conteúdos, e de acesso «não-patológico» à atenção dos utentes[497].

Sem ser necessário perder-se a esperança na possibilidade de soluções eficientes para as titularidades no Ciberespaço, não subestimemos as dificuldades, em especial as limitações da regulação num meio tão extenso, multiterritorial e dominado pelo anonimato, num meio em que abundam as normas sociais explícitas em comunidades auto-reguladas, num meio em que os ganhos e perdas não são sempre facilmente traduzíveis em preços, num meio tão contingentemente dependente da arquitectura e natureza do meio empregue na comunicação e na partilha de informação[498].

5.4. **A Tensão entre «Baldios» e «Anti-Baldios» na Propriedade Intelectual**

5.4. A) **O Problema da Intangibilidade**

Concentremos agora a nossa atenção mais directamente no tema da Propriedade Intelectual[499]. Das muitas alusões que lhe fizemos até agora, ficámos já a saber que há a possibilidade de ocorrerem diversas configurações de titularidades, reportadas a variados tipos de bens, desde bens privados e bens de clube evidenciando facilidade de exclusão, até recursos comuns e bens públicos caracterizados pela liberdade de acesso; sabemos

---

[496] Greco, G.M. & L. Floridi (2003).

[497] Pavlov, O.V., N. Melville & R.K. Plice (2005); Sevcik, P.J. (2006).

[498] Kamppari, S. (2004).

[499] Para efeitos de Análise Económica, poderemos permitir-nos usar o conceito de «Propriedade Intelectual» no seu sentido mais amplo, englobando pois princípios aplicáveis tanto à Propriedade Intelectual *stricto sensu* como à Propriedade Industrial. Há demasiados denominadores comuns para termos que estar a adensar a exposição com demarcações mais precisas entre um e outro dos domínios.

também que umas vezes predominará a titularidade exclusiva de informação não divulgada, outras vezes a irreversível natureza de «bem público» de informação já divulgada; e sabemos que, de permeio, depararemos com salvaguardas mais ou menos formais e institucionais que, ora se orientam para a preservação de incentivos à criação e à exploração dos frutos dessa criação, ora visam garantir os valores da partilha e da universalização do conhecimento.

No que nos interessa mais particularmente, a vontade de assegurar a liberdade de acesso às criações intelectuais pode degenerar, em última instância, numa «Tragédia dos Baldios»; a vontade de preservar incentivos individualizados e exclusivos aos criadores pode degenerar numa «Tragédia dos Anti-Baldios»; e a simples vontade de evitar ou contrariar uma das tendências «trágicas» pode redundar numa tendência «trágica» de sentido oposto.

Também já sabemos que não se devem tirar muitas ilações destes aparentes dualismos, e que é sempre salutar explorar-se as soluções conciliatórias, intermédias, em especial quando elas resultam de uma espontânea tradução dos «*trade-offs*» que constituem a matéria-prima dos juízos económicos sobre optimização. Quando hoje se debate a função e limites da propriedade intelectual, raramente deixa de aparecer o filão temático do «*private ordering*» – em especial no que as normas sociais revelam de aptidão para lidarem com situações extremas, potencialmente «trágicas», mantendo a normalidade do funcionamento dos interesses colectivos, com uma ductilidade, uma proximidade e um dinamismo que não podem ter correspondência perfeita da parte das mais gerais e rígidas normas jurídicas[500].

Por outro lado, não podemos deixar de antecipar que muitos dos problemas da apropriação óptima de recursos ganham uma feição própria, nuns casos mais benigna e noutros mais maligna, pelo facto de nestes domínios as demarcações serem exclusivamente conceptuais, nada devendo a qualquer «tangibilidade» que tornasse evidentes, visíveis, essas demarcações, ou a falta delas[501].

Por isso mesmo é que é neste domínio que mais estridentes se têm tornado algumas advertências contra possibilidades «trágicas»[502], e nele é

[500] McAdams, R.H. (1997), 338ss.; Posner, E.A. (1996), 133ss.; Sunstein, C.R. (1996), 903ss.; Lessig, L. (1995), 943ss.; Bernstein, L. (1992), 115ss.; Ellickson, R.C. (1986), 623ss.; Ellickson, R.C. (1991); Ellickson, R.C. (1998), 537ss.; Merges, R.P. (1996), 1293ss.; Rubin, E. (1996), 1413ss..

[501] Aoki, K. (1998), 33ss..

[502] Ramirez, H.H. (2004), 361ss..

que mais se tem batalhado por soluções cooperativas de auto-regulação[503], mas também é nele que mais se têm manifestado esperanças e visões optimistas quanto à possibilidade de as tendências «trágicas» serem reinterpretadas como «comédias», como desfechos socialmente aprováveis em função da proeminência contextual de certos valores – a formação de «Baldios» quando o acesso livre é o valor a preservar, a formação de «Anti-Baldios» quando a fragmentação de titularidades exclusivas se apresenta como solução genuína para um problema colectivo, afinal não mais do que manifestações extremas daquela conciliação de interesses que, na área da propriedade intelectual, se manifesta já em excepções como o «*fair use*» ou a «*reverse doctrine of equivalents*»[504].

Reconheça-se, contudo, que a propriedade «tangível» ainda é o paradigma dos modos de apropriação e de titularidade, ainda que o valor económico tenha evoluído, em diversas áreas, em direcção a formas mais intangíveis de titularidade – fazendo com que a questão dos «limites da propriedade» apareça cada vez mais difusa e até opaca, dificultando algumas intuições que dependeriam de uma definição clara e simples dessas fronteiras entre titularidades, até para que elementarmente, «tangivelmente», se apreendessem as escalas temporal e espacial dentro das quais se determina a viabilidade económica da apropriação; dificultando, em suma, a detecção precoce de tendências «trágicas» e a adopção atempada de medidas preventivas[505].

Pense-se na dificuldade que existirá em definir-se, em muitos casos, o que seja o limiar mínimo de «rivalidade no uso» susceptível de gerar problemas, quando por exemplo todos os que utilizam o recurso comum vêm a sua perspectiva distorcida por uma «ilusão de acesso livre» que obscurece os impactos de condutas estratégicas, de viezes e assimetrias informativas e até de custos de transacção inerentes a um esforço de reagregação de titularidades que estejam já excessivamente fragmentadas.

Mas, mais uma vez, talvez seja essa mesma dificuldade que, em contrapartida, tem gerado tão elevados incentivos à adesão a formas de gestão colectiva (as sociedades de autores, a gestão das «*patent pools*»), susceptíveis de, por via contratual, coordenar acessos e usos e reagregar titularidades, permitindo idealmente recobrar uma escala produtiva de exploração[506], com limites de acesso e exploração mais visíveis (porque

---

[503] Rangnekar, D. (2004).
[504] Aoki, K. (1998), 41-43.
[505] Heller, M.A. (1999), 1174.
[506] Heller, M.A. (1999), 1175-1176.

consensualmente explicitados) e mais eficientes, algures nos domínios dos «Baldios de acesso limitado» e nos «Anti-Baldios de exclusão limitada»[507].

Tudo denota as dificuldades que há na compreensão de formas de titularidade que não ostentem características de tangibilidade. Por exemplo, as prerrogativas de exclusão, de que temos falado, são obviamente muito mais simples de conceber e de pôr em prática se elas assentarem na tangibilidade, na conexa impossibilidade física de dois corpos ocuparem simultaneamente o mesmo espaço – sendo que a «presença» em sentido físico é, por si mesma, «exclusiva»[508].

Em contrapartida, e se bem pensarmos, a «tangibilidade» nunca está muito longe dos domínios da propriedade intelectual, e por vezes manifesta-se no seu seio. Pensemos desde logo no «suporte físico» no qual é gerada, guardada e transmitida a informação – reclamando-se normalmente uma infra-estrutura tecnológica e uma rede social para que ela ganhe a dimensão que a envolve em dilemas sociais – e um quadro institucional minimamente evoluído para que faça sequer sentido falar-se de titularidades independentes a concorrer à respectiva exploração. Podem mesmo distinguir-se três tipos diferentes de recursos com os quais se lida nesta área, com diferentes «tangibilidades», e cada um deles sujeito a uma forma distinta de apropriação:

1) os produtos ou artefactos (livros, artigos, bases de dados, «páginas da *web*»);
2) as sedes ou repositórios desses produtos (arquivos, bibliotecas, Internet);
3) as ideias ou conteúdos presentes nesses produtos (conhecimento, informação, dados).

Reconheça-se que nem tudo, nesta tripartição, é intangível – nem tudo requerendo, portanto, formas muito peculiares ou sofisticadas de apropriação[509].

E no entanto, talvez seja precisamente essa falta de sofisticação a principal fonte de complicações, porque é da apropriação exclusiva dos suportes físicos da informação que derivam, como é óbvio, as mais fortes titularidades nesta área – ainda que os progressos tecnológicos tenham

[507] Heller, M.A. (1999), 1183-1184.
[508] Colangelo, G. (2004), 10.
[509] Hess, C. & E. Ostrom (2003), 128-129.

multiplicado formas crescentemente eficazes de limitar o acesso mesmo aos recursos mais imateriais, contribuindo para aquilo que os mais estrénuos defensores dos «Baldios digitais» caracterizam como a privatização «mercantilizadora» da propriedade intelectual, aquilo que, por referência ao antecedente histórico, designam como o «*second enclosure movement*» – o caminho aberto para os «Anti-Baldios», mas também para os mais diabolicamente rebuscados desafios a essas titularidades, os meios de cópia, transformados hoje numa verdadeira vanguarda tecnológica, uma vanguarda singularmente insensível às cominações legais de ilicitude[510].

Um ponto a reter, portanto, é o dessa maior complexidade que o nosso tema assume na área da propriedade intelectual, uma complexidade a provocar tensões e consequências em direcções opostas – com resultados necessariamente ambíguos. Por comparação, a temática tradicional dos «Baldios» e dos «Anti-Baldios», com os seus paradigmas «fundiários», de patrimonialidade exclusivamente material, parece muito linear e simples, mesmo quando se avança para as soluções espontâneas e intermédias, como em *Governing the Commons*, que respeitam a casos em que as demarcações das propriedades são nítidas, os universos de titulares são restritos e coesos, todos os titulares têm uma consciência clara da prioridade da solução dos problemas de coordenação, há um quadro institucional estável e as condutas são facilmente observáveis[511].

Por contraste, nestes domínios da informação e da propriedade intelectual predominam situações nas quais os limites são vagos, abunda a heterogeneidade de criadores e utentes, os universos referenciais não são demarcados, o quadro institucional não costuma ser especialmente estável e forte, e as condutas deixaram de ser facilmente observáveis, muito em especial depois da explosão do Ciberespaço[512]. Pense-se no que pode suceder quando a ambiguidade dos resultados se combina com a intratabilidade estrutural de questões de formalidades, de regulação, de «*standards*» e «*path dependencies*», de acordos sectoriais, de normas sociais, de custos de transacção, de contestação dos mercados, de globalização, de acessibilidade, de credibilidade e «entropia» do sinal, etc..

---

[510] Hess, C. & E. Ostrom (2003), 111-112.
[511] Ostrom, E. (1990).
[512] Hess, C. & E. Ostrom (2003), 132.

5.4. B) **Privatização e Mercantilização**

É porventura a consciência da fragilidade do fenómeno da propriedade intelectual – a sua radical dependência face a valores culturais, a sua contingência face aos riscos da sua própria complexidade – que terá levado à predominância de preocupações com a formação de «Anti-Baldios», preocupações que correspondem à «ressaca» perante a tendência para a multiplicação de titularidades promovida pela «generosidade» inconsequente e complacente de adjudicadores e reguladores (tendo-se já notado, judiciosamente, que o resultado dessa aparente tibieza na «explosão de titularidades» só encontra um contrabalanço espontâneo na «captura de renda» por parte desses adjudicadores e reguladores, que racionalmente procurarão tirar partido da inelasticidade da oferta dos recursos – fruto da sua escassez – face à pressão da procura de titularidades)[513].

Com efeito, é muito visível a predominância do tema dos «Anti-Baldios» no debate económico sobre a propriedade intelectual – espelhando por sua vez o entrecruzar de muitos valores e interesses, central entre eles o choque da «ética de partilha» das academias com a perspectiva comercial dos detentores dos suportes físicos da informação, ou o choque entre o paradigma da «*information revelation*» e o paradigma dos «*property rights*», o primeiro enfatizando os benefícios absolutos da liberdade de acesso (efeitos de escala e de rede em processos cumulativos, por exemplo), o segundo advertindo para as «falhas de mercado» decorrentes da intensa externalização positiva (não apenas os consabidos «efeitos de boleia» mas o próprio «paradoxo da informação» de Kenneth Arrow, a dificuldade de se estabelecer a fronteira entre o mínimo de informação que motiva a procura e o excesso de informação que, tornada bem público, desmotiva essa procura)[514].

Antes de prosseguirmos, impõe-se uma advertência específica, quanto à margem de arbitrariedade que tão facilmente se insinua no emprego de conceitos novos como o de «Anti-Baldio», e em especial em áreas não-consolidadas como esta da fundamentação económica da propriedade intelectual. No ardor do debate, «Anti-Baldio» passa a ser o epíteto aplicado por todos os que queiram vencer barreiras de acesso e limites de exploração sem querer perder tempo na ponderação séria das legitimidades em presença[515] – transforma-se num aríete conceptual, em suma, que desvia

---

[513] Kieff, F.S. & T.A. Paredes (2006), 2.
[514] Bar-Gill, O. & G. Parchomovsky (2003), 6-8.
[515] Kieff, F.S. & T.A. Paredes (2006), 2.

a atenção para a circunstância, que frisámos já sobejamente, de muitas sobreposições de prerrogativas de exclusão constituírem uma salutar salvaguarda contra o assalto aos «Baldios»; e transforma-se num argumento especialmente perigoso se ele mobiliza reguladores e adjudicadores pouco sofisticados, que por exemplo estejam obcecados com incidências na política «*antitrust*», ou que estejam predispostos à «captura».

Admitamos que uma medida prudente seria a de atribuição de titularidades sobre «produtos intelectuais» em termos de puras «*liability rules*», ou seja, titularidades «fracas» e expostas criticamente a adjudicações e reafectações *ex post* e hetero-reguladoras – e uma atribuição inicial sujeita, além disso, a um crivo apertado, por forma não somente a dar lugar à subsistência de genuínos «Baldios» (mantendo o acesso livre como regra supletiva naqueles casos duvidosos de legitimação da propriedade intelectual), mas também a preservar algum espaço ao «*private ordering*», aos veículos de coordenação espontânea que forneçam soluções satisfatórias para todos os envolvidos (promovendo o «desarmamento» coordenado das titularidades, em especial de prerrogativas de «*holdout*» ou de «*opting out*», ao mesmo tempo que preservam incentivos à produtividade).

Contudo, o carácter turvo dos conceitos e das fronteiras nestes domínios, já assinalado, mais uma vez não ajuda: aqui os «Baldios» aproximam-se da definição de bens públicos puros – havendo pois pouca rivalidade, mesmo nenhuma, ou mesmo o inverso de rivalidade, economias de escala ou externalidades de rede, em relação à informação já difundida. Por isso, ao menos um certo tipo de «Tragédia dos Baldios» não pode, por definição, acontecer na área dos direitos de propriedade intelectual, e é bem possível que estejamos expostos a uma outra forma atípica de «tragédia», resultante já não da sobre-exploração mas antes da subprodução, em suma a «tragédia» que habitualmente se associa aos bens públicos[516].

Pela mesma razão, a contrapartida da invocação de direitos exclusivos no domínio da propriedade intelectual tende a aparecer revestida de tonalidades monopolísticas, sugerindo as consequências anti-concorrenciais e as ineficiências estruturais dos monopólios, razão que, real ou aparente, chega para sustentar uma parte da resistência à «*second enclosure*» e para desvalorizar os tradicionais argumentos acerca da apropriação como incen-

---

[516] Boyle, J. (2003b), 41-42.

tivo à criatividade (não raro enfatizando o facto de os criadores serem eles próprios vítimas da comercialização e da industrialização do sector, pouco proveito tirando das titularidades que lhes são atribuídas)[517].

Acresce a isso o juízo social sobre a eficiência da propriedade intelectual, que naturalmente incidirá sobre os valores agregados, líquidos – ressaltando aí os efeitos anti-progresso da colocação de quaisquer entraves ao modo normal de funcionamento da ciência, sendo que, para lá de considerações «éticas», o facto é que essa ciência se desenvolve cada vez mais de forma colectiva, colaborativa, na tendência oposta à lógica de «captura de rendas» que permitiria a cada um converter-se num predador da «mais-valia» que emerge da própria configuração «comunitária» da produção de conhecimento.

O ponto, como sabemos, não seria grave se o perspectivássemos no seio de um contexto «coaseano», ou seja, se os efeitos pró-inovação e pró-competitivos reclamassem «*property rules*» mas fossem baixos os custos de transacção, a propiciar sempre a transferência eficiente de inovações, de conhecimentos, de tecnologia – sempre que o criador ou inventor não fosse ele próprio o mais eficiente utilizador dos seus próprios produtos (e, ainda assim, só se o fosse como monopolista natural)[518]. O contexto de baixos custos de transacção não é de presumir nestes domínios – e esta mais uma razão, uma razão «coaseana», pela qual os poderes conferidos pela propriedade intelectual são em regra muito mais limitados do que os que correspondem a outras formas de propriedade[519].

Não se retire daqui, contudo, um argumento «cripto-socialista» contra qualquer tipo de apropriação individual sobre os produtos da criação intelectual: apesar dos riscos de «estrangulamento» em «Anti-Baldios», não podemos perder de vista que, sem titularidades individuais, jamais poderá funcionar um mercado, e ficaremos entregues às conhecidas alternativas na afectação e reafectação de recursos; e que as titularidades individuais, mesmo que concebidas como simples «*liability rules*» ou como «*property rules*» muito mitigadas, podem traduzir-se em poupanças de custos sociais em termos de informação, administração, «escolha pública», negociação, formação de «*standards*» e preços[520].

---

[517] Boyle, J. (2003b), 43-44.

[518] Gallini, N.T. (2002), 131, 137.

[519] Gordon, W.J. (2002), 159ss..

[520] Kieff, F.S. (2003).

Enfatizemos as virtudes da formação de um mercado – por mais imperfeito que ele seja, por mais exposto que esteja a «falhas» –. Com esse propósito, suscitemos uma dúvida acerca da aparente confusão entre titularidade de um «acervo de direitos» e o exercício efectivo de todos e cada um dos poderes nele contidos, e muito particularmente quando esse exercício represente uma auto-exclusão face às vantagens das transacções de mercado.

Descontado o extremo caricatural do titular que age invariavelmente guiado por um propósito maximizador e imediatista, e do caso objectivo do inventor que é simultaneamente o titular de um monopólio natural, é evidente que o detentor de uma patente, por exemplo, se aperceberá de que o valor da protecção de que beneficia só se concretiza através do licenciamento, e que a relativa abertura que demonstre nesse licenciamento há-de ser a chave para a geração de uma simbiose com os restantes envolvidos, a chave do seu próprio sucesso económico – numa palavra, a maximização da titularidade reclama transacções e depende delas, não se consuma numa solipsista e contemplativa recusa do mercado –. E a prova de que assim é encontra-se no facto de que o aprofundamento da referida privatização e mercantilização do meio, para lá dos riscos que em abstracto comporta, não se tem traduzido em qualquer grave e discernível abrandamento dos ritmos de investigação científica e de investimento em informação[521]. Dito por outras palavras, mesmo que houvesse «excesso de apropriação» isso não teria que significar necessariamente, e invariavelmente, «excesso de exclusão» e «falta de exploração», não tinha que caminhar inelutavelmente para um desfecho «trágico»[522].

5.4. C) **Captura de Renda**

Recorrendo-se às categorias básicas da «análise de bem-estar»[523], podemos tornar mais nítida a posição dos titulares da propriedade intelectual face ao mercado: a estratégia de «estrangulamento», de «*holdout*», é essencialmente uma forma de dissimular a «disposição mínima de vender», por forma a «capturar renda» através da elevação do preço de

---

[521] Kitch, E.W. (2003), 272ss..

[522] Schulz, N., F. Parisi & B. Depoorter (2002).

[523] Cfr. Araújo, F. (2005), Cap. 6 – a).

equilíbrio – e pode também ser, na presença de elementos de «poder de mercado» de recorte mais ou menos «monopolístico», uma verdadeira retracção da oferta, determinando por si mesma uma ulterior elevação do preço de equilíbrio[524] (não esqueçamos que há ainda a alternativa, caracteristicamente a mais «trágica», de «estrangulamento não-estratégico», resultante da simples sobreposição de titularidades, a dificultar a coordenação do licenciamento[525]).

O problema torna-se mais melindroso – ainda nos termos gerais da «análise de bem-estar» – se a procura for inelástica por ausência de sucedâneos: no caso, por causa da complementaridade entre o bem protegido pela prerrogativa de exclusão e os bens daqueles que pretendem ter acesso, ou por causa de relações de dependência no interior de processos cumulativos – determinando, em suma, uma dificuldade suplementar de ocultação estratégica da «disposição máxima de pagar» do lado da procura, uma dificuldade comprometedora do esforço de «captura de renda» desse lado do mercado. A inelasticidade da procura pode constituir um incentivo adicional à «retenção estratégica da autorização» do lado da oferta; só que, como em todos os casos de «*bluff*», tem que haver um «ponto de desbloqueio», ainda que invisível para a contraparte, sob pena de a transacção não se consumar e se perder a oportunidade de «captura de renda», tudo terminando numa «*deadweight loss*», numa perda absoluta de bem-estar[526].

E é claro que os factores de complicação não se esgotam aqui. Pensemos em apenas dois: 1) a Crise da Justiça, permitindo aos envolvidos jogarem com a radical incompetência do sistema judiciário para se imporem mutuamente factos consumados e para se entrincheirarem em titularidades «viscosas» ao arrepio das qualificações legais[527]; 2) as incertezas inerentes aos processos de criação intelectual, em especial as respeitantes às inovações científicas e tecnológicas, que obviamente precedem, e por vezes longamente, a possibilidade de confirmação, ou negação, do respectivo valor comercial – envolvendo por isso titularidades e transacções cuja

---

524 Nishijima, M. (2004).

525 Heller, M.A. & R.S. Eisenberg (1998), 698; Eisenberg, R.S. (1999), 1017ss..

526 De certo modo foi o que pôde observar-se no caso «*New York Times v. Tasini*», no qual as reivindicações de direitos de autor por parte de «*freelancers*» redundou na manifestação de um «Anti-Baldio», dado o excesso de titularidades e o comportamento estratégico de cada uma delas. Cfr. Parisi, F. & C. Sevcenko (2002), 295-296, 309ss..

527 Lanjouw, J.O. & M. Schankerman (2004), 45-46.

avaliação social está longe de ser certa e de corresponder objectivamente a um preço de equilíbrio[528].

Por outro lado, não podemos perder de vista a dimensão política dos problemas da propriedade intelectual – uma dimensão já bem visível nos paradigmas «fundiários» da titularidade exclusiva mas exacerbado agora pela referida contingência da propriedade face a valores sociais dominantes. Se levarmos em conta essa dimensão política e ponderarmos os objectivos tradicionalmente assinalados às principais formas de protecção da propriedade intelectual, concluiremos sem dificuldade que se trata de um regime que deve muito mais à ideia de subsídio público do que à ideia de poder exclusivo *in rem*: com efeito, trata-se claramente de um expediente para lidar com um tipo peculiar de bens públicos, procurando evitar que as respectivas características estuturais destruam as possibilidades da sua produção espontânea a níveis socialmente eficientes – e esse expediente consiste basicamente na atribuição de monopólios temporários, susceptíveis de gerarem «quase-rendas» que se tenham por remuneradoras da inovação e do investimento, ainda que se saiba, numa ponderação global, que isso é alcançado à custa da livre circulação de recursos e da livre concorrência por esses recursos[529].

Tudo é, assumidamente, um artifício, a que não preexiste nenhuma realidade de ocupação, nenhuma limitação natural de acesso, nenhuma necessidade física de rivalidade e congestionamento. Por outras palavras, se na propriedade «clássica» sempre avultou o problema da externalização negativa, e concomitantemente o perigo dos «Baldios», na propriedade intelectual a assimetria, o desnivelamento, é claramente o oposto, o do excesso de externalização positiva – o que explica a proeminência dos «Anti-Baldios» e ao mesmo tempo justifica tanto o medo da «*second enclosure*» como a fé depositada por tantos no surgimento de uma «Comédia dos Baldios»[530].

A contraposição perde a sua força se adoptarmos uma atitude mais agnóstica quanto à «retórica da propriedade», e subscrevermos a ideia de que se trata sempre, em qualquer dos casos, da atribuição de prerrogativas residuais de controle sobre recursos escassos, uma atribuição cuja intensidade variará em função de características estruturais dos bens, por um lado (se se trata de bens privados, de bens de clube, de recursos

[528] Lemley, M.A. & C. Shapiro (2005), 76ss..
[529] Cohen, L. (1991), 351ss.; Grady, M.F. & J.I. Alexander (1992), 305ss..
[530] Lemley, M.A. (2004); Opderbeck, D.W. (2004).

comuns ou de bens públicos), de características do mercado ou sector (qual a proximidade ou afastamento do nível «coaseano» de abaixamento dos custos de transacção) e de finalidades públicas (o estímulo à inovação, ao investimento em informação e em «capital intelectual», a necessidade de preservação de um «domínio público»)[531]; sendo nesse sentido, e de acordo com essa panorâmica ampla, que se justifica apreciar-se, ou criticar-se, a intensidade da atribuição de direitos de propriedade intelectual[532].

Vale a pena, chegados aqui, recuarmos um pouco e lembrarmos as vantagens da fragmentação dos poderes dentro de titularidades reconfiguradas como «acervos de direitos», sublinhando que muitas das asserções precedentes podem ser relativizadas se tomarmos em conta que as soluções eficientes dependem cada vez mais de arranjos e equilíbrios contratuais, de combinações, de composições de fragmentos, de arquitecturas de coordenação de condutas, e cada vez menos da simples posição inicial das titularidades – o que, se por um lado é a confirmação da sedimentação espontânea de instituições «facilitadoras», aliás fortemente apoiada em soluções políticas intencionalmente «coaseanas»[533], por outro lado é também a indicação de que muitos problemas estratégicos se transferem para o plano contratual, preferindo arranjos de interesses pactuados à «estratégia» puramente esterilizadora da «recusa de contratar»[534].

Mas aqui lembraremos também que a alternativa contratual, para ser eficiente, pressupõe um quadro institucional muito sólido e sofisticado – nomeadamente um contexto normativo susceptível de baixar significativamente os custos de transacção (pense-se no que isso reclama de confiança na segurança e na justiça promovidas pelo sistema, como alicerce da confiança que as partes possam depositar no cumprimento das obrigações contratuais). Ora isso por sua vez aponta para a subsistência de um outro problema, o da propriedade intelectual no plano internacional – um problema magno nas relações económicas internacionais, já que nesse plano o exercício de prerrogativas de exclusão se defronta frequentemente com uma quase completa ausência de contrabalanços (ao menos de contrabalanços espontâneos)[535].

---

[531] Pagano, U. & M.A. Rossi (2004), 57ss..

[532] Merges, R.P. (2004), 183-186.

[533] Um exemplo de reagregação eficiente de titularidades fragmentadas com o apoio de legislação «facilitadora» é o da rapidíssima reconstrução dos condomínios de Kobe depois do terramoto de 1995, uma reconstrução que podia ter sido entravada pelos habituais problemas da acção colectiva e da coordenação. Cfr. West, M.D. (2003).

[534] Parisi, F. & B. Depoorter (2002).

[535] Safrin, S. (2004), 541ss..

Não é nosso propósito entrarmos nessa outra «galáxia temática», mas refiramos apenas que aí a «hipertitularidade» conduz a um «Anti-Baldio» de contornos especialmente nocivos, contribuindo para o agravamento das desigualdades internacionais e para a exclusão das nações mais pobres pelas nações mais ricas, as produtoras de inovação e de informação, escudando-se atrás da propriedade intelectual, a mesma que algumas nações mais pobres tentam utilizar para «retaliar» usando a mesma «armadura jurídica» para sujeitar a prerrogativas de exclusão alguns materiais a montante da investigação e do desenvolvimento dos países ricos, num prenúncio de «corrida para o fundo» de consequências «trágicas» a nível global[536]. Numa frase: o «admirável mundo novo» do acordo TRIPS e das medidas TRIPS-*plus*.

É um caminho cheio de riscos, mas se pensarmos bem é um fenómeno de aceleração da apropriação e da privatização que corresponde ainda, em parte, ao modelo «canónico» de Harold Demsetz, constituindo uma resposta à alteração do valor relativo dos bens face aos custos associados ao respectivo controle e protecção: à medida que a tecnologia vai abrindo novas e cada vez mais promissoras possibilidades de utilização de recursos, mais os interesses procuram a sua consagração e cristalização em titularidades permanentes; a parte que não corresponde àquele modelo pode atribuir-se a «efeitos de contágio», a irracionalidades de «reacções em cadeia», a condutas de sobrevalorização e de sobre-apropriação «preventivas» – deve-se, em suma, à especulação[537].

5.4. D) **A «Ética da Partilha» na Ciência**

Uma das convicções mais fortemente arreigadas na comunidade científica, e até espelhada na própria designação «comunidade», é a de que a partilha de informação, dos frutos da investigação, num ambiente de «livre acesso», mais do que ser um bem eticamente valioso, tem sido um dos mais decisivos factores no incremento de produtividade científica, no progresso das instituições científicas e até no impacto social da ciência[538]. Trata-se, como referimos anteriormente, de afirmar a superioridade do paradigma da «ciência aberta» face ao da «ciência fechada».

---

[536] Safrin, S. (2004), 642ss., 652ss..

[537] Safrin, S. (2007).

[538] Reichman, J.H. & P.F. Uhlir (2003), 318.

Note-se, todavia, que o «*open access*» tem tido um alcance ambíguo, e muitas vezes designa não mais do que a solução de colocar à disposição de todos a informação produzida, sem isso querer significar, no entanto, que o titular abdica dos principais «*property rights*» que constituem o «acervo de direitos» da sua titularidade: trata-se de uma solução simples que visa estabelecer salvaguardas «anti-bloqueio», e subsidiariamente promover a negociação nas redes de circulação e partilha que se formam (ao menos idealmente), contrariando a tendência para a excessiva privatização e mercantilização que redundariam num «Anti-Baldio»[539], buscando ao mesmo tempo evitar, na ausência de alternativas contratuais «coaseanas», a degradação dos incentivos e a subprodução de «ciência»[540].

Numa versão mais conotada ideologicamente, dir-se-ia que a preservação da «ética da partilha» contra a tendência para a formação de «Anti-Baldios» na Ciência reclama a separação da «república da ciência» (a comunidade dos cientistas) face ao «regime da tecnologia» (o mundo das empresas que se apropriam do conhecimento, dos frutos da investigação, para explorá-los comercialmente), uma separação que alegadamente preservaria o equilíbrio entre essas duas «ópticas» da ciência, e essencialmente permitiria à primeira delas alcançar em simultâneo uma série de objectivos igualmente importantes: preservar a sua «ética», a sua atitude desinteressada de cooperação universal, a sua forma peculiar, mas socialmente aceite, de avaliar o seu próprio sucesso, a idoneidade dos seus processos de incentivo (nomeadamente a «*peer pressure*»), a validação e reconhecimento colectivo dos seus resultados[541].

Trata-se de reiterar convicções muito vulgarizadas (e muito difundidas por Robert Merton, entre outros) de que a «mercantilização» pode descredibilizar os resultados da Ciência na medida em que desvirtue os valores «comunitários» que lhe servem de alicerce, que lhe fornecem o estímulo primário e as balizas de validação recíproca, e que, reconhecidos exteriormente, lhe reforçam o prestígio social[542].

Subjaz a isto uma visão algo romantizada dos incentivos científicos e académicos, mas ela não é totalmente desprovida de referente. Claro que as Universidades e os Centros de Investigação não são uma singularidade, nem no universo dos valores éticos, nem no dos incentivos eco-

---

[539] Reichman, J.H. & P.F. Uhlir (2003), 319-323.

[540] Reichman, J.H. & P.F. Uhlir (2003), 325.

[541] Mireles, M.S. (2004), 185-187.

[542] Lee, P. (2004), 671.

nómicos (descontados efeitos de «*warmglow*» que empolam a percepção subjectiva da eticidade das motivações[543] e efeitos de «*bandwagon*» que empolam a avaliação dos «ganhos de pertença»[544]) – e por isso elas não têm sido imunes, muito longe disso, aos avanços da «mercantilização», da «empresarialização», e da multiplicação e densificação de titularidades exclusivas, por mais idóneas que sejam as advertências, nestes domínios, contra os «Anti-Baldios» (desde Michael Heller e Rebecca Eisenberg[545]), por mais frágeis que se revelem as excepções e contrabalanços tradicionalmente apresentados à propriedade intelectual[546].

É óbvio que fica reservado ao Estado um papel determinante, na medida em que ele disponha de meios, e poder, para manter aberto o acesso a um «domínio público» da informação, ao menos no que respeita à informação produzida sob a sua égide[547] – entendendo-se que essa é uma forma de produção pública de um bem público, que por definição seria espontaneamente subproduzido, e além do mais um exemplo indutor de confiança[548] e um ponto focal desincentivador de descoordenações e de competições «dissipadoras de renda»[549]. À proliferação de «*blocking patents*», o Estado pode decerto contrapor uma grande variedade de salvaguardas legais e institucionais, desde a restrição do número e extensão dos direitos de propriedade intelectual, ou o alargamento das excepções, até à promoção de «*patent pools*», próprias ou alheias, que funcionem como «facilitadoras de acessos» e como «desembaraçadoras» do novelo de titularidades que inadvertidamente tenha aberto caminho ao «Anti-Baldio» – em suma, fomentando a «contestação de mercado» susceptível de contrabalançar o poder de monopólio que tenha sido constituído a favor de um titular[550].

Por outro lado, não esqueçamos que, neste domínio como noutros, a produção pública de um bem público traduz sempre o quebrar de um impasse – precisamente aquele que determinaria a não-produção (ou quando muito a subprodução) privada. O Estado está na posição privilegiada de poder produzir externalidades positivas sem se preocupar minima-

---

543 Andreoni, J. (1990), 464-477.
544 Glance, N.S. & B.A. Huberman (1994), 217-239.
545 Heller, M.A. & R.S. Eisenberg (1998), 698ss..
546 Dam, K.W. (1999).
547 Reichman, J.H. & P.F. Uhlir (2003), 326.
548 Reichman, J.H. & P.F. Uhlir (2003), 362.
549 Reichman, J.H. & P.F. Uhlir (2003), 346-347.
550 Mireles, M.S. (2004), 147-148.

mente com a respectiva internalização, porque tem outros meios de recuperar os seus investimentos e de se livrar dos «efeitos de boleia» que perturbam invariavelmente qualquer ideia de produção privada de bens públicos – nomeadamente as receitas tributárias[551].

Por outro lado, pode ainda o Estado arrogar-se o direito de legislar e regular, e com isso condicionar decisivamente, *ab initio*, os dados do problema: reduzir o número e extensão das titularidades (por exemplo, transformando «*broad patent claims*» em «*narrow patent claims*», e encurtando prazos), encontrar contrabalanços legais ou institucionais, internos ou internacionais, para aquilo que considere «excessos» na propriedade intelectual (por exemplo, ameaçando com a arma do «*antitrust*»[552]), incentivar as iniciativas privadas e as normas sociais que previnem ou remedeiam esses excessos (a publicação preventiva de informação patenteável, os «*creative commons*», a produção de «*open source software*», entre tantos outros exemplos[553]), podendo mesmo conceber-se que a modulação de formas de apropriação «nas mãos certas» acabe por traduzir-se no efeito globalmente benéfico da «Comédia dos Anti-Baldios».

Os riscos não devem ser subestimados, contudo: a tendência para a privatização e para a mercantilização pode mesmo comprometer o progresso científico – ao menos o progresso tal como o temos conhecido, em especial se o quadro institucional e internacional penderem ambos no mesmo sentido dos «Anti-Baldios»[554], muitas vezes por inadvertido excesso de empenho no combate ao mais perceptível risco dos «Baldios» (o nocivo «excesso de remédio» de que temos falado)[555].

Mais importante ainda, é manifesto que o «Baldio» criado pela ética académica de partilha gera um terreno livre para o «*rent-seeking*», um vazio a ser ocupado por empresários, políticos, juristas, todos interessados na colocação de «cercas» susceptíveis de gerarem rendas, todos tirando proveito do «horror do vazio», sobretudo da parte daqueles que, insensíveis à genuína «ética de partilha», só vislumbram anomia para lá das portas escancaradas da «ciência aberta»[556].

---

[551] Reichman, J.H. & P.F. Uhlir (2003), 363-364.

[552] Reichman, J.H. & P.F. Uhlir (2003), 413-416.

[553] Lerner, J. & J. Tirole (2005), 112ss..

[554] Reichman, J.H. & P.F. Uhlir (2003), 367.

[555] Veja-se as conclusões de sentido oposto em: Heller, M.A. & R.S. Eisenberg (1998), 698ss.; Walsh, J.P., A. Arora & W.M. Cohen (2003).

[556] Reichman, J.H. & P.F. Uhlir (2003), 405-406.

Para além disso, pode pensar-se no que efeitos cumulativos e multiplicadores, e a própria irreversibilidade, podem significar para as sequelas da privatização e da «mercantilização» da criação intelectual e científica. Entre outras, possivelmente[557]:

- a redução da colaboração científica internacional, com subaproveitamento das virtualidades da especialização e da divisão de trabalho;
- o aumento dos custos de transacção por surgimento de barreiras jurídicas e administrativas;
- a multiplicação de preços monopolísticos e de práticas anti-concorrenciais por «fragmentação de mercado» em nichos independentes;
- uma investigação menos assente em uso intensivo de dados e em avaliação recíproca.

É possível uma reinterpretação altamente positiva de todo este panorama de problemas e complicações: tudo isto constitui um desafio às instituições académicas e científicas que queiram genuinamente preservar a sua forma tradicional de agir – um desafio no sentido de adoptarem novas práticas, como, por exemplo, arranjos contratuais susceptíveis de preservarem um «baldio criativo» sem caírem nos riscos correspondentes, e sem vedarem o avanço da apropriação e da comercialização naquelas áreas em que estas tendências demonstrem a sua capacidade para incentivarem a investigação e o progresso da ciência[558].

Por outras palavras porventura mais sugestivas, dir-se-á que se trata de preservar uma «horizontalização» que contrarie a «verticalização» representada na privatização e na comercialização, e é esse objectivo que torna tão importante o estabelecimento de balizas legais: por exemplo, o estabelecimento de normas supletivas que explicitem (poupando os custos de estipulação), a regra de acesso irrestrito horizontal e a excepção, quando compatível, do acesso privado e da exclusão[559]; afinal, a reprodução, como «*majoritarian defaults*», das minutas que já regem em muitas normas sociais de auto-regulação do acesso à informação e às inovações, como o menu de titularidades que, como um leque de «acervos de direitos», é oferecido pelo regime dos «*creative commons*»[560].

[557] Reichman, J.H. & P.F. Uhlir (2003), 407-408.
[558] Reichman, J.H. & P.F. Uhlir (2003), 419, 429.
[559] Reichman, J.H. & P.F. Uhlir (2003), 429-430.
[560] Reichman, J.H. & P.F. Uhlir (2003), 431-432.

Um desafio às instituições académicas e científicas, decerto, um apelo ao cerrar de fileiras, e uma ordem de batalha pela preservação de um espaço de «domínio público» que favoreça o progresso da Ciência – especificamente quando haja o risco de ela ficar refém dos «Anti-Baldios» resultantes da sobreposição de poderes de «capturadores de renda»[561].

5.4. E) **O Estrangulamento da Investigação Subsequente**

Já tínhamos sublinhado que o problema dos «Anti-Baldios» se torna particularmente melindroso, nos domínios da propriedade intelectual, quando ele se manifesta num estrangulamento em processos sequenciais e cumulativos de investigação – ou seja, quando a atribuição de titularidades a montante, mesmo que pacificamente assente na justificação tradicional da propriedade intelectual (a atribuição de um monopólio temporário sobre os frutos da investigação, como incentivo a essa investigação), se perverte numa pura base de captura de rendas monopolísticas através de condutas estratégicas, em especial o «*holdout*» (como vimos, a ameaça do exercício do veto na tentativa de se extorquir, em contrapartida, a totalidade da «renda» em jogo[562]), tirando partido do facto de a complementaridade tornar inútil e desprovida de valor cada uma das titularidades quando se pense em utilizá-la em separado, e também do facto de uma reagregação «coaseana» das titularidades complementares não estar disponível[563].

E um ponto melindroso desde logo por causa de um problema de definição e de atribuição: como distinguir a legítima invocação da propriedade intelectual de uma atitude abusiva de «*holdout*»?[564] Recorrendo a critérios de boa fé? Discutindo se há, ou não, genuínas «falhas de mercado» no incentivo privado à investigação? Fica a questão em aberto.

Sublinhemos aqui, apenas, o problema estratégico que um tal «estrangulamento» acarreta:

---

[561] Reichman, J.H. & P.F. Uhlir (2003), 461-462.

[562] Claro que também podemos pensar numa situação de «*holdup*», quando se trata de «desbloquear» aquele que, tendo já procedido a investimentos, precisa agora de licenciamento para alcançar os resultados pretendidos (sendo que neste caso ele esté refém dos seus próprios investimentos, vulnerabilizando-se a si próprio).

[563] Mireles, M.S. (2004), 168-170.

[564] Epstein, R.A. & B.N. Kuhlik (2004), 54.

- por um lado, aquele que faz «*bluff*» com a sua ameaça de veto, na mira de capturar o máximo de «renda de agregação» quando dessa «agregação» dependa a sequência da investigação e o sucesso dos esforços subsequentes, corre o risco de que o «estrangulamento» seja demasiado bem sucedido, esterilizando a ciência a jusante e impedindo o próprio titular de «capturar renda», porque essa «renda» deixa de existir – o caso que já caracterizámos como «parasitismo estúpido», que acaba na morte do hospedeiro e, com ela, do parasita, aqui especificamente causado pela «perda absoluta de renda», uma «*deadweight loss*»;
- por outro lado, como também referimos anteriormente, interessa-lhe manter, o máximo de tempo possível, a aparência de idoneidade do seu «*bluff*», não dando qualquer indicação, aos demais envolvidos, do limiar a partir do qual renunciará ao seu poder de veto[565] – já por causa dos ganhos naquele exercício particular de «captura de renda», já por causa dos «ganhos de reputação» para episódios futuros (uma cedência prematura dará indicações de fraqueza às futuras contrapartes);
- por outro lado ainda, aquele que recorre ao «*holdout*» sabe que pode estar a destruir o mesmo «*pooling*» de titularidades complementares de que poderá precisar num momento subsequente – e portanto convém-lhe ter consciência da retaliação a que pode ficar sujeito, e ponderá-la estrategicamente na sua decisão inicial[566];
- por fim, percebendo que a amplitude do seu «acervo de direitos» pode converter-se num obstáculo ao seu próprio enriquecimento[567], o titular pode prescindir de uma «captura inicial» através do estrangulamento da investigação subsequente, e pode, pelo contrário, promover essa investigação de modo a, por «capturas de renda» negociadas posteriormente e muito mais limitadas, conseguir recuperar ou até ultrapassar o montante de uma captura inicial – por essa via «lafferiana»[568] assegurando uma limitada, mas efectiva, convergência entre objectivos privados e sociais[569].

---

[565] A estratégia do já aludido «*chicken game*».

[566] Epstein, R.A. & B.N. Kuhlik (2004), 55-56; Epstein, R.A. & B.N. Kuhlik (2004b), 1ss..

[567] Bar-Gill, O. & G. Parchomovsky (2003), 21.

[568] Por referência à «Curva de Laffer», que precisamente apontava para a possibilidade teórica de se aumentar a receita tributária através do abaixamento das taxas e consequente alargamento da base tributária.

[569] Bar-Gill, O. & G. Parchomovsky (2003), 24-25.

Escusado será insistir-se que o problema se agudiza por causa da «estrutura comunitária» de muita da actividade científica e da «ética» que alegadamente consagra e protege essa estrutura: o exercício de «*holdout*» por um membro da comunidade será imediatamente apodado de «traição», de violação ética grave – e em muitos sectores de actividade estará aberto o caminho para as sanções mais drásticas que as normas sociais podem consagrar (a estigmatização e o ostracismo são duas delas)[570].

Mais ainda, as incertezas de que se acompanha a actividade científica e a produção dos seus resultados permitem os mais diversos exercícios contrafactuais[571], em todas as direcções: e num deles os «estrangulamentos» da investigação subsequente poderão ser irrestritamente empolados – quem sabe, se a investigação tem prosseguido no momento e nas circunstâncias únicas em que se consumou o «bloqueio», o que não se teria descoberto, o que não se teria progredido, quantos ganhos se teriam acumulado, quantas perdas se teriam evitado?

Pode mesmo sustentar-se, a propósito, a existência de um «efeito de Édipo», de um fenómeno que se torna num problema pela simples forma como é percebido – pois que mesmo que haja erro nessa percepção, isso não interfere muito no condicionamento das condutas, e por isso é causalmente eficiente, tornando-se um problema tão real como qualquer outro. A ser assim, a intervenção mais decisiva deveria ter lugar no plano da definição inicial das titularidades, por forma a evitar-se «enviesamentos» que aumentassem, nos titulares, a percepção dos ganhos a obter com a «viscosidade» dos seus poderes; e, nos não-titulares, a ansiedade com os «Anti-Baldios», o empolamento dos efeitos de dependência e de subordinação face às titularidades «viscosas» a montante[572].

Dir-se-ia, nesse caso, que ocorre uma distorção perversa dos dados do problema, que empresta uma conotação desnecessariamente «trágica» aos impasses que podem surgir no seio das tensões «montante / jusante», mais a mais se pensarmos que existem tantas formas de reagir a esses impasses, e algumas delas conexas com a própria estruturação da «comunidade científica», como acabámos de notar[573]. Por outras palavras, mesmo levando a sério as advertências pioneiras de Heller e Eisenberg, depois invariavelmente retomadas nestes domínios dos «Anti-Baldios da Proprie-

---

[570] Mireles, M.S. (2004), 142-143.

[571] Mireles, M.S. (2004), 144-146.

[572] Lee, P. (2004), 661-665, 676ss..

dade Intelectual», o facto é que de modo algum se afigura como inevitável, mesmo depois de reunidas todas as premissas, a ocorrência de tendências «trágicas» como:

– o colapso de negociações por causa de problemas de titularidades;
– a acumulação de rendas monopolísticas por via das «*royalties*»;
– o excesso de exigências de contrapartidas pelo licenciamento[574].

Bastaria, para desligarmos o tema de conotações demasiado deterministas, lembrarmos aquilo que a própria teoria económica nos diz acerca da motivação dos inovadores num ambiente concorrencial – apontando para o facto de a inovação ser um processo de «destruição criativa» com o qual se tenta evitar o lucro normal no longo prazo (como o sublinhou Schumpeter[575]), e por isso não postular qualquer necessidade de formação de nichos monopolísticos de titularidades separadas mas sobrepostas, nem qualquer «captura» em processos sequenciais. Por outras palavras, a pressão para a inovação é dupla (a busca dos ganhos temporários do monopólio de facto, por um lado, e por outro lado a fuga ao «lucro zero» do longo prazo) e tão intensa que nenhum «estrangulamento monopolístico» consegue entravá-la, apenas desviar-lhe episodicamente o curso – o que faz com que os titulares «a montante» disponham de um poder muito mais contingente, e que os inovadores «a jusante» um incentivo muito menos frágil, do que aquilo que à primeira vista poderia conceber-se[576].

Há mesmo quem sustente que o aparente «excesso de titularidades» pode ter, paradoxalmente, um efeito positivo, que é o de espicaçar uma inovação radical, capaz de contornar os obstáculos e as demarcações das titularidades anteriores, incentivando novos caminhos para a Ciência, caminhos que não fiquem presos dos trilhos abertos pelos inovadores a montante, que não paguem tributo a «*path dependencies*» – inutilizando todo o esforço de «captura» erigido pela apropriação e pela mercantilização a montante, e fazendo recuar radicalmente, a ser bem sucedida essa via de «inovação radical», a fronteira dos «Anti-Baldios trágicos»[577].

Não quer isso dizer que não sejam discerníveis empiricamente os efeitos dos «Anti-Baldios sequenciais», seja em termos de existência seja

[573] Mireles, M.S. (2004), 174-175.
[574] Mireles, M.S. (2004), 181-182.
[575] Cfr. Araújo, F. (2005), Cap. 10 – e).
[576] Lee, P. (2004), 670ss..
[577] Adelman, D.E. (2005), 1021ss..

em termos da direcção predominante dos efeitos[578] – apenas significa que nada há de conclusivo quanto à extensão dos efeitos, dada a complexidade dos contextos relevantes e das motivações, ora divergentes, ora cruzadas, daqueles cujas pretensões conflituam[579].

E é claro que esses efeitos só tenderão a agravar-se na medida em que se intensifique a «corrida às patentes», ou seja, na medida em que, independentemente de propósitos estratégicos específicos, se multipliquem as iniciativas de ocupação e apropriação de fases cada vez mais precoces do processo de investigação, recuando para níveis cada vez mais elementares (os *inputs* mais básicos, formas de vida, parcelas de processos produtivos), ampliando com isso, a cada passo, a possibilidade de exercerem, querendo, o bloqueio estratégico de vastas áreas de investigação e de aplicação tecnológica a jusante – e mais assim se o quadro normativo, por inércia ou por «captura» de *lobbies*, não acompanhar o processo com o incremento de salvaguardas (excepções, limitações) e de contrapartidas (licenciamentos compulsivos, expropriações), permitindo a rápida concentração de prerrogativas «monopolísticas» nos titulares[580], ou se não temperar o incentivo básico para aquela corrida através de uma eventual restrição do «acervo de direitos» atribuível em resultado dela, ou impondo até algumas prerrogativas de interferência pública, mesmo que temporária, na exploração dos recursos ou no exercício dos poderes de exclusão[581].

Como a «corrida às patentes» vai fazendo recuar muito rapidamente os limiares da patenteabilidade, que cedo alastrou para as próprias formas de vida e para *inputs* cada vez mais elementares e fundamentais (pense-se no exemplo pioneiro do «*oncomouse*» de Harvard), gerando-se a impressão de que se tinha em vista uma forma peculiar de concorrência, a concorrência «pelo mercado», ou seja a situação de «*winner-takes-all*»[582], compreende-se também que tenham aparecido propostas a defenderem o tratamento separado das questões, um esforço dirigindo-se para questões básicas relativas à sujeição a titularidades privadas de bens «de mérito», de «património comum da humanidade», de valores cuja sujeição «ao comércio» mereça reservas generalizadas, por um lado, separado de um outro esforço, esse de combate à formação de «Anti-Baldios», por outro

---

[578] Murray, F. & S. Stern (2005), 3ss..
[579] Lee, P. (2004), 679.
[580] Lee, P. (2004), 684-685, 689ss..
[581] Lee, P. (2004), 692ss..
[582] Pagano, U. & M.A. Rossi (2004), 69ss..

lado, mas atendendo agora ao seu impacto muito diferenciado em função dos subgrupos de investigadores e das áreas científicas – nem todas manifestando o mesmo impacto profundo que pode associar-se à patenteabilidade dos «*inputs*» mais básicos de toda a pesquisa científica, que a deixariam, quase toda, numa posição de dependência absoluta face a prerrogativas monopolísticas – contingentemente exposta a um mega-«*holdout*»[583] –, nem todas igualmente capazes de erguer barreiras de «*pooling*», de «clubes» de recursos, de normas sociais, susceptíveis de mitigar os efeitos estratégicos da monopolização[584].

A questão está, já o sabemos, na concepção de «acervos de direitos» que assegurem um compromisso, e equilíbrio, entre direitos de monopólio e a preservação de um mercado eficiente em bens intangíveis: recapitulando o que acabámos de dizer, o excesso de protecção resolve o problema dos «bens públicos» mas permite o estrangulamento da produção e de circulação de investigação e informação, gerando «Anti-Baldios» em prejuízo do público utente, dos criadores a jusante – e, no fim, dos próprios criadores a montante, os primeiros titulares (na medida em que a sua estratégia envolve a privação temporária das rendas alcançáveis através do licenciamento imediato)[585].

Mas aqui também entram na liça os cépticos quanto à natureza genuinamente «comunitária», de «Baldio», do ambiente de criação científica e tecnológica – sublinhando que já existe muita individualização no trabalho académico e científico, muita apropriação separada dos frutos do esforço individual, muito caminho em direcção aos «Anti-Baldios», em suma, pelo que a privatização e a mercantilização não representariam uma evolução tão exótica ou anti-natural – tão traumatizante, em suma – como o sugeriram algumas visões algo romantizadas do «Baldio científico»[586].

Outros ainda são cépticos, já não relativamente ao carácter genuíno da «ética de partilha» ou à natureza de «Baldio» da «comunidade científica», mas relativamente à falta de massa crítica que essa «comunidade»

---

[583] Murray, F. & S. Stern (2005), 3, 8ss..

[584] David, P.A. (2006).

[585] Adams, W.A. (2002), 77. Para a vertente internacional, cfr. Reichman, J.H. (1997), 11ss..

[586] Adelman, D.E. (2005), 989ss.. Cfr. Eisenberg, R.S. (1994), 640ss.; Heller, M.A. & R.S. Eisenberg (1998), 698ss..

representa face à dimensão dos interesses em jogo, relativamente à incapacidade para constituir uma resistência, ou uma alternativa, à marcha para os «Anti-Baldios» da sobre-titularidade[587].

Mais não fazemos aqui, afinal, do que renovar a advertência contra a polarização da dicotomia «Baldios / Anti-Baldios», agora aproximando-nos de propostas mais detalhadas, como aquelas que se traduzem num misto de salvaguardas contra os «Anti-Baldios»[588] e de restrição, não na amplitude das patentes, mas no seu número, e portanto no risco da sua sobreposição[589].

Afinal, reconhecendo até que tem havido convergências entre os optimistas, que confiam no mercado e nas normas sociais de auto-regulação para fornecerem equilíbrios espontâneos, e os pessimistas, que, desconfiando dessa possibilidade, no entanto têm apontado para soluções casuísticas e «calibradas» de reguladores e adjudicadores que sejam capazes de promover «desbloqueamentos» na investigação sequencial imitando aquilo que, em condições mais propícias, teria sido espontaneamente alcançado pela via do mercado[590] – relegando para as margens de baixa probabilidade os episódios de genuína «Tragédia dos Anti-Baldios», entre os quais poderá contar-se, por exemplo, o do já referido «arroz dourado», uma típica vítima de «*holdout* generalizado»[591], o episódio histórico da demora na adopção da tecnologia radiotelefónica, e o impasse que podia ter inviabilizado o «*pooling*» na norma MPEG-2[592].

São convergências que não nos surpreendem, porque, no fundo, elas mais uma vez ilustram o poder do «Teorema de Coase», do qual um dos corolários é que o âmbito (espacial, temporal, de intensidade) das titularidades só é problemático em função das limitações à renegociabilidade[593], e que portanto a confiança nas titularidades e a confiança nos mercados e na contratação rectificadora podem manifestar-se numa nítida correlação

---

587 Rai, A.K. (2003).

588 Rose, C.M. (1991), 5-7.

589 Burk, D.L. & M.A. Lemley (2002), 1202ss.; Burk, D.L. & M.A. Lemley (2003), 1575ss..

590 Adelman, D.E. (2005), 995.

591 Adelman, D.E. (2005), 997ss..

592 Lévêque, F. & Y. Ménière (2006). Cfr. Merges, R.P. & R.R. Nelson (1990), 839ss.. Novamente advertiremos que a necessidade de recurso a contrafactuais muito incertos nos impedirá de detectar todos os «Anti-Baldios trágicos» que possam ter-se consubstanciado em «oportunidades perdidas».

593 Schmitz, P.W. (2001), 23ss.; Cohen, M. (2001).

inversa[594], mas podem também podem reavaliar-se em termos de complementaridade e de convergência, quando se reconhece que o problema crucial reside na multiplicidade e dispersão dos poderes ínsitos nas titularidades, mais do que na concentração dos poderes em cada um dos titulares – caso em que a palavra de ordem passa a ser a de «compactar» o universo dessas titularidades, já para reduzir custos de transacção (e conexamente restringir a margem de oportunismo e de estratégia), já para restringir os efeitos automáticos de qualquer dispersão, no caso a multiplicidade de valorações envolvidas quanto aos direitos a serem licenciados, face à indefinição do valor futuro da investigação a jusante, tudo agravado pela heterogeneidade de participantes e de interesses envolvidos em eventuais renegociações[595].

5.4. F) **Remédios para os «Anti-Baldios» na Propriedade Intelectual**

Talvez a forma mais óbvia e simples de contrariar o «*over-fencing*», as «cercas» da apropriação privada através de patentes e do «*copyright*», é conceder-se aos interessados uma pequena chave, que permite um acesso limitado, pouca ou nenhuma fruição ou exploração do recurso e mais nenhuma das prerrogativas que acompanham as titularidades mais fortes desses recursos (poderes de fruição plena, de administração, de disposição). Não se trata de conter o processo de apropriação ou mercantilização da investigação ou da informação – até porque muito frequentemente a travagem do processo é impossível ou proibitivamente cara, e muitas vezes nada mais se consegue do que o agravamento dos requisitos para a atribuição de titularidades privadas[596], e outras vezes os «Anti-Baldios» são o fruto de legislação guiada por outros valores[597] –, mas apenas de permitir excepções às prerrogativas de exclusão que acompanham esse processo, fornecer «escapatórias» como a do «*fair use*»[598] ou a do «uso experimental»[599].

---

[594] Eisenberg, R.S. (1987), 217ss.; Heller, M.A. & R.S. Eisenberg (1998), 700-701.
[595] Cohen, M. (2001).
[596] Mireles, M.S. (2004), 201-202.
[597] David, P.A. (2000).
[598] Parisi, F. & C. Sevcenko (2002), 323ss..
[599] Mireles, M.S. (2004), 194-195.

Trata-se em ambos os casos de meios de conciliação das barreiras da propriedade intelectual com as possibilidades de acesso geradas pelo progresso tecnológico – visto que se gera um conflito quanto ao âmbito adequado de protecção, uma tensão entre manutenção artificial de elevados custos de transacção e a redução desses custos pela criação de meios mais ágeis propiciados pela tecnologia, a mesma que, facilitando o acesso «transgressor», torna incomportáveis as defesas «infalíveis»[600].

Por outro lado, trata-se de «escapatórias» sustentadas em argumentos de «justiça»: ou seja, que reconhecem que pouco há de «estrutural» nas barreiras de acesso aos recursos comuns (ainda que já saibamos que existem factores estruturais de ineficiência como a sobreposição inadvertida de titularidades[601] ou os casos de extrema complementaridade de recursos[602]), e que o que predomina é a elevação de barreiras e de custos de transacção que resulta de considerações estratégicas[603]: razão pela qual a excepção do «*fair use*» faz sentido mesmo em contextos de baixos custos de transacção, nos quais os remédios «coaseanos», que seriam abstractamente possíveis, acabam bloqueados pelas referidas condutas «estratégicas»[604].

5.4. F) i) Os «*Property-Preempting Investments*»

Já aludimos à estratégia de publicação «preventiva» de informação, como modo de bloquear a sua ulterior apropriação por outros. Jogando por antecipação, aquele que toma a iniciativa de disponibilizar gratuitamente a informação ao público prescinde da renda que obteria se ele próprio sujeitasse essa informação a uma titularidade privativa – negando a si próprio aquilo que também nega aos demais –; ao fazê-lo, ganha em reputação, decerto, na medida em que a sua iniciativa privada promove directamente interesses colectivos, mas ganha também com a dissuasão de apropriações monopolísticas em seu redor, minimizando a probabilidade de que outros, violando compromissos explícitos ou implícitos, «estrangulem» o sector, e portanto o «estrangulem» também a ele, com a apro-

[600] Depoorter, B. & F. Parisi (2002), 454.
[601] Depoorter, B. & F. Parisi (2002), 461.
[602] Depoorter, B. & F. Parisi (2003). Cfr. Heller, M.A. (1999), 1163ss..
[603] Depoorter, B. & F. Parisi (2002), 458-459.
[604] Depoorter, B. & F. Parisi (2002), 463-464.

priação privada de partes, ou da totalidade, de informação fundamental que não estivesse ainda divulgada (que não tivesse ainda ganho as características de um «bem público»).

Os «*Property-Preempting Investments*» são, portanto, um objectivo estratégico privado que involuntariamente contribui para o interesse colectivo – e especificamente para a prevenção de «Anti-Baldios» na informação. O valor estratégico dessas «jogadas por antecipação» será tanto maior, presume-se, quanto mais intensa for a «corrida às patentes» – razão pela qual poderá até usar-se a sua frequência como um barómetro para as oscilações na atribuição dos direitos de propriedade intelectual, e como um sinal de alarme para as degenerações com potencial «trágico»[605].

Se quiséssemos caracterizá-los mais rigorosamente, diríamos que os «*Property-Preempting Investments*» são uma externalidade que visa impedir terceiros de internalizar benefícios a partir de um recurso – presumindo-se que o promotor desses «*Property-Preempting Investments*» tem maiores benefícios privados do que custos de oportunidade pelo facto de ter prescindido de uma privatização em proveito próprio. Acontece, contudo que, apesar do sucesso dos «*Creative Commons*», a que aludiremos já de seguida, ainda não há um «*standard*» que permita a baixo custo, e com o máximo de eficiência, *sinalizar* a todos os interessados, a todos os envolvidos da «estratégia do Anti-Baldio», a existência da «licença de livre acesso» que significa a renúncia a todas as consequências económicas de um direito de exclusão.

Isso dificultará, claro, mas não impedirá, que surjam formas de governação intermédia e de produção de «normas sociais» capazes de preencher os hiatos de uma definição de titularidades mais taxativa ou eficiente – como Robert Ellickson e Elinor Ostrom, entre outros, demonstraram que sucedia genericamente em todas as áreas dos «*property rights*»: não talvez já a «ordem sem lei» a que se referia Ellickson, mas a «ordem apesar da lei», a ordem pactuada entre agentes que sabem tirar partido das circunstâncias de complementaridade dos seus interesses, independentemente da sua maior ou menor consagração legal, e que interiorizam a consciência de que quaisquer abusos poderão suscitar uma «*trigger strategy*»[606], nomeadamente uma explosão de «publicação preventiva» a destruir todas as possibilidades de apropriação privada da informação em sectores inteiros[607].

---

[605] Merges, R.M. (2004), 3.

[606] Cfr. Araújo, F. (2005), Cap. 10 – b) – iii).

[607] Merges, R.M. (2004), 17.

Mas há mais, os «*Property-Preempting Investments*» podem ser também a manifestação de uma «ressaca» da maré-alta da privatização e da mercantilização[608] – o reconhecimento de que existe um limite de exclusão para lá do qual irrompe, como já conjecturámos, o «síndrome do parasita estúpido», a causar perdas «lafferianas» de receitas: uma possibilidade de esgotamento para a qual a teoria já há muito tinha acumulado advertências[609].

A ser assim, os «*Property-Preempting Investments*» seriam em primeira linha uma iniciativa redistributiva, um reequilíbrio de «excedentes de bem-estar» entre os interesses complementares (ou especificamente entre titulares a montante e utentes a jusante), mas em última instância tornar-se-iam numa medida incrementadora do bem-estar total, por minimização das «*deadweight losses*» resultantes de «Anti-Baldios»: aquele que «desprotege», ao menos parcialmente, a informação de que dispõe, aposta na valorização adicional que resultará da utilização irrestrita dessa informação pelos demais (e pode também apostar, como vimos, na recuperação de rendas através desse alargamento da base, um alargamento não raro acompanhado de efeitos de escala e de externalidades de rede); e aquele que espontaneamente restringe a extensão ou intensidade das suas prerrogativas pode estar ainda a seguir a mais prudente das estratégias «de antecipação»: baixando os custos de acesso, dissuade a produção de sucedâneos que acabariam por «romper o dique» (inelutavelmente, dado o progresso tecnológico) e pode apostar antes na formação de «*standards*» e de «*path dependencies*» com base na informação disponibilizada, em relação à qual esse primeiro titular pode ainda dispor de uma vantagem natural[610].

No fundo, pode não se tratar senão do reconhecimento dos efeitos do progresso tecnológico na afirmação e na violação de titularidades que rapidamente alastraram para os domínios da intangibilidade – domínios nos quais, como sublinhámos oportunamente, se dificulta a destrinça entre recursos comuns e bens públicos, porque fica mais turvo o conceito de

---

[608] Merges, R.P. (2004), 186ss..

[609] Merges, R.P. & R.R. Nelson (1990), 839ss.; Heller, M.A. & R.S. Eisenberg (1998), 698ss.; Mazzoleni, R. & R.R. Nelson (1998), 273ss.; Rai, A.K. (1999); Rai, A.K. (2001), 813ss.; Hall, B.H. & R.H. Ziedonis (2001), 101ss..

[610] Pode não haver ainda ninguém, senão ele, a dispor da tecnologia necessária para tirar proveito dessa informação «aberta». Cfr. Bar-Gill, O. & G. Parchomovsky (2003), 2-4.

«rivalidade no uso» (e também o de partilha, o de exclusão, o de fruição), tornando menos discernível a aproximação de colapsos «trágicos»[611].

É também o aumento dessa complexidade e sofisticação que justificará a predominância de princípios de precaução, por exemplo a sustentarem a necessidade de manutenção «preventiva» de «acesso livre» em grande escala, mesmo correndo os riscos de descoordenações, e de «deseconomias» de escala e de gama, desses «Baldios»: é o que tem sucedido, aliás com extraordinário sucesso, com as iniciativas de «*open source software*», iniciativas de grande dimensão, a mobilizarem grandes empresas e a suscitarem até apoios estaduais – vencendo os «motores egoístas» com a proeminência de outros interesses (alguns não menos egoístas – mas a prazo), vencendo os custos de transacção através da constituição de «comunidades» dominadas por «éticas de partilha» (não raro inspiradas pelo exemplo de ex-«piratas informáticos»), alegadamente mais coesas, nas quais os incentivos à colaboração são mais imediatamente «contagiantes» e nas quais é mais fácil detectar e punir a «dissidência».

Adivinha-se a simpatia com que as academias saudaram essas iniciativas de «acesso livre» no seio da própria indústria, e ao mesmo tempo ajudaram no combate às degradações e perversões que, como seria de esperar, acabaram por se insinuar nos propósitos iniciais[612].

5.4. F) **ii) As «*Patent Pools*»**

Outra iniciativa, mais «canónica», contra os riscos de descoordenação, mas agora tanto nos «Baldios» como nos «Anti-Baldios» em sede de propriedade intelectual, é a da formação de «Semi-Baldios» (de acesso restrito para «*outsiders*», de acesso livre para «*insiders*»), sob a designação de «*patent pools*».

Não se trata agora de contestar ou limitar os «acervos de direitos» em presença, mas apenas de incentivar a sua colocação em comum, através de formas contratuais estáveis e suficientemente fortes para evitarem ou destruírem as armadilhas da complementaridade e da dependência, e para reduzirem os custos de transacção inerentes ao acesso (com o «*one-stop shop*» dos licenciamentos, estabelecendo por exemplo «*blanket licenses*»

---

[611] Bruns, B. (2000), 1.

[612] Merges, R.M. (2004), 8.

que abrangem universalidades de obras protegidas[613] – pense-se em «*standards*» da indústria que nasceram em «*patent pools*», como as normas da tecnologia DVD ou do MPEG-2) – com o único risco, em contrapartida, de poderem representar restrições à concorrência, suscitando reacções «*antitrust*» – ainda que o potencial de conflito entre os objectivos de «*antitrust*» e os valores da propriedade intelectual (um tema muito mais amplo do que aquele que nos ocupa aqui) tenda hoje à enfatização de um quociente («*ratio*») entre ganhos e perdas monopolísticos associados à atribuição de titularidades exclusivas – a relação entre benefícios e custos *sociais*, que habilite a formulação de uma «*rule of reason*» susceptível de delimitar as intervenções «*antitrust*».

Mais especificamente, sustenta-se que as «*patent pools*» devem cingir-se às titularidades essenciais e susceptíveis de causarem «estrangulamentos», deixando de fora as patentes rivais ou potencialmente sucedâneas – já que no primeiro caso poderá haver efeitos pró-competitivos, mas no segundo caso avulta o risco de efeitos anti-competitivos. Os direitos de exclusão associados às patentes deverão, nesses contextos, continuar a promover a inovação, travando tanto os «efeitos de boleia» como a tendência para a «Tragédia dos Anti-Baldios» – e só em segunda linha, como sucedâneo, se admitirá o recurso ao «*pooling*», com os seus incentivos à eficiência estática e dinâmica através da integração de tecnologias complementares, reduzindo os custos de transacção, o poder de bloqueio e a litigância[614].

Retenhamos, pois, que as «*patent pools*» são essencialmente formas de combinação de patentes complementares, que baixam riscos de estrangulamento num «Anti-Baldio» e promovem a difusão do material patenteado através de uma agregação antecipada, contratualizada, dos fragmentos de titularidade (vencendo os entraves que resultariam de negociações separadas a partir de «*property rules*»). No interior dessas «*pools*», os titulares podem proceder genericamente, sem barreiras, a um «*cross-licensing*»: mas o mais comum (embora a variedade contratual e organizacional seja grande) é todos abdicarem dessas prerrogativas a favor de uma entidade central, gestora dessas titularidades colectivas, até porque há que encontrar um modo uniforme de avaliação dos direitos e de repartição dos rendimentos gerados pelas «*royalties*» entre os participantes na «*pool*», os «*insiders*» no «Semi-Baldio»[615].

[613] Landes, W.M. & R.A. Posner (1989), 325ss..
[614] Colangelo, G. (2004), 3ss..
[615] Colangelo, G. (2004), 29.

Sublinhámos, a seu tempo, as vantagens que podem representar os «Semi-Baldios»: ilustremo-las agora com as «*patent pools*», que parecem constituir muito melhores respostas ao perigo de «*holdouts*» e de «Anti-Baldios» do que outras soluções como o licenciamento compulsivo, porque naquelas os participantes activos é que estabelecem as regras, em princípio de forma mais sensível aos valores e equilíbrios de mercado, de forma mais cooperativa, mais remuneradora, menos litigiosa e menos arriscada para cada participante[616]. As redundâncias são eliminadas, abrem-se perspectivas de sinergias e ganhos de escala, e aparentemente mantêm-se intactos os incentivos dos participantes para inovarem e divulgarem as suas inovações – descontados os já assinalados efeitos anti-competitivos[617] – e isto em especial se, nos casos mais difíceis de «estrangulamentos» a montante, as «*patent pools*» vierem dotadas de poderosos «antídotos» promotores da justiça e da eficiência, de critérios de licenciamento como o RAND («*Reasonable and Non-Discriminatory Licensing*») e a MCR («*Maximum Cumulative Royalty*»)[618].

Como acabámos de indicar, muitas «*patent pools*» evoluem espontaneamente para estruturas institucionais dotadas de alguns elementos de integração vertical – formas colectivas de gestão de direitos de propriedade intelectual e industrial, formas hierarquizadas e centralizadas de facilitar a agregação e a circulação de «acervos» relevantes de direitos, poupando em custos de alternativas contratuais e «horizontalizadas» como o «licenciamento cruzado» ou até as «*joint ventures*»[619]. Tal como no caso das «*pools*», estas organizações hão-se ser avaliadas, da perspectiva da regulação «*antitrust*», por uma ponderação entre efeitos pró-competitivos e anti-competitivos, sendo que entre os primeiros se contarão os efeitos fomentadores do progresso tecnológico, que de outro modo poderiam ficar retidos no «estrangulamento» de «Anti-Baldios»[620], e entre os segundos terá que ser contabilizada a formação de autênticos monopólios, com um poder de mercado que frequentemente redunda na «expropriação» dos genuínos criadores por parte de gestores da «indústria da propriedade intelectual»[621].

---

[616] Mireles, M.S. (2004), 220-221.
[617] Mireles, M.S. (2004), 222-223.
[618] Asano, T. (2004), 1ss..
[619] Mireles, M.S. (2004), 216-217.
[620] Mireles, M.S. (2004), 219.
[621] Amisano, F. (2005), 1ss..

Rematemos com uma mistura singular de cepticismo e de optimismo. Uma parte da solução para estes problemas colectivos, dada até a dimensão dos problemas envolvidos, reclama evoluções de fundo, modificações de quadro ideológico e dos valores preponderantes. É uma observação que muitas vezes recobre a resignação imobilista ou o escapismo irrealista, dado que na aparência se limita a remeter para pressupostos demasiado remotos e inalcançáveis. E no entanto, precisamente neste domínio da propriedade intelectual, com muita ajuda dos progressos tecnológicos registados no Ciberespaço, tem-se assistido à formação espontânea de muitos movimentos intermédios, conciliadores, susceptíveis de prevenir e solucionar muitos dos «dilemas sociais» de que nos temos ocupado.

Podemos dar como exemplo proeminente e paradigmático o dos «*Creative Commons*», um «Baldio» dominado por uma «ética de partilha» assente na limitação voluntária de «*property rights*» – um ponto de convergência das mais variadas motivações individuais, que vão do genuíno propósito de partilha universal da informação até à mera «cosmética comercial» que associa à adesão aos «*Creative Commons*» uma vantagem para a marca. Seja qual for o motivo, o que conta é que tudo isso contribui para o alastramento do acesso livre – e, no caso dos «*Creative Commons*», contribui de forma standardizada, facilmente identificável, com todos os benefícios de uma tipicidade mas sem os respectivos inconvenientes, nem sempre proporcionando o acesso livre a um «domínio público» mas ao menos reduzindo os custos inerentes ao acesso limitado, *normalizando* os modos de acesso, permitindo destacar um ou vários dos direitos do «acervo» típico (ainda que possivelmente não todos)[622].

---

[622] Merges, R.M. (2004), 14.

6. CONCLUSÕES

Na sexta parte concluímos, não apenas recapitulando conceitos básicos mas ainda estabelecendo algumas conexões com outras vertentes da Análise Económica do Direito que possam servir para ampliar a compreensão do problema e fornecer indicações para investigação futura – sem esquecer a dimensão política que o problema pode revestir, as possibilidades que a proeminência de certas finalidades sociais vêm trazer de ocorrência de uma «Comédia dos Baldios», de uma repercussão globalmente positiva de «excessos» de uso ou de exclusão, e ainda a forma como essas ligações podem contribuir para a reponderação do equilíbrio entre uso e exclusão como forma de se alcançar uma forma socialmente óptima de apropriação, ao menos em «ambientes não-coaseanos».

6.1. **Outras Descoordenações e Assimetrias**

A intratabilidade de alguns dos problemas que temos vindo a analisar recomenda muito nitidamente a prevenção: por exemplo, os «Anti-Baldios» têm uma tendência para a auto-perpetuação, por combinação de efeitos de viscosidade e de irreversibilidade da fragmentação[623] – uma vez consolidada a «*anticommons property*», nem os mercados nem a regulação conseguirão sempre reconvertê-la em formas eficientes de propriedade privada, mesmo que tenha havido já titularidades bem definidas e dinamismo contratual, bastando pensar-se no modo, já referido, como a fragmentação propicia resistências, «*holdouts*» e «capturas de renda».

A ser assim, impõe-se, seguindo um dos corolários do «Teorema de Coase», concentrar a prevenção no desenho inicial das titularidades, tomando em conta a dificuldade de rectificá-las, e expurgá-las de ineficiências e tendências «trágicas», dados os elevados «custos de transacção» – uma advertência que não foi ouvida, como sabemos também, nas «eco-

[623] Depoorter, B. & S. Vanneste (2004), 26.

nomias de transição»[624]. Recordemos que uma das conclusões que podem retirar-se do «*Boundary Principle*» de Heller é uma «preferência pela unificação» contra a «entropia da fragmentação» da propriedade, uma preferência que encontra, de resto, diversos apoios na lei, por exemplo em regras de zoneamento e de ordenamento territorial que impõem áreas mínimas, ou tributam pesadamente áreas sub-mínimas[625].

Consolidada a «*anticommons property*», o ónus da reagregação recai sobre aqueles que pretendem ter acesso ao recurso comum em termos de susceptibilidade de exploração eficiente – ou seja, numa dimensão mínima a resultar dessa reagregação. Trata-se de um esforço duplamente ineficiente, não apenas no sentido de que a reagregação será plausivelmente mais custosa do que o seria a prevenção da fragmentação das titularidades, mas também no sentido de a reagregação ser menos custosa para os «*insiders*» do que para os «*outsiders*». A «Tragédia dos Anti-Baldios» manifestar-se-á habitualmente, aliás, na desistência do acesso: dados os custos implicados, o negócio não se consuma, o recurso não vai parar às mãos daquele que mais disposição tem de pagar por ele (na sua dimensão explorável, evidentemente), e daí resulta a sub-exploração do recurso e a perda absoluta de bem-estar[626].

Não esqueçamos que, em todos os casos de que temos falado, o problema mais grave, o mais dilemático e por fim o mais trágico, é o da descoordenação colectiva; nenhuma das situações em abstracto, mesmo que preenchidas todas as premissas, degeneraria se não fosse a descoordenação entre todos os envolvidos. Lembremos ainda que essa descoordenação pode conduzir até a desfechos insuspeitados, a «segundas tragédias» – a «Baldios» sub-explorados mesmo antes do esgotamento (porque por exemplo o acesso livre desvaloriza o recurso) ou a «Anti-Baldios» sobre-explorados (porque a sobreposição de titularidades leva a uma descoordenação no policiamento do acesso, cada um procurando ficar «à boleia» do esforço dos demais).

Também é por descoordenação, e não por qualquer sobreposição de titularidades ou por qualquer conduta estratégica de oportunismo, que certos problemas de «composição espacial» se convertem em «Anti-Baldios»: pense-se num parque de estacionamento sub-ocupado apenas

[624] Heller, M.A. (1998), 687-688.
[625] Parisi, F. (2002); Parisi, F., N. Schulz & B. Depoorter (2004), 186ss..
[626] Depoorter, B. & S. Vanneste (2004), 26.

porque os utentes não se preocuparam em optimizar a colocação dos seus veículos, por exemplo deixando demasiado espaço entre eles (e excluindo por isso um certo número de potenciais utentes)[627]. E é por descoordenação que, nos casos mais lineares, os «Baldios» tendem a deteriorar-se para lá de limites de sustentabilidade, e os «Anti-Baldios» ficam inibidos de alcançarem uma reagregação acima dos limites da mesma sustentabilidade[628].

Também é a descoordenação que empola «viscosidades» e «viezes cognitivos», como o «efeito de dotação», a causar uma assimetria já assinalada entre as duas «tragédias». Voltando por instantes ao tema, refiramos que a comprovação experimental confirma[629]:

- que os titulares de um recurso comum tendem a empolar preços quando se trata de alienar a favor de um adquirente com pretensões a agir como reagregador, resultando no sub-uso por bloqueio da transmissão a favor de um utilizador eficiente;
- que tendem a subestimar o valor de preservação do recurso a que já têm acesso como titulares, tendendo para o sobreuso descoordenado;
- que tendem por isso a valorizar os mesmos recursos mais elevadamente em situações de «Anti-Baldios» do que em situações de «Baldios», uma assimetria que se relaciona com outras – e que de novo sublinha que pode ocorrer um problema muito mais grave e irremediável nos «Anti-Baldios»[630].

Com efeito, dado que o sub-uso causado pelos «Anti-Baldios» pode ser mais agudo do que o sobreuso causado pelos «Baldios», com muito maior dissipação de bem-estar, já se tem defendido que no caso dos «Anti-Baldios» não se deveria falar de um potencial de «tragédia», mas sim de «desastre». Isso tem uma consequência: em casos de conflitos de titularidades ou de privatizações, na dúvida é preferível deixar os recursos num regime de livre acesso do que sujeitá-los a um programa de intensa definição de direitos privativos. A única conclusão sólida é a de que não se deve extrapolar de ânimo leve do exemplo dos «Baldios» para o dos

[627] Fennell, L.A. (2004), 32.

[628] Parisi, F., N. Schulz & B. Depoorter (2005), 591.

[629] Vanneste, S., A. Van Hiel, F. Parisi & B. Depoorter (2006), 116.

[630] Buchanan, J.M. & Y.J. Yoon (2000), 1ss.; Schulz, N., F. Parisi & B. Depoorter (2002).

«Anti-Baldios», e vice-versa. Mas há que reconhecer que talvez ainda sejam necessárias muito mais explicações, e crescentemente sofisticadas do ponto de vista psicológico, para se perceberem as verdadeiras razões da referida assimetria[631].

6.2. Vias e Obstáculos na Superação das «Tragédias»

Dadas as perspectivas abertas com a «alternativa coaseana», é sempre possível esperar, mesmo que com uma certa dose de optimismo, uma medida qualquer de resolução espontânea das tendências «trágicas» no acesso e exploração dos recursos: em grupos relativamente pequenos e suficientemente coesos, é possível que a limitação dos custos de transacção viabilize a formação e sedimentação de normas sociais, informais, que propiciem uma coordenação permanente entre titulares independentes, travando a pressão demográfica ou tecnológica para a externalização negativa sobre «Baldios», ou para a sobre-apropriação (confirmando a hipótese formulada por Demsetz) – sabendo-se que, no limite, a inexistência de interesses independentes, a sua concentração num único titular, asseguraria, quando fosse possível e desejável, a internalização imediata e total de todas as externalidades, positivas e negativas – esvaziando todas as tensões e impasses[632].

Em contrapartida, há que reconhecer que muitas das razões que subjazem a estes problemas colectivos são as mesmas que dificultam as soluções: muito frequentemente os envolvidos são os «últimos resistentes», cada um «entricheirando-se» nos seus «direitos adquiridos», negando ou subestimando seriamente, seja a existência de um problema colectivo, seja mais ainda a sua gravidade, e reagindo a qualquer tentativa de solução como se ela fosse uma intromissão tirânica. Não surpreende, e o diagnóstico já foi feito: qualquer solução revestirá, em princípio, características de externalidade positiva e até, no limite, de bem público, suscitando insuperáveis «efeitos de boleia». Para lá disso há a racionalidade limitada e os viezes cognitivos que entram em acção: por exemplo, a visão distorcida e unilateral empolará os benefícios de participação num «Baldio», empolando correspondentemente os inconvenientes da privatização, da criação

---

[631] Vanneste, S., A. Van Hiel, F. Parisi & B. Depoorter (2006), 117-118.
[632] Heller, M.A. (1998), 677-678.

de barreiras e de entraves ao acesso livre – especificamente, nunca faltarão os pescadores convencidos de que capturam, e capturarão indefinidamente, mais num regime de acesso livre do que sob um sistema de quotas.

E compreende-se que assim seja – bastando pensar-se na dificuldade de se determinar o quanto o acesso de cada um contribui para a exaustão do recurso, e na dificuldade de se determinar também o quanto é necessário restringir cada conduta individual para que a exaustão não ocorra. Adicionalmente, é de esperar que predomine a opacidade acerca das vantagens e condicionamentos alheios, e por isso pode suceder que cada um interprete como injustamente desproporcionadas as limitações que sobre ele recaiam, ou as vantagens que os outros obtêm.

Seja como for, a partir do momento em que se torna muito visível o estado crítico do «Baldio», muitos «acordarão» e passarão a aceitar essa imposição externa de exclusão de acesso, e a esperar que não seja tarde de mais. Naturalmente, nesse momento a decisão imposta, se porventura ainda é tempestiva, terá que ser suficientemente idónea e enérgica para que ninguém se convença de que pode haver excepções e isenções ao regime imposto, e que a coordenação será um facto. Há confirmação experimental e empírica de que as pessoas aderem muito mais facilmente a uma solução imposta do que a uma coordenação espontânea (afinal, a confirmação de que os custos de transacção tendem a ser muito elevados) – tendendo neste segundo caso para «equilíbrios de Nash» sub-óptimos, senão mesmo para o colapso total do recurso por via de uma desenfreada «corrida para o fundo»[633].

Não caiamos na tentação demasiado fácil de menosprezar os incentivos racionais que possam estar envolvidos, tudo atribuindo, antes, ao egoísmo, à ganância, à miopia, à teimosia ou ao reaccionarismo dos envolvidos. O facto é que muito frequentemente se perceberá que os envolvidos são gente esclarecida e empenhada numa solução, uma solução que somente lhes escapa porque ela não depende apenas da sua vontade e qualidades individuais, e muito frequentemente reclama, antes de mais, uma percepção mínima de que existe deveras um problema, e um problema sério, de quais são os seus modos de manifestação e as suas implicações[634].

---

[633] Thompson Jr., B.H. (2000), 4.

[634] Em *Song for the Blue Ocean*, Carl Safina esforça-se por ilustrar a boa vontade, e a consciência ambiental, dos pescadores que se envolvem numa «tragédia dos baldios». Cfr. Safina, C. (1998).

Reconhecendo isso, podemos identificar outro tipo de obstáculos, a um nível racional, contra as políticas de prevenção ou combate às «tragédias»[635]:

1) Resolver estes dilemas sociais exige que os implicados abandonem os níveis históricos de utilização dos recursos. Mas esse abandono provoca «efeitos de dotação» e outros «*framing effects*», comparações entre os valores relativos de perdas e ganhos. Se não houvesse sacrifícios individuais, custos imediatos, envolvidos, as tragédias seriam facilmente evitadas. Dada a presença desses custos, muitos dos participantes estarão dispostos a correr riscos elevados quanto a custos futuros, aplicando a estes custos taxas de desconto muito elevadas[636]. Quando se estabelecem limites e quotas, muitos dos participantes contabilizá-las-ão como perdas e não somente como limitações de ganhos, porque se manterão apegados ao nível histórico de rendimento como se ele fosse garantido e irreversível (o que pode ser agravado pela consagração jurídica de prerrogativas de acesso livre ao recurso, reforçando a convicção das pessoas quanto ao carácter absoluto e inatacável das suas prerrogativas «adquiridas», minimizando a dimensão social das implicações das suas condutas)[637].
2) Cada um destes dilemas sociais aparece rodeado de uma extensa margem de incerteza científica e social, e isso por si só reduz a possibilidade de ponderação racional do problema e das soluções. Há uma margem de inobservabilidade que dificulta tudo, visto que gera a possibilidade de legítimas dúvidas quanto à dimensão do problema e quanto à adequação das medidas de resposta, permitindo até que alguma cautela típica na apresentação de resultados científicos seja interpretado como incerteza dos cientistas, como um desconhecimento inconclusivo. Isso leva as pessoas a preencherem as lacunas aparentes com as suas fantasias optimistas, buscando a mínima confirmação, por parcial que seja, para o seu «*wishful thinking*»[638]. Daí vai um passo para uma «interpretação

[635] Thompson Jr., B.H. (2000), 19.

[636] Está também em causa um «*framing effect*», que leva as pessoas a serem mais avessas aos riscos quando estão em causa ganhos do que o são quando estão perspectivadas perdas.

[637] Thompson Jr., B.H. (2000), 19.

[638] Muitas vezes uma mera confirmação «por contágio», por observação da conduta ou da opinião dos outros.

egocêntrica da justiça», relativamente a tudo o que destoe da visão optimista do problema; mais ainda, essa interpretação tenderá a detectar egoísmo nos outros e não na própria visão (pense-se nos argumentos dos países pobres quanto aos problemas ambientais planetários), sendo que a visão própria é muito vezes auto-sustentada por um «*halo effect*», um viés de auto-gratificação que, amplificando os efeitos de acções positivas, tende a exonerar aquele que desenvolve o mais pequeno esforço, por mais ínfimo que ele seja em relação àquilo que objectivamente se exigiria.

3) Cada um destes dilemas sociais reclama uma ponderação intertemporal, em termos de se saber quanto é que se deve sacrificar do presente em prol da preservação de recursos a utilizar no futuro. Mas, insistamos, não é fácil ponderar esse «*trade-off*» entre pequenas perdas imediatas e grandes perdas futuras (e descontadas). Logo aqui se suscita o problema de se saber se é legítimo aplicar-se taxas de desconto (as individuais, e eventualmente também as sociais) a problemas ambientais, especificamente problemas de sustentabilidade de recursos – uma questão que ocupa um lugar central no debate ambientalista. Mesmo que o problema não se suscite, cabe perguntar se a incerteza quanto às perdas futuras não é de molde a, por si só, aumentar a taxa de desconto (dado o confronto entre perdas presentes *certas* e perdas futuras *incertas*), contribuindo decisivamente para a desvalorização subjectiva do risco, e particularmente do risco pessoal. A agravar tudo isto, e já para fora do limiar da racionalidade, está a invisibilidade dos problemas – e a atitude de «longe dos olhos, longe do coração», um atordoamento da capacidade imaginativa que dificulta a mobilização antecipada da colaboração[639].

6.3. **Soluções Normativas e Governação**

Mais de uma vez enaltecemos as virtudes das soluções espontâneas para as tensões «trágicas», desde a apropriação privada até à formação de soluções colectivas de apropriação. Contudo essas soluções nem sempre ocorrem, ou são susceptíveis de ocorrer: por exemplo, a dominarem «*property rules*», os custos de transacção podem obstar a que um titular

---

[639] Thompson Jr., B.H. (2000), 19ss..

compre os direitos de exclusivo aos demais titulares – e isso tornando preferível nuns casos, ou inevitável noutros, a opção pela solução imposta do exterior, a governação hetero-reguladora. Nem sempre a adjudicação externa resultará, contudo – pense-se em problemas de «Baldios» a manifestarem-se no Domínio Público Internacional, tirando proveito de não haver uma jurisdição indisputada, ou na «Crise da Justiça» a deteriorar a adjudicação estadual, ou no facto óbvio de muitas medidas políticas de adjudicação precisarem da colaboração dos destinatários, mais do que do simples e passivo acatamento.

Talvez haja, reconheçamos, um excesso de confiança da parte de alguns na probabilidade de auto-regeneração, de ocorrência de soluções espontâneas – algo de conexo com o irrealismo da esperança na formação de uma «ética cívica», ou de uma «ética ambiental», capazes de assegurar, algo deterministicamente, condutas individuais coordenadas, quando é, há muito tempo, um adquirido da Ciência Económica e de outras Ciências Sociais que as atitudes no jogo de cooperação colectiva não dependem da «eticidade revelada», e que esta contribui apenas, e quando muito, para moderar o exacerbamento egoísta que tende a ofuscar a relevância dos problemas comuns, sobretudo fornecendo às pessoas informações «carismáticas», como dados científicos acerca das consequências inevitáveis de cada conduta individual. Não se tomem estas afirmações como reflexos de cepticismo ou de pessimismo antropológico: trata-se apenas de reconhecer que os apelos da «ética» tendem a esbarrar com a «ilusão de consistência» que anima cada indivíduo (um corolário da «dissonância cognitiva»), fazendo-o subestimar os riscos e valores negativos envolvidos em cada decisão de agir[640].

Dito isto, não é de descrer completamente que haja adesão espontânea às soluções de hetero-regulação e de «governação adjudicadora», desde que se dêem alguns passos nessa direcção:

- o reconhecimento de que existe um problema e de que o problema é sério;
- o consenso sobre o figurino básico das soluções propostas;
- o consenso acerca da distribuição dos custos e dos prejuízos resultantes da aplicação dessas soluções.

Sendo de presumir que há vantagem na consideração sequencial dos três tópicos, na medida em que a apreciação prévia dos dois últimos pode

[640] Thompson Jr., B.H. (2000), 35.

bloquear qualquer saída razoável para o primeiro – significando-se com isso que uma identificação prematura de custos e sacrifícios poderá despoletar uma disputa não-cooperativa, cada um empenhando-se mais em «reclamar» do que em «contribuir»[641].

Para se minimizar o efeito dos impasses, uma solução hetero-reguladora deve poder gerar uma convicção de censurabilidade de muitos incentivos racionais (à indolência, à «boleia», ao parasitismo) e gerar uma convicção relativista quanto ao «*status quo*», evidenciando-lhe, ou a insustentabilidade, ou o potencial de degeneração; mas o mais importante é, decerto, o que respeita à distribuição de custos e eventuais prejuízos – razão pela qual se têm privilegiado soluções de «emulação do mercado», como a das quotas negociáveis, que permitam chegar a equilíbrios que reciprocamente anulam algumas das disposições negociais mais distorcidas por viezes subjectivos[642].

Por outras palavras, as aproximações à solução «coaseana» devem ser combinadas com remédios assimétricos que compensem a viscosidade unidireccional que entrava as transacções voluntárias – uma viscosidade que vimos dificultar a reagregação que solucionaria os «Anti-Baldios»[643]. O problema pode ser analisado em termos de custos de informação: a prevenção contra fragmentações «viscosas» pode implicar uma drástica redução das «*property rules*» que deixam demasiada margem ao arbítrio dos interessados – afinal, a solução do «*numerus clausus*», agora justificada em termos de pura eficiência, traduzida numa liberdade negocial balizada pela tipicidade de formas não-fragmentadas (admitindo-se uma reacção ao excesso de fragmentação através de meras «*liability rules*»)[644].

Dado este quadro, diremos que a governação é uma via intermédia entre a regulação plena e a privatização, um misto das duas, aconselhada quando os custos de transacção não são fáceis de baixar, nem sequer através do recurso a «normas sociais». No caso dos «Baldios», podemos esquematizar as opções[645]:

---

[641] No mundo real será difícil separar os três passos, e mais ainda impor uma sequência: as pessoas não são tão ingénuas que seja possível ocultar-lhes os impactos previsíveis das respostas que dão em cada um dos passos. Cfr. Thompson Jr., B.H. (2000), 35.

[642] Thompson Jr., B.H. (2000), 35.

[643] Parisi, F., N. Schulz & B. Depoorter (2005), 588-589. Cfr. Merrill, T.W. & H.E. Smith (2000), 1ss..

[644] Parisi, F., N. Schulz & B. Depoorter (2005), 589.

[645] Bell, A. & G. Parchomovsky (2003), 45.

	Custos de Transacção	Dimensão / Coesão do Grupo	Monitorização / Aplicação da Lei	Partilha de Recursos	Problemas
Privatização	Baixos	Pequeno / Baixa	Baixa / Privada	Irrelevante	Externalidades Negativas
Regulação	Elevados	Grande / Baixa	Elevada / Pública	Irrelevante	Captura de Rendas
Normas Sociais	Baixos	Pequeno / Elevada	Elevada / Privada	Igualitária	Externalidades Negativas e Cobertura Limitada
Anti-Propriedade	Elevados	Grande / Baixa	Baixa / Privada	Um Grupo Favorecido	Uso Limitado

Cada opção tem as suas vantagens e inconvenientes – a própria privatização, como sabemos[646]. Veremos em breve em que é que consiste a opção da «Anti-Propriedade».

A hetero-regulação pura, o «*command-and-control*» tão debatido em matéria ambiental, pode estar sujeita ela própria a problemas de «Baldio», já que a complexidade e a multiplicidade de normas terá por consequência previsível um «Baldio de sobre-regulação», um «*regulatory commons*», embora possa ter, inversamente, um efeito paralisante e sub-regulador por conflito negativo de jurisdições, um «Anti-Baldio de sub-regulação»[647].

No primeiro caso, de «Baldios de sobre-regulação», cada regulador externaliza a maior parte dos custos do seu ímpeto normativo, e só muito tarde se aperceberá de uma convergência entre custos e benefícios individuais[648], momento até ao qual, como sabemos por directa aplicação do paradigma da «Tragédia dos Baldios», haverá excesso de exploração do recurso comum (o espaço da regulação)[649], a menos que haja uma coordenação de jurisdições antes do colapso final[650], ou haja uma desistência generalizada de «corrida ao Baldio» em favor de uma fragmentação das

646 McChesney, F.S. (2003), 227ss..
647 Buzbee, W.W. (2003), 2-3.
648 Buzbee, W.W. (2003), 12. Cfr. Rose, C.M. (1991), 1ss..
649 Krier, J.E. (1992), 335ss..
650 Rose, C.M. (1990), 261ss..

jurisdições – o que por sua vez, como facilmente se adivinhará, pode redundar no «Anti-Baldio» da criação de «feudos regulatórios», mas pode também, mais benignamente, resultar num «Estado mínimo» que aposta tudo na definição de «acervos de direitos» e no abaixamento dos custos de transacção, para deixar funcionar o «mercado»[651].

A pura via da privatização está, por seu lado, exposta à intensificação de problemas de acção colectiva, ao agravamento dos custos de coordenação, dados os riscos de fragmentação ineficiente dos recursos[652]. O problema complica-se se abandonarmos a presunção de que a hetero--regulação é confiada a uma governação coesa, e começarmos a admitir, também nesta, elementos de diversidade e complexidade.

Aliás, é possível representar graficamente as várias «Tragédias dos Baldios» conforme o enquadramento politico-institucional, começando-se pelo mais simples, o do governo coeso e capaz de abarcar na sua acção tanto a gestão completa de um recurso comum como a coordenação, ou o remédio à falta dela, entre todos os intervenientes (obedecendo ao já referido *«matching principle»*)[653]:

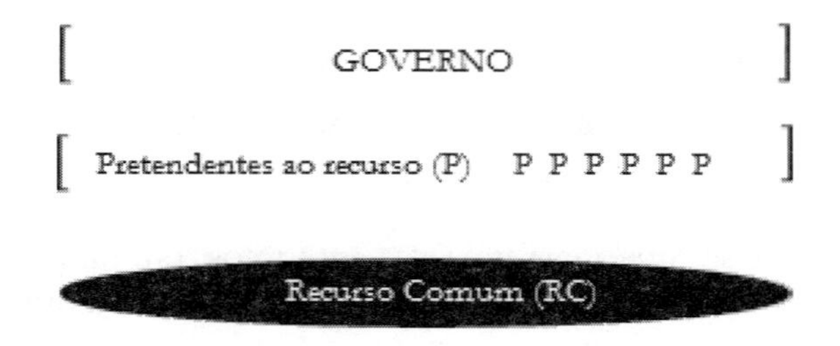

Numa alternativa, o Governo intervém para coagir as partes envolvidas, na falta de coordenação espontânea entre elas[654]:

[651] Anderson, T.L. & D.R. Leal (2001).
[652] Buzbee, W.W. (2003), 15.
[653] Buzbee, W.W. (2003), 17.
[654] Buzbee, W.W. (2003), 18.

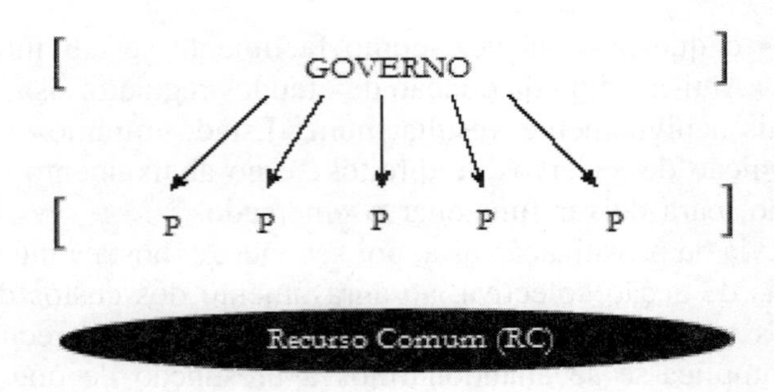

A solução da privatização remete as soluções para as partes envolvidas, presumindo que elas são capazes de coordenar entre elas um resultado colectivamente óptimo. Isso supõe a fragmentação de titularidades sobre o recurso comum e a abstenção imediata do Governo[655]:

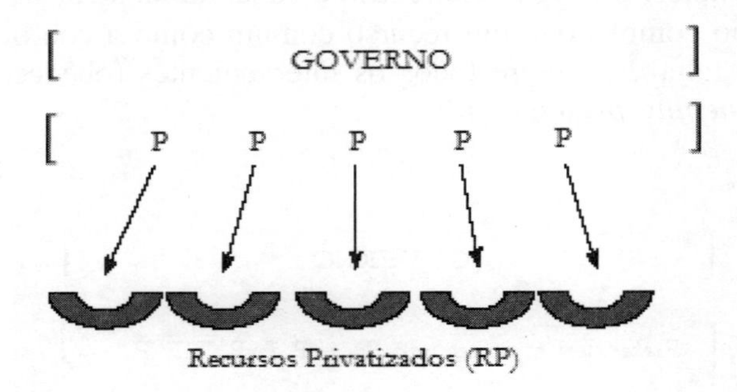

Outra hipótese, que mais uma vez referimos, é a da prevalência de normas sociais que sejam espontaneamente coordenadoras, tornando dispensável a solução coerciva e ao mesmo tempo dispensável a privatização[656]:

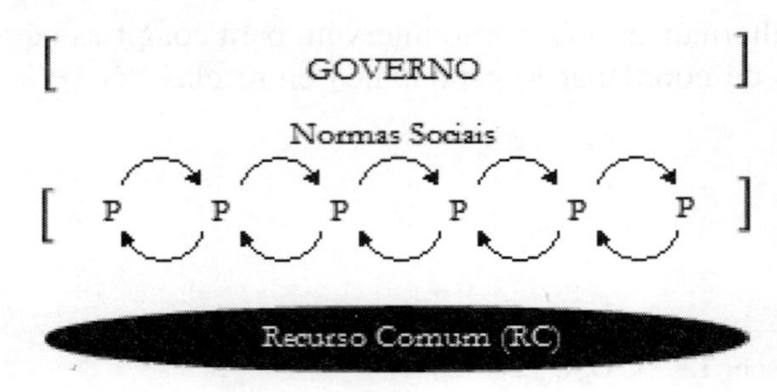

655 Buzbee, W.W. (2003), 19.
656 Buzbee, W.W. (2003), 20.

As quatro hipóteses que acabámos de representar graficamente correspondem às soluções «canónicas» para a «Tragédia dos Baldios», e todas partilham de um mesmo pressuposto: o de que o Governo é uma entidade coesa, falando a uma única voz – o que escamoteia aquilo que se designaria por «Dinâmica de Baldios» no seio da regulação, fruto da fragmentação dos reguladores, da sua heterogeneidade e falta de adequação ao objecto, da ausência de primazias e hierarquias estáveis entre instâncias reguladoras, dos eventuais conflitos positivos e negativos de jurisdições.

Representemos agora uma forma possível de fragmentação de jurisdições regulatórias[657]:

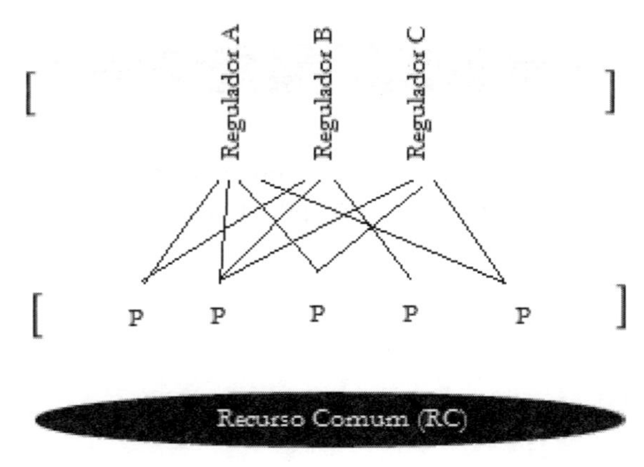

Outra hipótese respeita a recursos comuns susceptíveis de gerarem efeitos que transbordam para lá das fronteiras da jurisdição do regulador público, suscitando problemas de coordenação internacional e interjurisdicional[658]:

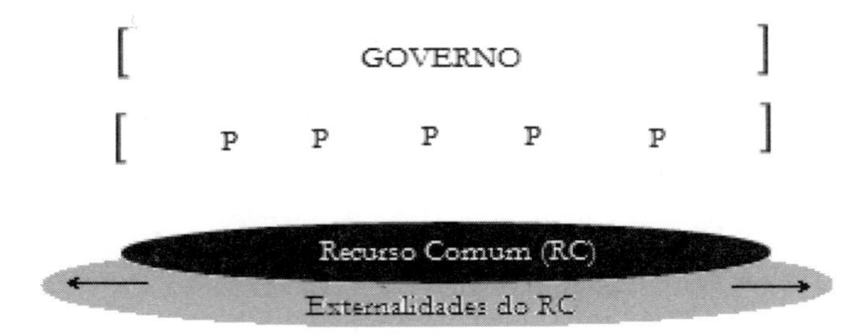

[657] Buzbee, W.W. (2003), 23.
[658] Buzbee, W.W. (2003), 24.

Noutros casos, o que há é apenas uma inadequação em termos de dimensão entre o Governo, ou o regulador, e o recurso comum (uma violação do «*matching principle*»), faltando por isso meios de supervisão eficiente (por exemplo, o caso de alguns países em relação aos recursos oceânicos a que têm acesso)[659]:

Noutros casos ainda, a dinâmica entre os pretendentes ao acesso e à exploração do recurso extravasa dos poderes de supervisão do Governo, deixando por isso uma área não-regulada[660]:

Compreende-se agora o problema que surge quando o recurso comum, ou o universo dos pretendentes a esse recurso, não são co-extensos da competência de um, ou de cada um, dos reguladores. Ao decidirem intervir, os reguladores encararão as suas oportunidades em termos de «Baldios» com áreas sobrepostas. Num conflito positivo de jurisdições entre cinco reguladores, teríamos como possíveis «Baldios Regulatórios» (BR)[661]:

[659] Buzbee, W.W. (2003), 25.
[660] Buzbee, W.W. (2003), 26.
[661] Buzbee, W.W. (2003), 29.

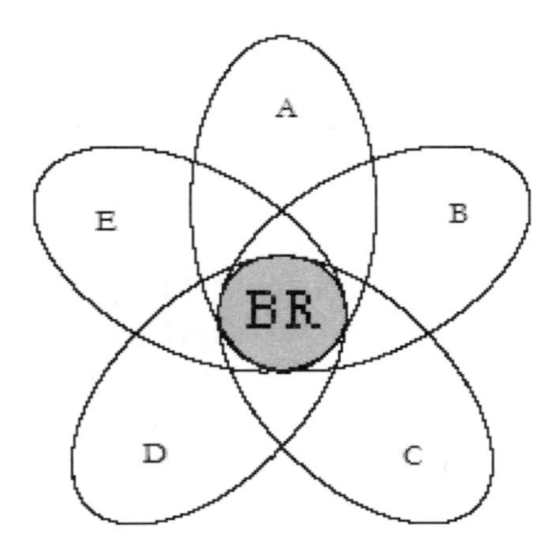

Neste caso, nenhum dos reguladores tem suficiente poder para excluir a competência concorrente de outros, e o resultado mais previsível será a sobre-regulação, um «Baldio Regulatório» que, para os utentes dos recursos sujeitos a essa regulação, se traduzirá, como sabemos, num «Anti--Baldio» correspondente ao excesso de poderes e titularidades sobrepostos[662].

É fácil de discernir aqui uma outra simetria, com efeito: um «Anti-Baldio Regulatório» há-de provocar uma sub-regulação, e dela resultará em última instância um «Baldio» quanto aos recursos, um incremento, possivelmente inadvertido, de acesso livre – e na prática uma expropriação de titularidades que estivessem protegidas pela intervenção de um adjudicador único, sem «concorrência». E, por sua vez, como acabámos de afirmar, um «Baldio Regulatório» redundará normalmente num «Anti--Baldio» dos recursos[663].

Para percebermos bem esta simetria, convém ter presente a flexibilidade actualmente admitida na definição dos «acervos de direitos», e o facto de o exercício de poderes e prerrogativas conhecer um contínuo de graduações possíveis: deixa assim de ser necessário provocar modificações formais e completas nas titularidades para redesenhar o panorama de vantagens e encargos que tocam aos envolvidos na exploração de recursos comuns – qualquer benefício que, para um subgrupo, resulte de uma ligeira modificação normativa ou regulatória pode bastar para modificar

---

[662] Buzbee, W.W. (2003), 30-31.
[663] Dibadj, R. (2003), 1041, 1047.

as condições de acesso e exploração; ninguém reclamando, depois desses benefícios obtidos subrepticiamente através de «*regulatory takings*» e «*regulatory givings*», uma formalização a consagrar esses ganhos, e a dar-lhes visibilidade, e a suscitar reacções adversas[664].

Por outras palavras, é possível evoluir-se imperceptivelmente da condição de «*outsider*» para a de «*insider*», e vice-versa, relativamente ao acesso e exploração de recursos comuns[665]. Mas pense-se que essa é mais uma circunstância a facilitar a eclosão de resultados «trágicos»: a obscuridade desse processo de transferência «atomística» de poderes sobre os recursos facilita a «generosidade» na sedimentação paulatina de titularidades «fortes» para uns, à custa da discreta mas persistente erosão das titularidades formais de outros[666].

6.4. **O Valor do Acesso Livre**

Por mais riscos de «Tragédia dos Baldios» que acarrete, o acesso livre aos recursos comuns tem vantagens inequívocas:

- pensemos que removê-lo é, de certo modo, vedar a «via do mercado» como forma de resolução de alguns dilemas sociais;
- sem esse acesso livre torna-se impossível alcançar uma avaliação objectiva dos recursos através da sua utilização efectiva pelo maior número[667];
- é através do acesso livre que podem pôr-se em marcha «externalidades de rede» que estejam latentes nos recursos partilhados, o valor acrescido da participação e da interactividade[668].

Dadas estas vantagens (apenas uma amostra de todas as que poderíamos enumerar), é legítimo conceber-se uma noção de «meta-propriedade», o valor social dos «incrementos totais de bem-estar» que podem fazer-se derivar da manutenção de recursos em acesso livre, como «Baldios» – o preciso oposto da sugestão de Garrett Hardin, com óbvia repercussão numa subalternização do papel atribuído à propriedade privada[669].

[664] Dibadj, R. (2003), 1123-1124.
[665] Dibadj, R. (2003), 1055-1057.
[666] Dibadj, R. (2003), 1065.
[667] Rose, C.M. (1994b), 136.
[668] Rose, C.M. (1994b), 142.
[669] Rose, C.M. (1994b), 144.

Foi Carol Rose quem impôs o reconhecimento de que os «Baldios» podem ser um objectivo conscientemente desejado pela sociedade, quando a referida manutenção em acesso aberto a tudo sobreleva[670] (porque por exemplo é essa a condição necessária para o pleno florescimento de economias de escala e de externalidades de rede[671]); e a ela se deve também a nova terminologia que dá conta dos resultados ocasionalmente benéficos que podem fazer-se resultar desta relativização às finalidades sociais: a «Comédia dos Baldios»[672]. E foi sob a égide deste novo paradigma que começou depois a reconhecer-se a vantagem de certos arranjos de «Semi-Baldios», misturas de acesso livre e de acesso restrito[673], e especificamente soluções de «*liberal commons*»[674].

O único factor de resistência a estas novas possibilidades foi, como já temos referido, a polarização entre «Baldios» e «Anti-Baldios», que levou a escamotear aquilo que, perante uma reflexão mais detida, se torna uma evidência, como por exemplo o facto de «sobre-exploração» e «sub-exploração» não constituírem males em si mesmos, podendo ser resultados inteiramente válidos em função de outras finalidades superiores, ou ainda a circunstância, também já referida, de poderem ocorrer formas de gestão de recursos comuns que não apenas são sustentáveis como são globalmente benéficas para todos os interessados e para todos os envolvidos. Pense-se no que há de «Baldio», e subsiste como «Baldio», na Internet[675], e nas vantagens que nesse meio são deriváveis da manutenção do acesso livre[676].

Para este progresso teórico contribuíram também as visões neoinstitucionalistas do problema, demonstrando que quase tudo poderia reformular-se em termos de corolários do «Teorema de Coase», com a afinação dos «*property rights*» às finalidades da redução de «*transaction costs*»[677] – e num desses corolários, a superior eficiência da confiança colectiva nos pontos focais em que as instituições podem tornar-se, gerando uma estabilidade «contagiante» que torna previsível e confiável a conduta alheia, facilitando a coordenação espontânea, servindo-lhe até de «motor»[678].

---

[670] Rose, C.M. (1994b), 105ss..

[671] Frischmann, B.M. (2005), 928ss..

[672] Rose, C.M. (1994b), 105ss..

[673] Smith, H.E. (2000), 131ss..

[674] Dagan, H. & M.A. Heller (2001), 549ss.. Cfr. Bell, F.W. (1998), 415ss..

[675] Frischmann, B.M. (2005), 918-919.

[676] Frischmann, B.M. (2005), 921.

[677] Merges, R.P. (2000), 1864.

[678] Meinzen-Dick, R.S. & R. Pradhan (2002).

A ideia de «Comédia dos Baldios» conduz-nos até a uma outra «fronteira da propriedade», porventura insuspeitada: é que nalguns casos ela denotará que alguns recursos comuns vão vendo desaparecer, em função de economias de escala e de externalidades de rede[679], a característica da «rivalidade no uso», tendendo a assumir características de bens públicos puros[680]. É difícil abarcar-se numa síntese todas as implicações dessa metamorfose dos recursos comuns, mas louvar-nos-íamos aqui nas meditações combativas de Lawrence Lessig, sublinhando com ele que a apropriação é apenas um meio, não um fim, e que por isso é sempre possível conceber-se todo o tipo de combinações de titularidades e de regimes híbridos e intermédios de forma a facilitar a eclosão de modos eficientes de cooperação social, reconcebendo as titularidades como «facilitadores» e não como entraves (podendo dar-se como exemplo a forma como a noção de extensão vertical infinita da propriedade cedeu prontamente perante as necessidades da navegação aérea, em proveito de todos – bastando imaginar-se o que teria acontecido se não se tivesse dado aquela pronta cedência) [681].

Também aqui conviria tirar proveito da ductilidade já assinalada à moderna concepção de «*property rights*», fugindo dos espartilhos da tradicional tipicidade dos direitos reais para passar a recobrir e consagrar uma muito maior extensão de arranjos e equilíbrios colectivos[682], e por essa via chegaríamos, sem sobressalto, ao conceito oposto de «Comédia dos Anti-Baldios», que vamos ver mais sugestivamente designada como «Anti-Propriedade»: uma situação em que, desejando-se a sub-exploração de um recurso e não confiando na espontaneidade da cooperação entre proprietários privados e «verticalmente separados» para se assegurar aquela sub-exploração, se confia antes nas virtualidades de uma sobre-titularidade, promovendo uma relação «horizontal» e reciprocamente bloqueadora entre titulares de um «Anti-Baldio»[683]:

---

[679] Curien, N., E. Fauchart, G. Laffond & F. Moreau (2005).

[680] Rose, C.M. (1994b), 105ss..

[681] Cfr. Lessig, L. (2001); Lessig, L. (2006).

[682] Heller, M.A. (1998), 660-662.

[683] Heller, M.A. (1998), 670-671.

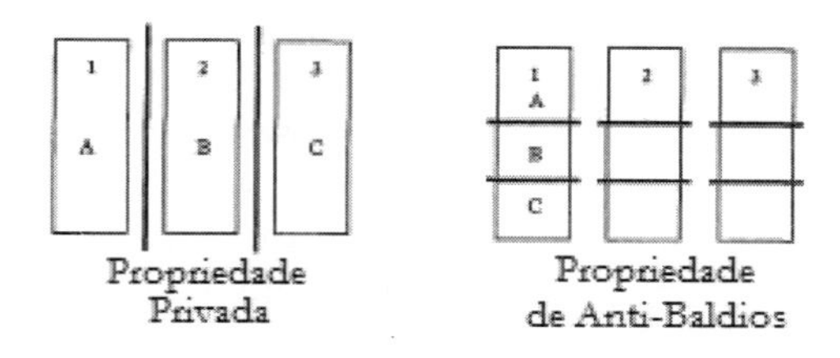

6.5. A Anti-Propriedade e os «Baldios Liberais»

De entre as formas possíveis de prevenção da «Tragédia dos Baldios», avulta a de se provocar uma tensão de «Anti-Baldio» através da concessão de titularidades a um universo de «interessados», ou seja de pessoas que, tendo acesso *de facto* ao recurso comum, têm incentivos a preservar esse recurso numa situação de baixa exploração ou mesmo de não-uso – um universo de pessoas que, portanto, têm em comum a característica peculiar de não estarem empenhadas em qualquer «rivalidade no uso»[684].

Em termos mais gerais: quando se entenda que é socialmente vantajoso dar-se preferência às prerrogativas de exclusão – para objectivos de preservação de um recurso, por exemplo –, natural será que se opte por um regime que enfatiza esses poderes de exclusão, um regime que pode designar-se sugestivamente como «Anti-Propriedade». Mas a titulação dessas prerrogativas será sempre problemática, visto que envolverá uma medida de privatização de recursos comuns – e um efeito distributivo especialmente acentuado, visto que incrementa os privilégios de titulares que, como proprietários dos bens que confinam com os recursos comuns, são já privilegiados no acesso a estes.

Contudo, nalguns casos a eficiência sobrepor-se-á a considerações de justiça: intensificam-se os poderes de exclusão porque é deles que depende a preservação de um recurso no interesse público. Mais especificamente: por exemplo, confia-se a preservação de um parque a alguns privilégios de exclusão atribuídos à vizinhança do parque, funcionando esses vizinhos como guardiões do interesse público, em situações em que se reconheça que não há alternativa mais eficiente.

---

[684] Admita-se desde já que essa atribuição de privilégios a «vizinhos», aliás tão característica dos baldios em sentido tradicional, pode antes denotar que a própria provisão dos recursos comuns está já capturada *ex ante* por pressões de «escolha pública». Cfr. Bell, A. & G. Parchomovsky (2003), 13.

Dadas as amplíssimas possibilidades de modelação dos «acervos de direitos» envolvidos, é evidente que a «Anti-Propriedade» pode ser muito limitada, e envolver um veto, não ao acesso nem à utilização comum, mas apenas a situações precisas, por exemplo o veto a iniciativas de exploração que ponham em marcha a rivalidade no uso, ou a iniciativas de exploração que, não sendo generalizáveis, no entanto suscitem reacções concorrenciais da parte de outros utentes do recurso.

Por outro lado, as distorções distributivas provocadas pela Anti-Propriedade não se traduzem necessariamente em benefícios líquidos para aqueles titulares a que são reconhecidas especiais prerrogativas de exclusão – porque a contrapartida será muitas vezes a de que esse titulares ficam onerados com os custos de preservação do recurso comum, com a produção de externalidades positivas que normalmente estará exposta à «boleia» generalizada. Isso torna a Anti-Propriedade uma «benesse» ambígua, em especial na medida em que os seus titulares aleguem que a sua aquisição da condição de proprietários vizinhos do recurso comum foi já especialmente onerada, com preços mais elevados e com impostos mais elevados: mas aí tudo depende do valor que a contrapartida da Anti-Propriedade representa, em especial o valor que os «anti-proprietários» perderiam com a não-preservação do recurso em resultado de acesso incondicionado[685].

Trata-se, insistamos, de fragmentar as titularidades que recaiam sobre recursos comuns e tentar controlar a «reacção em cadeia» que normalmente conduziria a um «Anti-Baldio», procurando evitar alguns aspectos mais ineficientes (a viscosidade das titularidades, o exercício efectivo de «*holdouts*») e colocando esse «Anti-Baldio controlado», «homeopático», ao serviço das finalidades de não-acesso e da sub-exploração[686]. E isto sem descurar a necessidade de um mínimo de formalização – pois sem ela é demasiado o risco de «feudalização», e de perpetuação de uma tendência para a sobre-exploração que possivelmente só pode ser resolvida, na sua tensão com as prerrogativas de exclusão, através de soluções de facto, incluindo as soluções violentas através das quais as mafias russas foram resolvendo os obstáculos de alguns «Anti-Baldios»[687].

Não esqueçamos que este «Anti-Baldio controlado» pode ser rodeado de uma panóplia de salvaguardas jurídicas contra a degeneração em «tra-

[685] Bell, A. & G. Parchomovsky (2003), 64.
[686] Heller, M.A. (1998), 667-668.
[687] Heller, M.A. (1998), 668-669.

gédias»: desde a do «domínio eminente», a travar a saída de recursos que se encontrem na titularidade pública, ou a encaminhar para lá, por expropriação, os recursos para os quais não se encontre solução alternativa, até à representação colectiva e sustentação judicial de interesses difusos – formas que, no fim, constituem o Estado em protector «fiduciário» dos valores contidos nos recursos comuns, mas formas abstractamente menos eficientes do que a atribuição de um incentivo pecuniário à preservação dos recursos, àqueles que beneficiam de «ganhos de proximidade» e, dada essa proximidade, menos custos de monitorização suportam; isto sem esquecermos que a Anti-Propriedade é um mecanismo privado e não exposto à mistura de incentivos e de prioridades que podem afectar a supervisão pública por burocratas[688] (isto para não falarmos de desvios, capturas por «*rent-seekers*» e falhas de intervenção[689]).

A Anti-Propriedade pode ser uma solução hábil, na medida em que permita evitar ao mesmo tempo a pressão especulativa e a pressão política, limitando-se no fundo a dar alguma consagração àquilo que já é, no plano dos factos, um poderoso interesse dos vizinhos, o de verem preservado um recurso comum cuja qualidade (ambiental) valoriza a sua relação de proximidade, reflectindo-se no valor das suas propriedades privadas.

Confere-se-lhes poderes de «*insiders*», seja na gestão directa dos acessos, seja muito mais limitadamente na representação judicial dos interesses sociais da preservação dos recursos – várias possibilidades de «acervos de direitos», portanto, embora em nenhuma se vislumbre a necessidade de intensificação de prerrogativas «possessórias», que apenas aumentariam o potencial de conflito: puros direitos de exclusão, em suma, e não direitos privilegiados de acesso, assentes num interesse partilhado de intensificação de externalidades positivas, ou bloqueio de externalidades negativas, que incidam sobre um recurso comum – um misto, conforme as circunstâncias, de incentivos às atitudes «*Not In My Back Yard*» (NIMBY) para as externalidades negativas e «*Yes In My Back Yard*» (YIMBY) para as externalidades positivas[690].

No fundo, a solução da Anti-Propriedade assenta no reconhecimento de que nem todos tiram o mesmo proveito da existência de um recurso comum, e nem todos estão igualmente interessados na sua preservação contra consequências trágicas ou contra a passividade do Estado. Uns têm

---

688 Bell, A. & G. Parchomovsky (2003), 66.

689 Bell, A. & G. Parchomovsky (2003), 3, 21.

690 Bell, A. & G. Parchomovsky (2003), 3.

muito mais a ganhar e a perder do que outros – coisa que pacificamente se aceita que esteja espelhado no «preços hedónicos» com que tenta avaliar-se recursos comuns cuja índole não permita uma verdadeira aferição através de preços de mercado[691].

Isso não quer dizer que o grupo especialmente beneficiado pela «externalidade hedónica» seja capaz de organizar-se – já por causa da sua dimensão e dos inerentes custos de transacção, já por causa de colapsos de coordenação e outros problemas de conduta colectiva (efeitos de boleia, problemas de agência, distorções distributivas internas espelhando-se em diversidade de incentivos e de empenho, conluios com terceiros «*outsiders*», etc.).

O grupo de interessados precisará de uma coordenação, porventura de um coordenador, que quebre o impasse da passividade: pense-se que o público, mesmo o mais próximo e beneficiado pelo recurso comum, tem interesses reduzidos e esparsos, pouco sofisticados e sub-representados, defrontados com interesses muitas vezes muito fortes, coesos, frequentemente agressivos e sobre-representados na arena política (novos empreendimentos em recursos comuns representam muitas vezes o sacrifício de valores praticamente invisíveis e mal ponderados, e o benefício imediato dos ganhos em receitas públicas, e a aparência de dinamismo da «obra feita»)[692].

E no entanto é a própria falta de coordenação que pode tornar a Anti-Propriedade tão valiosa: a atribuição muito fragmentada e cumulativa de direitos de veto pode ser a última linha de defesa contra um assalto bem organizado e concentrado sobre o recurso comum. O «*holdout*» de qualquer dos titulares subirá de tal modo os custos daquele que quer sobre-explorar o recurso comum que possivelmente isso resultará numa «dissipação de renda» dissuasora do «assalto» (num equilíbrio Cournot-Nash[693]): e assim, a própria dispersão e os custos de coordenação dos «anti-proprietários» reforçarão os poderes de cada um como «defensor privado» de um recurso comum – a sua divisão faz a sua força[694-695].

---

[691] Cfr. Araújo, F. (2005), Cap. 15 – a) – ii).

[692] Bell, A. & G. Parchomovsky (2003), 21.

[693] Walker, J.M., R. Gardner & E. Ostrom (1990), 203-211.

[694] Bell, A. & G. Parchomovsky (2003), 21.

[695] Aplicado este mesmo modelo ao fenómeno da corrupção, dir-se-á que os corruptos concorrem de tal modo ao «Baldio das vantagens públicas» que a sua renda acaba dissipada, em benefício das contrapartes, e que numa situação de «Anti-Baldio» extremo eles não atingirão um mínimo de coordenação que permita a generalização da prática corrupta,

Na prática, chegamos a uma solução oposta à das «normas sociais», mas com as mesmas virtualidades e objectivos destas: contorna-se a solução mais drástica e potencialmente ineficiente da hetero-regulação enquanto se evitam as armadilhas da privatização. Do que se trata, não esqueçamos, é de criar um «poder de captura» a favor dos «anti-proprietários», conferindo-lhes uma posição de «*holdout*» que faz com que eles disputem a renda de qualquer adquirente potencial: no limite, toda a renda será capturada, no sentido de que o adquirente terá que pagar o equivalente daquilo que ganharia com a obtenção de licenças e a exploração do recurso. É isso que assegura *ab initio* o sucesso dessa estratégia «conservacionista», sobretudo se comparada com estratégias de defesa subsequente dos recursos – o que pode representar uma estratégia de compromisso estável e um ganho político muito mais permanente do que aquilo que é habitual na área ambiental, já que do que se trata é de criar incentivos permanentes ao não-uso, mais fortes até do que as «normas sociais»[696].

Os pressupostos básicos da Anti-Propriedade são, portanto: os elevados custos de transacção, a falta de coesão e coordenação espontânea intra-grupo, a impraticabilidade da regulação (por custos elevados ou assimetria informativa), a urgência na preservação do recurso comum. E convém notar que se trata em todo o caso de uma solução «*second best*» para a preservação de recursos comuns, visto que nem sequer promove a internalização perfeita de benefícios e custos junto das partes envolvidas – não podendo sequer excluir-se, por isso, que a Anti-Propriedade deva ser conjugada com ressalvas de «domínio eminente» que assegurem respostas adaptativas ao problema de conservação de recursos, que é evolutivo e por isso não deve ficar refém de titulares privados, mesmo que estes sejam inicialmente os protagonistas mais adequados.

Por outro lado, não pode descurar-se a necessidade, também aqui, de se abordar o problema com uma judiciosa combinação de «*property rules*» e «*liability rules*», com uma flexibilidade que deixa a escolha de regras à mercê de contingências particulares – tendo que admitir-se, por exemplo, a atribuição de uma «Anti-Propriedade temporária», que visa apenas atrasar

quando ela exija intervenção simultânea de vários agentes ou ela reclame um conluio entre eles a baixo custo. Logo, entre as formas de combate à corrupção podem surgir vias novas, que de uma forma ou de outra promovam a concorrência entre corruptos, ou então a paralisação da corrupção através da multiplicação de obstáculos à cooperação espontânea entre corruptos, ou corruptores. Cfr. Canavese, A. (2004).

[696] Bell, A. & G. Parchomovsky (2003), 40.

o processo de exploração intensiva do recurso comum e não «congela» o recurso para sempre como se estivesse privatizado, vedando até empreendimentos que viessem a revelar-se eficientes e socialmente desejáveis[697].

E isto porque – esclareçamos melhor o ponto – não podemos esquecer que pode suscitar-se um problema de agência entre o grupo limitado de titulares a quem é atribuída a Anti-Propriedade e o interesse do público em geral. Os titulares não representam todo o universo de lesados nem toda a amplitude do dano, pelo que a sua indemnização não é a internalização perfeita do custo social (isto para não falarmos de hipóteses de conluio dos titulares com aqueles que querem «tomar de assalto» o recurso comum, bastando para tanto que os «assaltantes» compensem os «anti-proprietários» pela perda de valor de mercado dos seus bens, e lhes dêem uma quota-parte da «renda total» em jogo).

É nesses casos que a internalização perfeita requererá provavelmente a complementação da Anti-Propriedade com a invocação do «domínio eminente» e com o recurso à expropriação – podendo esta última ser até apresentada como um meio redistributivo, evitando que o principal da compensação revertesse a favor daqueles que já seriam por si mesmos beneficiados pela proximidade do recurso comum.

É possível apresentar-se um quadro comparativo dos métodos públicos, privados e mistos de preservação de recursos comuns (abarcando a participação das Organizações Não-Governamentais):

	Agentes	Incentivos	Custos de supervisão	Custos de aplicação	Suporte dos custos	Inconvenientes potenciais
Domínio eminente	Tribunais	Nenhuns (salvo os ideológicos)	Elevados	Elevados	Público	Relutância dos tribunais ou dos litigantes
Legitimidade processual	Litigantes em Tribunal	Ideológicos somente	Elevados	Elevados	Público	Relutância dos tribunais ou dos litigantes
Supervisão política	Governo	Variável	Elevados	Reduzidos	Público	Pressão política e assimetria informativa
Supervisão por ONGs	ONGs	Ideológicos	Elevados	Reduzidos	Privado	Assimetria informativa
Anti-Propriedade	Vizinhos	Pecuniários	Reduzidos	Reduzidos	Privado	Falta de vizinhos em certos recursos

Desta comparação esquemática mais uma vez se retirará a ideia de que, quando os custos de transacção distorcem sistematicamente o mercado em favor de alguns interesses privados, a melhor resposta poderá ser a de atribuir a titularidade inicial ao interesse oposto e criar custos de transacção adicionais, dificultando a alienabilidade dos recursos em jogo – um expediente não apenas para evitar a «Tragédia dos Anti-Baldios», mas também para transformar os «Anti-Baldios» num instrumento de promoção do interesse social[698].

Já se terá percebido, neste ponto, que a intuição de Heller quanto à «fronteiras da propriedade» estava fundamentalmente correcta, e que, antes das fronteiras mais extremas, uma série de regimes pode ter o efeito equivalente de prevenir ou remediar degenerações «trágicas». Regressemos ainda a uma dessas formas, a dos «Baldios Liberais» («*liberal commons*»), um fruto lídimo das «normas sociais», a par com os «Semi-Baldios» (ou mais amplamente os «*regulated commons*»), e que destes se distinguem pela amplitude dos direitos de retirada que reconhecem aos seus membros[699].

A caracterização básica dos «Baldios Liberais» concentra-se, de facto, na possibilidade de conciliação de valores de autonomia e de retirada («*exit*») com os valores da utilização cooperativa de recursos escassos[700]. É uma possível alternativa às propostas de privatização absoluta, por um lado, e de comunitarismo anti-liberal, por outro. Esquematizemos algumas observações sucintas[701]:

I. A identificação das finalidades de um «*liberal commons*»	
1. Preservar o valor liberal da «retirada»	Reconhecendo os elos entre «retirada» e autonomia
	Aceitando limites razoáveis à entrada
2. Alcançar ganhos de cooperação	Maximizando os benefícios de utilização de recursos
	Fortalecendo os valores sociais e interpessoais
3. Usar o Direito como catalisador da confiança	Reconhecendo os limites do controle jurídico directo
	Encarando o Direito como uma salvaguarda das normas sociais

[697] Bell, A. & G. Parchomovsky (2003), 21.
[698] Bell, A. & G. Parchomovsky (2003), 21ss..
[699] Dibadj, R. (2003), 1098.
[700] Dagan, H. & M.A. Heller (2001), 549ss..
[701] Munzer, S.R. (2005), 157.

II. As três esferas de um «*liberal commons*»	
1. A esfera do domínio individual	Impedir o sobreuso e o subinvestimento oportunistas
	Ajudar a formar e a repartir o rendimento dos recursos
2. A esfera do auto-governo democrático	Usar normas supletivas em apoio de uma participação («*voice*») moderada
	Garantir a regra maioritária e proteger as minorias
3. A esfera da «retirada» pró-cooperativa	Criar e proteger mecanismos de saída
	Assegurar decisões de saída que sejam fundadas e sinceras

Talvez se possa dizer que os «*liberal commons*» são uma resposta optimista à evolução doutrinária que reclama, ao mesmo tempo que maior ductilidade na definição das titularidades, uma menor individualização na definição de propriedade[702] – ou seja uma redefinição com menos resquícios da matriz romanista, e com menos concessões ao campo libertário[703-704].

6.6. **A «Comédia dos Baldios»**

Somos assim conduzidos à noção de «Comédia dos Baldios», a mais convicta reacção à atitude pessimista que, multiplicando-se em advertências contra possibilidades «trágicas», se converteu, como costuma suceder com este género de litanias, num suporte para o paternalismo mais ostensivo e rígido.

A ideia, como dissemos, é essencialmente a de que «tragédia» ou «comédia» dependem das finalidades que sejam socialmente privilegiadas

---

[702] Por exemplo, Joseph Singer, tanto em Singer, J.W. (2000) como em Singer, J.W. (2000b).

[703] Baron, J.B. (2002), 208-209.

[704] Talvez sejam estes últimos propósitos que justificam a aplicação do modelo de «*liberal commons*» aos regimes de bens entre cônjuges; contudo, a presunção de que se esteja perante uma sociedade minimamente igualitária é muito fragilizadora quanto à aplicabilidade do modelo. Cfr. Frantz, C.J. & H. Dagan (2004), 75ss.; Munzer, S.R. (2005), 159.

quanto ao acesso e exploração de recursos comuns; mas a ideia alimenta--se ainda da noção de que é possível muita espontaneidade na promoção das finalidades benignas (mais porventura do que na reacção às malignas), não apenas nos termos da coordenação explícita que temos associado à formação de «normas sociais», mas também em resultado de sistemas adaptativos complexos que geram e sedimentam as suas próprias regras de funcionamento, assentes no conhecimento «local», na confiança comunitária, na aprendizagem e reciprocação em relações longas, nos inferiores custos de transacção[705] – impondo-se, em ambos os casos, o reconhecimento de que há muitas ocasiões em que a gestão colectiva é claramente mais eficiente do que qualquer gestão particular e fragmentada[706] (salvo, é claro, aquelas situações em que a «prisão» da titularidade exclusiva se converte na via para uma «Comédia dos Anti-Baldios»[707]).

Ilustremo-lo com um brevíssimo regresso aos domínios da propriedade intelectual, no qual o movimento para a privatização e mercantilização (a «*second enclosure*») se defronta com os defensores da «ética da partilha», como vimos, e hoje é discernível uma clivagem na doutrina entre os «*anticommonists*» (ou «*copyright optimists*») e os «*commonists*» (ou «*copyright pessimists*»[708]), sendo que estes últimos sustentam até que alguma noção de colectividade e de «esfera pública» terá sido essencial para a consolidação histórica do próprio capitalismo, o sucesso do qual seria afinal uma ilustração amplíssima da «Comédia dos Baldios»[709] (alguns cépticos só vêem nessa exaltação uma grave desconsideração pelos problemas distributivos[710], que sugeriria uma identidade entre «acesso livre» e «acesso igualitário», aquilo que, com ironia, tem sido rotulado como «Romance dos Baldios»[711]).

Tomemos o paradigma da «Comédia dos Baldios» como uma salutar advertência contra a ideia de que a apropriação privada seria uma panaceia universal em termos de promoção da eficiência: a advertência contra a «mercantilização» implícita[712], assente na comprovação de que os «Bal-

---

[705] Ostrom, E. (1999).
[706] Boyle, J. (2003), 7-8.
[707] Boyle, J. (2003), 8, 31.
[708] Lange, D. (2003), 470ss..
[709] Calini, C.B. (2006).
[710] Radin, M.J. (1982), 957ss..
[711] Chander, A. & M. Sunder (2004), 1331ss..
[712] Radin, M.J. (1987), 1849ss..

dios» nem sempre acarretam resultados trágicos[713]. Tomemo-lo como uma oportunidade para apreciarmos a complementaridade entre a exclusividade e o acesso livre, servindo este como um espaço de liberdade e de criatividade que as pessoas desejam preservar e utilizar, sem no entanto pretenderem abrir mão de prerrogativas de apropriação privada, nomeadamente no que respeita aos frutos do seu esforço individual – não podendo esquecer-se ainda que a apropriação privada supõe uma área não-apropriada, um «domínio público» de reserva, sem o qual não poderia haver qualquer dinâmica evolutiva nas titularidades, tudo ficando refém de titularidades «congeladas», eternizadas[714].

Tomemos o paradigma da «Comédia dos Baldios» também como o reconhecimento de que a multiplicidade de interesses que convergem sobre recursos comuns não é, ao contrário da intuição de Aristóteles com que abrimos este estudo, sinónimo de inevitável erosão de incentivos à coordenação e à governação, de degeneração num entrechoque desenfreado de egoísmos que «correm para o fundo» atrás da miragem da captura da «renda total», desleixando os valores de conservação, de sustentação, dos recursos[715].

E tomemos o paradigma da «Comédia dos Baldios» como o espelho fiel de alguns valores que se orientam genuinamente para a divulgação, para a partilha, para a formação de uma «esfera pública»: pensemos, nos domínios da cultura, naqueles autores para os quais a divulgação das suas obras é um valor muito mais relevante do que a remuneração que obteriam do exercício de direitos exclusivos – e que se libertaram das grilhetas da divulgação comercial e aderiram maciçamente a movimentos de «*creative commons*» quando uma nova tecnologia como a Internet permitiu uma difusão muito mais ampla, muito mais imediata, e gratuita, daquelas obras[716].

6.7. **Outros Caminhos por Percorrer**

Muitas ramificações do nosso tema ficam por explorar. Quando reiteradamente sublinhámos que não existe «propriedade» desligada dos

---

[713] Ellickson, R.C. (1991); Ostrom, E. (1990); Rose, C.M. (1994b), 105ss..
[714] Chander, A. & M. Sunder (2004), 1343-1344.
[715] Klang, M. (2005).
[716] Klang, M. (2005).

valores sociais que justificam o seu apoio normativo e a sua regulação, estivemos próximos de fazer concessões à «teoria expressiva» da propriedade, o reconhecimento de que a propriedade deve coexistir com obrigações para com os outros, com uma linguagem que espelhe a consciência da solidariedade e com atitudes que tornem transparentes as tensões entre o individual e o colectivo[717] – sendo um corolário dessa «teoria expressiva» a conclusão de que a versão «absolutizante» da «*ownership*» é uma má expressão dos valores relevantes na propriedade, dificultando a correspondência com convicções e práticas socialmente dominantes[718].

Vimos também que o realismo jurídico pôs em crise a ideia da propriedade como uma relação directa com coisas, privilegiando a componente pessoal, sendo as coisas meros pontos focais nas relações interpessoais. Ficaram por explorar plenamente as implicações políticas – por exemplo, a redefinição das «*property rules*» como atribuições de «soberania» dos sujeitos privados na definição do acesso às coisas, uma soberania que lhes pode ser retirada em circunstâncias em que essa «soberania» se torne «viscosa» e potencialmente lesiva do potencial das relações interpessoais, das trocas, como maximizadoras de bem-estar[719].

Ao sublinharmos a importância atribuída à dicotomia «Baldios/Anti-Baldios», como representativa da centralidade recentemente atribuída às relações sociais nesta matéria da propriedade, e à eficiência da colaboração, ou falta dela, na gestão colectiva de recursos – de certa maneira empolámos demasiado o «lado afirmativo» dos direitos de apropriação, os poderes que conferem face aos outros e face ao Estado, em detrimento do «lado negativo», que designa a impotência que a não-apropriação induz aos desafortunados, por exemplo privando-os de segurança e de possibilidades de reciprocação[720]. E no entanto não faltaram indicações de que este caminho deveria ter sido explorado – bastando pensarmos que a moderna ênfase nas facetas *in personam* da propriedade veio reforçar mais ainda a tradicional convicção de que a apropriação é um suporte da personalidade – e que por isso a propriedade é um acervo de direitos não-neutro, porque deste dependem os termos básicos da inclusão de cada indivíduo no jogo social[721].

---

[717] Baron, J.B. (2002), 211-212.
[718] Baron, J.B. (2002), 218.
[719] Baron, J.B. (2006), 1425-1426.
[720] Baron, J.B. (2006), 1426.
[721] Radin, M.J. (1982), 959ss..

Poderíamos assim ter insistido na ideia, agora despida de qualquer alcance metafórico, de que a apropriação, com os poderes que confere a cada um nas relações intersubjectivas, é um alicerce da liberdade pessoal – daí decorrendo o carácter «opressivo», injusto, «excludente», da «não-propriedade». Uma abordagem dessas teria permitido poderosas intuições sobre a pobreza, não colocando tanta ênfase no tema tradicional das *causas* (sociológicas, económicas) do fenómeno, mas incidindo antes nos factores jurídicos e institucionais da respectiva *perpetuação* – o modo como as titularidades efectivamente constituem uma barreira ao poder e liberdade individuais, amplificando os efeitos «naturais» da exclusão[722].

Estes alguns dos muitos caminhos que vimos irradiarem do rumo que tomámos, a ilustrarem as muitas implicações do tema que escolhemos: o problema económico do nível óptimo de apropriação de recursos partilháveis – estejam eles efectivamente partilhados, ou não. Ficam em desafio a quem queira prosseguir por estas veredas férteis da «*Law and Economics*».

Por nós, seguimos o caminho que conduz da «Tragédia» à «Comédia» na utilização privada e colectiva de recursos comuns. Prestámos muito maior atenção à «Tragédia» do que à «Comédia», essencialmente porque no primeiro caso a mecânica dos fenómenos conduz a resultados que convocam o melhor dos nossos esforços na sua contenção, e no segundo caso os resultados – o «*dénouement*», a «*peripeteia*» – são espontaneamente tão favoráveis que dispensam os nossos melhores esforços e autorizam até alguma displicência ou indiferença. Essa assimetria na mobilização da nossa conduta não tinha passado despercebida a Aristóteles na sua análise dos correspondentes géneros teatrais, e por issoremataremos com ele:

> "*É também esta diferença que distingue a Tragédia da Comédia: é que a Tragédia tende a representar os homens como melhores, e a Comédia como piores, do que aquilo que os homens verdadeiramente são*" – Aristóteles[723].

[722] Baron, J.B. (2006), 1429-1430.

[723] *Poética*, 1448ª15-17, *in* Aristóteles (2005), II, 2317.

BIBLIOGRAFIA

AA.VV. (2000), *Estudos em Homenagem ao Professor Doutor Pedro Soares Martínez*, Coimbra, Almedina

ABRAMOVITCH, David (2002), "Avoiding the Anticommons Tragedy in Canadian Securities Regulation" (paper)

ACHESON, James M. (1988), *The Lobster Gangs of Maine*, Hannover NH, University Press of New England

ACKERMAN, Bruce A. (1977), *Private Property and the Constitution*, New Haven Conn., Yale University Press

ADAMS, Wendy A. (2002), "Intellectual Property Infringement in Global Networks: The Implications of Protection Ahead of the Curve", *International Journal of Law and Information Technology*, 10, 71-131

ADELMAN, David E. (2005), "A Fallacy of the Commons in Biotech Patent Policy" (paper)

AIVAZIAN, Varouj A. & Jeffrey L. Callen (1981), "The Coase Theorem and the Empty Core", *Journal of Law and Economics*, 24, 175-181

ALCHIAN, Armen A. (1965), "Some Economics of Property Rights", *Il Politico*, 30, 816-829

ALCHIAN, Armen A. (1977), *Economic Forces at Work*, Indianapolis, Liberty Press

ALPA, Guido & *alii* (orgs.) (1998), *Analisi Economica del Diritto Privato*, Milano, Giuffrè

AMIR, Rabah & Niels Nannerup (2004), "Information Structure and the Tragedy of the Commons in Resource Extraction" (paper)

AMISANO, Franco (2005), "Intellectual Property Rights and Technological Evolution in Entertainment and Mass Media Markets" (paper)

ANDERSON, Terry L. & Donald R. Leal (2001), *Free Market Environmentalism*, New York, Palgrave

ANDERSON, Terry L. & Fred S. McChesney (orgs.) (2003), *Property Rights. Cooperation, Conflict, and Law*, Princeton, Princeton University Press

ANDREONI, James (1990), "Impure Altruism and Donations to Public Goods: A Theory of Warm-Glow Giving", *Economic Journal*, 100, 464-477

AOKI, Keith (1998), "Neocolonialism, Anticommons Property, and Biopiracy in the (Not-So-Brave) New World Order of International Intellectual Property Protection", *Indiana Journal of Global Legal Studies*, 6, 11-58

ARAÚJO, Fernando (1999), *A Procriação Assistida e o Problema da Santidade da Vida*, Coimbra, Almedina

ARAÚJO, Fernando (2000), "A Retórica da Economia. Os Desafios de McCloskey", *in* AA.VV. (2000), II

ARAÚJO, Fernando (2005), *Introdução à Economia*, 3ª ed., Coimbra, Almedina

ARAÚJO, Fernando (2007), *Teoria Económica do Contrato*, Coimbra, Almedina

ARISTÓTELES (2005), *The Complete Works of Aristotle. The Revised Oxford Translation* (Jonathan Barnes, ed.), 2 vols., Princeton, Princeton University Press

ARRUÑADA, Benito (2003), "Property Enforcement as Organized Consent", *Journal of Law, Economics and Organization*, 19, 401-444

ASANO, Toshihiko (2004), "Issues Affecting Smooth Use of Intellectual Property: Applicability of the Statutory Exception for «Experiment or Research»", *IIP Bulletin*

BACKHAUS, Jürgen G. (org.) (1999), *The Elgar Companion to Law and Economics*, Cheltenham, Edward Elgar

BAILEY, Martin J. (1992), "Approximate Optimality of Aboriginal Property Rights", *Journal of Law and Economics*, 35, 183-198

BAR-GILL, Oren & Gideon Parchomovsky (2003), "The Value of Giving Away Secrets" (paper)

BARON, Jane B. (2002), "The Expressive Transparency of Property", *Columbia Law Review*, 102, 208-235

BARON, Jane B. (2006), "Property and «No Property»", *Houston Law Review*, 42, 1425-1449

BARZEL, Yoram (1999), *Economic Analysis of Property Rights*, Cambridge, Cambridge University Press

BELL, Abraham & Gideon Parchomovsky (2003), "Of Property and Anti-Property: The Perverse Virtues of Transaction Costs and Anticommons" (paper)

BELL, Frederick W. (1998), "Mitigating the Tragedy of the Commons", *in* Ekelund Jr., R.B. (org.) (1998), II, 415ss.

BERKES, Fikret (1985), "Fishermen and the «Tragedy of the Commons»", *Environmental Conservation*, 12, 199-206

BERKES, Fikret (1987), "The Common Property Resource Problem and the Creation of Limited Property Rights", *Human Ecology*, 13, 187-208

BERKES, Fikret (org.) (1989), *Common Property Resources: Ecology and Community-Based Sustainable Development*, London, Belhaven Press

BERKES, Fikret, David Feeny, Bonnie J. McCay & James M. Acheson (1989), "The Benefits of the Commons", *Nature*, 340, 91-93

BERNSTEIN, Lisa (1992), "Opting Out of the Legal System: Extralegal Contractual Relations in the Diamond Industry", *Journal of Legal Studies*, 21, 115-157

BILLER-ANDORNO, Nikola (2004), "Between Solidarity and Self-Interest: How Fair is the «Club Model.» for Organ Donation?", *American Journal of Bioethics*, 4/4, 19-20

BORGO, John (1979), "Causal Paradigms in Tort Law", *Journal of Legal Studies*, 8, 419-455

BOUCKAERT, Boudewijn & Gerrit De Geest (orgs.) (2000), *Encyclopedia of Law and Economics*, Cheltenham, Edward Elgar

BOUTON, Laurent, Marjorie Gassner & Vincenzo Verardi (2005), "The Tragedy of the Commons or the Curse of Federalism" (paper)

BOYLE, James (2003), "Foreword: The Opposite of Property?", *Law and Contemporary Problems*, 66, 1-32

BOYLE, James (2003b), "The Second Enclosure Movement and the Construction of the Public Domain", *Law and Contemporary Problems*, 66, 33-74

BRAGUINSKY, Serguey (1999), "Enforcement of Property Rights during the Russian Transition: Problems and Some Approaches to a New Liberal Solution", *Journal of Legal Studies*, 28/2, 515-544

BRENNAN, Timothy J. (1998), "The Spectrum as Commons: Tomorrow's Vision, Not Today's Prescription", *Journal of Law and Economics*, 41/2, 791-803

BRITO, Miguel Nogueira de (2006), *A Justificação da Propriedade numa Democracia Constitucional* (paper)

BROOKS, Robin, Michael Murray, Stephen Salant & Jill C. Weise (1999), "When Is the Standard Analysis of Common Property Extraction Under Free Access Correct? A Game-Theoretic Justification for Non-Game-Theoretic Analyses", *Journal of Political Economy*, 107, 843-858

BRUNS, Bryan (2000), "Nanotechnology and the Commons: Implications of Open Source Abundance in Millennial Quasi-Commons" (paper)

BUCHANAN, James M. & Yong J. Yoon (1999), "Rationality as Prudence: Another Reason for Rules", *Constitutional Political Economy*, 10, 211-218

BUCHANAN, James M. & Yong J. Yoon (2000), "Symmetric Tragedies: Commons and Anticommons", *Journal of Law and Economics*, 43/1, 1-13

BULLOCK, Karl & John Baden (1977), "Communes and the Logic of the Commons", in Hardin, G. & J. Baden (orgs.) (1977), 182-199

BURK, Dan L. & Mark A. Lemley (2002), "Is Patent Law Technology-Specific?", *Berkeley Technology Law Journal*, 17, 1155-1206

BURK, Dan L. & Mark A. Lemley (2003), "Policy Levers in Patent Law", *Virginia Law Review*, 89, 1575-1696

BUZBEE, William W. (2003), "Recognizing the Regulatory Commons: A Theory of Regulatory Gaps", *Iowa Law Review*, 89, 1-64

CALABRESI, Guido & A. Douglas Melamed (1972), "Property Rules, Liability Rules and Inalienability: One View of the Cathedral", *Harvard Law Review*, 85, 1089-1128

CALINI, Clara Beatrice (2006), "The «Anti-Tragedy of the Anticommons»: An Authority Solution to the Tragedies" (paper)

CANAVESE, Alfredo (2004), "Commons, Anti-Commons, Corruption and «Maffia» Behavior" (paper)

CARLEY, Kathleen M. & Michael Prietula (orgs.) (1994), *Computational Organization Theory*, London, Routledge

CAVE, Jonathan (1987), "Long-term Competition in a Dynamic Game: The Cold Fish War", *Rand Journal of Economics*, 18, 596-610

CHANDER, Anupam & Madhavi Sunder (2004), "The Romance of the Public Domain", *California Law Review*, 92, 1331-1374

CHEUNG, Steven N.S. (1987), "Common Property Rights", *in* Eatwell, J., M. Milgate & P. Newman (orgs.) (1987), I, 504-506

CHEUNG, Steven N.S. (1998), "The Transaction Costs Paradigm", *Economic Inquiry*, 36, 514ss.

CIRIACY-WANTRUP, S.V. & R.C. Bishop (1975), "«Common Property» as a Concept in Natural Resource Policy", *Natural Resources Journal*, 15, 713-727

COASE, Ronald H. (1959), "The Federal Communications Commission", *Journal of Law and Economics*, 2, 1-40

COASE, R.H. (1960), "The Problem of Social Cost", *Journal of Law and Economics*, 3, 1-44

COASE, R.H. (1981), "The Coase Theorem and the Empty Core: A Comment", *Journal of Law and Economics*, 24, 183-187

COHEN, Lloyd (1991), "Holdouts and Free Riders", *Journal of Legal Studies*, 20, 351-362

COHEN, Michal (2001), "Patent Protection of Biotechnological Inventions – Economic Perspectives and the EC Directive Analysis" (paper)

COHEN, Wesley M. & Stephen A. Merrill (orgs.) (2003), *Patents in the Knowledge-Based Economy*, Washington DC, National Academies Press

COLANGELO, Giuseppe (2004), "Avoiding the Tragedy of the Anticommons: Collective Rights Organizations, Patent Pools and the Role of Antitrust" (paper)

COLE, Richard, Yevgeniy Dodis & Tim Roughgarden (2006), "Bottleneck Links, Variable Demand, and the Tragedy of the Commons" (paper)

COLOMA, Germán (2003), "Symmetric Tragedies: A Different Approach" (paper)

COLOMA, Germán (2003b), "La Tragedia de los Comunes y la Tragedia de los Anticomunes: Una Reinterpretación" (paper)

COOTER, Robert (1985), "Unity in Tort, Contract, and Property: The Model of Precaution", *California Law Review*, 73, 1-51

COPELAND, Brian R. & M. Scott Taylor (2004), "Trade, Tragedy, and the Commons" (paper)

COX, Susan Jane Buck (2003), "No Tragedy of the Commons", *in* Haas, P.M. (org.) (2003), I, 86ss.

CRÈS, Hervé & Hervé Moulin (1998), "Free Access to the Commons: Random Priority versus Average Cost" (paper)

CROWE, Beryl L. (1969), "The Tragedy of the Commons Revisited", *Science*, 166/ /3909, 1103-1107

CURIEN, Nicolas, Emmanuelle Fauchart, Gilbert Laffond & François Moreau (2005), "Online Consumer Communities: Escaping the Tragedy of the Digital Commons" (paper)

DAGAN, Hanoch & Michael A. Heller (2001), "The Liberal Commons", *Yale Law Journal*, 110, 549-623

DAHLMAN, Carl J. (1980), *The Open Field System and Beyond: A Property Rights Analysis of an Economic Institution*, Cambridge, Cambridge University Press

DAM, Kenneth W. (1999), "Intellectual Property and the Academic Enterprise" (paper)

DARI-MATTIACCI, Giuseppe & Francesco Parisi (2005), "Substituting Complements" (paper)

DATTA, Manjira & Leonard Mirman (1999), «Externalities, Market Power, and Resource Extraction», *Journal of Environmental Economics and Management*, 37, 233-255

DAVID, Paul A. (2000), "A Tragedy of the Public Knowledge «Commons»? Global Science, Intellectual Property and the Digital Technology Boomerang" (paper)

DAVID, Paul A. (2006), "On the «Data Anti-Commons» Problem in Science – What Is It, and Can It Be Fixed by Contracting?" (paper)

DE GEEST, Gerrit & Roger Van den Bergh (orgs.) (2004), *Comparative Law and Economics*, 3 vols., Cheltenham, Edward Elgar

DE SOTO, Hernando (2000), *The Mystery of Capital*, New York, Basic Books

DEMSETZ, Harold (1967), "Toward a Theory of Property Rights", *American Economic Review*, 57, 347-359

DEMSETZ, Harold (1998), "Property Rights", *in* Newman, P. (org.) (1998), III, 144-155

DEMSETZ, Harold (2002), "Toward a Theory of Property Rights II: The Competition between Private and Collective Ownership", *Journal of Legal Studies*, 31/2, S653-S672

DEPOORTER, Ben & Francesco Parisi (2002), "Fair Use and Copyright Protection: A Price Theory Explanation", *International Review of Law and Economics*, 21, 453-473

DEPOORTER, Ben & Francesco Parisi (2003), "Fragmentation of Property Rights: A Functional Interpretation of the Law of Servitudes" (paper)

DEPOORTER, Ben & Sven Vanneste (2004), "Putting Humpty Dumpty Back Together: Experimental Evidence of Anticommons Tragedies" (paper)

DEPOORTER, Ben & Sven Vanneste (2004b), "Putting Humpty Dumpty Back Together: Pricing in Anticommons Property Arrangements" (paper)

DIAMOND, Jared (2005), *Collapse. How Societies Choose to Fail or Succeed*, London, Viking

DIBADJ, Reza (2003), "Regulatory Givings and the Anticommons", *Ohio State Law Journal*, 64/4, 1041-1124

DIONÍSIO, Francisco & Isabel Gordo (2006), "The Tragedy of the Commons, the Public Goods Dilemma, and the Meaning of Rivalry and Excludability in Evolutionary Biology", *Evolutionary Ecology Research*, 8, 321-332

EATWELL, John, Murray Milgate & Peter Newman (orgs.) (1987), *The New Palgrave. A Dictionary of Economics*, 4 vols., London, Macmillan

ECONOMIDES, Nicholas & Steven C. Salop (1992), "Competition and Integration Among Complements and Network Market Structure", *Journal of Industrial Economics*, 40, 105-123

EEKELAAR, John & John Bell (orgs.) (1987), *Oxford Essays in Jurisprudence. Third Series*, Oxford, Clarendon

EGGERTSSON, Thráinn (1992), "Analyzing Institutional Successes and Failures: A Millennium of Common Mountain Pastures in Iceland", *International Review of Law and Economics*, 12, 423-437

EGGERTSSON, Thráinn (2003), "Open Access versus Common Property", *in* Anderson, T.L. & F.S. McChesney (orgs.) (2003), 73ss.

EISENBERG, Rebecca S. (1987), "Proprietary Rights and the Norms of Science in Biotechnology Research", *Yale Law Journal*, 97, 177-231

EISENBERG, Rebecca S. (1994), "A Technology Policy Perspective on the NIH Gene Patenting Controversy", *University of Pittsburgh Law Review*, 55, 633ss.

EISENBERG, Rebecca S. (1999), "Patents and the Progress of Science: Exclusive Rights and Experimental Use", University of Chicago Law Review, 56, 1017-1086

EKELUND Jr., Robert B. (org.) (1998), *The Foundations of Regulatory Economics*, 3 vols., Cheltenham, Elgar

ELLICKSON, Robert C. (1986), "Of Coase and Cattle: Dispute Resolution Among Neighbors in Shasta County", *Stanford Law Review*, 38, 623-687

ELLICKSON, Robert C. (1991), *Order Without Law: How Neighbors Settle Disputes*, Cambridge MA, Harvard University Press

ELLICKSON, Robert C. (1993), "Property in Land", *Yale Law Journal*, 102, 1315-1400

ELLICKSON, Robert C. (1998), "Law and Economics Discovers Social Norms", *Journal of Legal Studies*, 27, 537-552

ELLICKSON, Robert C., Carol M. Rose & Bruce A. Ackerman (orgs.) (1995), *Perspectives on Property Law*, 2ª ed., Boston, Little Brown

ENGEL, Kirsten H. & Scott R. Saleska (2005), "Subglobal Regulation of the Global Commons: The Case of Climate Change", *Ecology Law Quarterly*, 32, 183-233

EPSTEIN, Richard A. & Bruce N. Kuhlik (2004), "Is There a Biomedical Anticommons?", *Regulation*, 27, 54-58

EPSTEIN, Richard A. & Bruce N. Kuhlik (2004b), " Navigating the Anticommons for Pharmaceutical Patents: Steady the Course on Hatch-Waxman" (paper)

EPSTEIN, Richard A. (1973), "A Theory of Strict Liability", *Journal of Legal Studies*, 2, 151-204

EPSTEIN, Richard A. (1974), "Defenses and Subsequent Pleas in a System of Strict Liability", *Journal of Legal Studies*, 3, 165-215

EPSTEIN, Richard A. (1979), "Causation and Corrective Justice: A Reply to Two Critics", *Journal of Legal Studies*, 8, 477-504

EPSTEIN, Richard A. (1993), "Holdouts, Externalities, and the Single Owner: One More Salute to Ronald Coase", *Journal of Law and Economics*, 36, 553--586

EPSTEIN, Richard A. (2001), "On the Optimal Mix of Private and Common Property", *in* Pejovich, S. (org.) (2001), I, 431ss.

EPSTEIN, Richard A. (2002), "The Allocation of the Commons: Parking on Public Roads", *Journal of Legal Studies*, 31/2, S515-S544

EPSTEIN, Richard A. (2002b), "Steady the Course: Property Rights in Genetic Material" (paper)

ESPOSTI, Roberto (2003), "Complementarità Innovative e Tragedia degli *Anticommons*. Il Caso delle Agrobiotecnologie" (paper)

FAIRFIELD, Joshua A.T. (2005), "Virtual Property", *Boston University Law Review*, 85, 1047-1102

FAMA, Eugene F. & Michael C. Jensen (1983), "Agency Problems and Residual Claims", *Journal of Law and Economics*, 27, 327-349

FARBER, Daniel A. (1997), "Parody Lost / Pragmatism Regained: The Ironic History of the Coase Theorem", *Virginia Law Review*, 83, 397-428

FEENY, David, Fikret Berkes, Bonnie J. McCay & James M. Acheson (1990), "The Tragedy of the Commons: Twenty-Two Years Later", *Human Ecology*, 18/1, 1-19

FENNELL, Lee Anne (2004), "Common Interest Tragedies" (paper)

FENNELL, Lee Anne (2005), "Revealing Options", *Harvard Law Review*, 118/5, 1399-1488

FISCHEL, William A. (2005), "Free Parking at Christmas is Not a Tragedy of the Commons" (paper)

FISCHER, Maria-Elisabeth, Bernd Irlenbusch & Abdolkarim Sadrieh (2002), "An Intergenerational Common Pool Resource Experiment" (paper)

FISHER, Ronald & Leonard Mirman (1996), "The Complete Fish Wars: Biological and Dynamic Interactions", *Journal of Environmental Economics and Management*, 30, 34-42

FORTMANN, Louise & John W. Bruce (orgs.) (1988), *Whose Trees? Proprietary Dimensions of Forestry*, Boulder, Westview

FRANTZ, Carolyn J. & Hanoch Dagan (2004), "Properties of Marriage", *Columbia Law Review*, 104, 75-133

FRECH III, Harry E. (1979), "The Extended Coase Theorem and Long Run Equilibrium: The Nonequivalence of Liability Rules and Property Rights", *Economic Inquiry*, 17, 254-268

FRIED, Barbara H. (1998), *The Progressive Assault on Laissez Faire. Robert Hale and the First Law and Economics Movement*, Cambridge MA, Harvard University Press

FRISCHMANN, Brett M. (2005), "An Economic Theory of Infrastructure and Commons Management", *Minnesota Law Review*, 89, 917-1030

FUNAKI, Yukihiko & Takehiko Yamato (1999), "The Core of an Economy with a Common Pool Resource: A Partition Function Form Approach", *International Journal of Game Theory*, 28, 157-171

GALLINI, Nancy T. (2002), "The Economics of Patents: Lessons from Recent U.S. Patent Reform", *Journal of Economic Perspectives*, 16/2, 131-154

GLANCE, Natalie S. & Bernardo A. Huberman (1994), "Social Dilemmas and Fluid Organizations", *in* Carley, K.M. & M. Prietula (orgs.) (1994), 217--239

GOLDING, Martin P. & William A. Edmundson (orgs.) (2005), *The Blackwell Guide to the Philosophy of Law and Legal Theory*, Oxford, Blackwell

GORDON, H. Scott (2003), "The Economic Theory of a Common Property Resource: The Fishery", *in* Haas, P.M. (org.) (2003), I, 61ss.

GORDON, Wendy J. (2002), "Authors, Publishers, and Public Goods: Trading Gold for Dross", *Loyola of Los Angeles Law Review*, 36, 159-198

GRADY, Mark F. & Jay I. Alexander (1992), "Patent Law and Rent Dissipation", *Virginia Law Review*, 78, 305-350

GRAFF, Gregory D. (2005), "Intellectual Property Access for Agricultural Research and Commercialization" (paper)

GRAFTON, R. Quentin, Dale Squires & Kevin J. Fox (2000), "Private Property and Economic Efficiency: A Study of a Common-Pool Resource", *Journal of Law and Economics*, 43/2, 679-713

GRECO, Gian Maria & Luciano Floridi (2003), "The Tragedy of the Digital Commons" (paper)

GREER, Lee A. & David J. Bjornstad (2004), "Licensing Complementary Patents, the Anti-Commons, and Public Policy" (paper)

GROSSMAN, Herschel I. (2001), "The Creation of Effective Property Rights", *American Economic Review*, 91/2, 347-352

HAAS, Peter M. (org.) (2003), *Environment in the New Global Economy*, 2 vols., Cheltenham, Elgar

HAIDINGER, Tori (2004), "Tragedy of the Commons Simulation A" (paper)

HAIDINGER, Tori (2004b), "Tragedy of the Commons Simulation B" (paper)

HALL, Bronwyn H. & Rosemarie Ham Ziedonis (2001), "The Patent Paradox Revisited: An Empirical Study of Patenting in the U.S. Semiconductor Industry, 1979-1995", *Rand Journal of Economics*, 32, 101-128

HANNA, Susan, Carl Folke & Karl-Göran Mäler (orgs.) (1996), *Rights to Nature*, Washington DC, Island Press

HARDIN, Garrett & John Baden (orgs.) (1977), *Managing the Commons*, San Francisco, W.H. Freeman

HARDIN, Garrett (1968), "The Tragedy of the Commons", *Science*, 162, 1243--1248

HARDIN, Garrett (1994), "The Tragedy of the Unmanaged Commons", *Trends in Ecology and Evolution*, 9, 199ss.

HELLER, Michael A. & James E. Krier (1999), "Deterrence and Distribution in the Law of Takings", *Harvard Law Review*, 112, 997-1025

HELLER, Michael A. & Rebecca S. Eisenberg (1998), "Can Patents Deter Innovation? The Anticommons in Biomedical Research", *Science*, 280/5364, 698-701

HELLER, Michael A. (1998), "The Tragedy of the Anticommons: Property in the Transition from Marx to Markets", *Harvard Law Review*, 111, 621-688

HELLER, Michael A. (1999), "The Boundaries of Private Property", *Yale Law Journal*, 108, 1163-1223

HELLER, Michael A. (2005), "The UNE Anticommons: Why the 1996 Telecom Reforms Blocked Innovation and Investment", *Yale Journal of Regulation*, 25, 275-287

HESS, Charlotte & Elinor Ostrom (2003), "Ideas, Artifacts, and Facilities: Information as a Common-Pool Resource", *Law and Contemporary Problems*, 66, 111-146

HOLDERNESS, Clifford G. (1989), "The Assignment of Rights, Entry Effects, and the Allocation of Resources", *Journal of Legal Studies*, 18, 181-189

HSU, Shi-Ling (2002), "A Two-Dimensional Framework for Analysing Property Rights Regimes" (paper)

HSU, Shi-Ling (2005), "What *Is* A Tragedy of the Commons? Overfishing and the Campaign Spending Problem" (paper)

HUNTER, Dan (2002), "Cyberspace as Place, and the Tragedy of the Digital Anticommons" (paper)

JANGER, Edward J. (2003), "Privacy Property, Information Costs and the Anticommons", *Hastings Law Journal*, 54, 899-929

JOLY, Yann (2006), "Open Source Approaches in Biotechnology: Utopia Revisited" (paper)

KAMIEN, Morton I. & Yair Tauman (1984), "The Private Value of a Patent: A Game Theoretic Analysis", *Journal of Economics*, 4, 93-118

KAMIEN, Morton I. & Yair Tauman (1986), "Fees versus Royalties and the Private Value of a Patent", *Quarterly Journal of Economics*, 101, 471-491

KAMPPARI, Sauli (2004), "Tragedy of Digital Anti-Commons" (paper)

KAPLOW, Louis & Steven Shavell (1996), "Property Rules versus Liability Rules: An Economic Analysis", *Harvard Law Review*, 109, 713-790

KATZ, Michael L. & Carl Shapiro (1985), "On the Licensing of Innovation", *Rand Journal of Economics*, 16, 504-520

KATZ, Michael L. & Carl Shapiro (1986), "How to License Intangible Property", *Quarterly Journal of Economics*, 101, 567-589

KIEFF, F. Scott & Troy A. Paredes (2006), "Engineering a Deal: Toward a Private Ordering Solution to the Anticommons Problem" (paper)

KIEFF, F. Scott (2001), "On the Comparative Institutional Economics of Intellectual Property in Biotechnology" (paper)

KIEFF, F. Scott (2003), "The Case for Registering Patents and the Law and Economics of Present Patent-Obtaining Rules" (paper)

KIEFF, F. Scott (org.) (2003), *Perspectives on Properties of the Human Genome Project*, Amsterdam, Elsevier

KITCH, Edmund W. (2003), "Comment on the Tragedy of the Anticommons in Biomedical Research", *in* Kieff, F.S. (org.) (2003), 271-273

KLANG, Mathias (2005), "The Digital Commons: Using Licenses to Promote Creativity" (paper)

KNIGHT, Frank H. (1924), "Some Fallacies in the Interpretation of Social Cost", *Quarterly Journal of Economics*, 38, 582-606

KOCZY, Laszlo A. (2002), "A Note on Funaki and Yamato's Tragedy of the Commons" (paper)

KRAUSS, Michael I. (2000), "Property Rules vs. Liability Rules", *in* Bouckaert, B. & G. De Geest (orgs.) (2000), II, 782-794

KRIER, James E. & Stewart J. Schwab (1995), "Property Rules and Liability Rules: The Cathedral in Another Light", *New York University Law Review*, 70, 440-483

KRIER, James E. (1992), "The Tragedy of the Commons, Part Two", *Harvard Journal of Law & Public Policy*, 15, 325-344

LANDES, William M. & Richard A. Posner (1989), "An Economic Analysis of Copyright Law", *Journal of Legal Studies*, 18, 325-336

LANGE, David (2003), "Reimagining the Public Domain", *Law and Contemporary Problems*, 66, 463-483

LANJOUW, Jean O. & Mark Schankerman (2004), "Protecting Intellectual Property Rights: Are Small Firms Handicapped?", *Journal of Law and Economics*, 47, 45-74

LASSERRE, Pierre & Antoine Soubeyran (2001), "A Ricardian Model of the Tragedy of the Commons" (paper)

LEE, Peter (2004), "Patents, Paradigm Shifts, and Progress in Biomedical Science", *Yale Law Journal*, 114, 659-695

LEMLEY, Mark A. & Carl Shapiro (2005), "Probabilistic Patents", *Journal of Economic Perspectives*, 19/2, 75-98

LEMLEY, Mark A. (2004), "Property, Intellectual Property, and Free Riding" (paper)

LERNER, Josh & Jean Tirole (2005), "The Economics of Technology Sharing: Open Source and Beyond", *Journal of Economic Perspectives*, 19/2, 99-120

LESSIG, Lawrence (1995), "The Regulation of Social Meaning", *University of Chicago Law Review*, 62, 943-1045

LESSIG, Lawrence (2001), *The Future of Ideas. The Fate of the Commons in a Connected World*, New York, Random House

LESSIG, Lawrence (2006), *Code version 2.0*, New York, Basic Books

LÉVÊQUE, François & Yann Ménière (2006), "Patents and Innovation: Friends or Foes?" (paper)

LEVHARI, David & Leonard Mirman (1980), "The Great Fish War: An Example Using a Dynamic Cournot-Nash Solution", *Bell Journal of Economics*, 11, 322-344

LEVMORE, Saul (2002), "Two Stories about the Evolution of Property Rights", *Journal of Legal Studies*, 31/2, S421-S451

LIBECAP, Gary D. & Steven N. Wiggins (1998), "Contractual Responses to the Common Pool: Prorationing of Crude Oil Production", *in* Ekelund Jr., R.B. (org.) (1998), II, 403ss.

LIBECAP, Gary D. (1989), *Contracting for Property Rights*, Cambridge, Cambridge University Press

LIBECAP, Gary D. (1998), "Common Property", *in* Newman, P. (org.) (1998), I, 317-324

LIBECAP, Gary D. (2005), "The Problem of Water" (paper)

LIBECAP, Gary D. (2006), "Transaction Costs, Property Rights, and the Tools of the New Institutional Economics: Water Rights and Water Markets" (paper)

LOCK, Ineke C. (2001), "An Annotated Bibliography of the Commons" (paper)

LUECK, Dean & Thomas J. Miceli (2006), "Property Law" (paper)

LUECK, Dean (1989), "The Economic Nature of Wildlife Law", *Journal of Legal Studies*, 18, 291-323

LUECK, Dean (1994), "Common Property as an Egalitarian Share Contract", *Journal of Economic Behavior and Organization*, 25, 93-108

LUECK, Dean (1995), "The Rule of First Possession and the Design of the Law", *Journal of Law and Economics*, 38, 393-436

MADISON, Michael J. (2005), "Things and Law" (paper)

MARCHAK, Patricia, Neil Guppy & John McMullan (orgs.) (1987), *Uncommon Property: The Fishing and Fish-Processing Industry in British Columbia*, Toronto, Methuen

MAURER, Stephen M. (2001), "Inside the Anticommons: Academic Scientists' Struggle to Commercialize Human Mutations Data, 1999-2001" (paper)

MAZZOLENI, Roberto & Richard R. Nelson (1998), "The Benefits and Costs of Strong Patent Protection: A Contribution to the Current Debate", *Research Policy*, 27, 273-284

MCADAMS, Richard H. (1997), "The Origin, Development, and Regulation of Norms", *Michigan Law Review*, 96, 338-433

MCCAY, Bonnie J. & James M. Acheson (1987), "Human Ecology and the Commons", *in* McCay, B.J. & J.M. Acheson (orgs.) (1987), 1-34

MCCAY, Bonnie J. & James M. Acheson (orgs.) (1987), *The Question of the Commons. The Culture and Ecology of Communal Resources*, Tucson, University of Arizona Press

MCCAY, Bonnie J. (1987), "The Culture of the Commoners. Historical Observations on Old and New World Fisheries", *in* McCay, B.J. & J.M. Acheson (orgs.) (1987), 195-216

MCCHESNEY, Fred S. (2003), "Government as Definer of Property Rights: Tragedy Exiting the Commons?", *in* Anderson, T.L. & F.S. Mc Chesney (orgs.) (2003), 227ss.

MCCLOSKEY, Deirdre (1998), "Other Things Equal: The So-Called Coase Theorem", *Eastern Economic Journal*, 24, 367-371

McEvoy, Arthur F. (1986), *The Fisherman's Problem: Ecology and Law in the California Fisheries, 1850-1980*, Cambridge, Cambridge University Press

McEvoy, Arthur F. (1988), "Toward an Interactive Theory of Nature and Culture: Ecology, Production, and Cognition in the California Fishing Industry", *in* Worster, D. (org.) (1988), 211-229

Meinzen-Dick, Ruth S. & Rajendra Pradhan (2002), "Legal Pluralism and Dynamic Property Rights" (paper)

Merges, Robert P. & Richard R. Nelson (1990), "On the Complex Economics of Patent Scope", *Columbia Law Review*, 90, 839-916

Merges, Robert P. (1996), "Contracting into Liability Rules: Intellectual Property Rights and Collective Rights Organizations", *California Law Review*, 84, 1293-1393

Merges, Robert P. (2000), "Intellectual Property Rights and the New Institutional Economics", *Vanderbilt Law Review*, 53, 1857-1877

Merges, Robert P. (2004), "A New Dynamism in the Public Domain", *University of Chicago Law Review*, 71, 183-203

Merrill, Thomas W. & Henry E. Smith (2000), "Optimal Standardization in the Law of Property: The *Numerus Clausus* Principle", *Yale Law Journal*, 110, 1-70

Merrill, Thomas W. & Henry E. Smith (2001), "What Happened to Property in Law and Economics?", *Yale Law Journal*, 111, 357-398

Merrill, Thomas W. (1998), "Property and the Right To Exclude", *Nebraska Law Review*, 77, 730-755

Miceli, Thomas J. (1999), "Property", *in* Backhaus, J.G. (org.) (1999), 121ss.

Michelman, Frank I. (1967), "Property, Utility, and Fairness: Comments on the Ethical Foundations of «Just Compensation» Law", *Harvard Law Review*, 80, 1165-1258

Michelman, Frank I. (1982), "Ethics, Economics and the Law of Property", *in* Pennock, J.R. & J.W. Chapman (orgs.) (1982), 3ss.

Mireles, Michael S. (2004), "An Examination of Patents, Licensing, Research Tools, and the Tragedy of the Anticommons in Biotechnology Innovation", *University of Michigan Journal of Law Reform*, 38, 141ss.

Munzer, Stephen R. (2001), "Property as Social Relations", *in* Munzer, S.R. (org.) (2001), 46-52

Munzer, Stephen R. (2005), "The Commons and the Anticommons in the Law and Theory of Property", *in* Golding, M.P. & W.A. Edmundson (orgs.) (2005), 148-162

Munzer, Stephen R. (org.) (2001), *New Essays in the Legal and Political Theory of Property*, Cambridge, Cambridge University Press

Murray, Fiona & Scott Stern (2005), "Do Formal Intellectual Property Rights Hinder the Free Flow of Scientific Knowledge? An Empirical Test of the Anti-Commons Hypothesis" (paper)

Newman, Peter (org.) (1998), *The New Palgrave Dictionary of Economics and the Law*, 3 vols., London, Macmillan

NICITA, Antonio & Matteo Rizzolli (2004), "Much Ado About the Cathedral: Property Rules and Liability Rules When Rights Are Incomplete" (paper)

NISHIJIMA, Masuyuki (2004), "Effects of the Anticommons on R&D: The Case of University Corporation in Japan" (paper)

NUTTER, G. Warren (2001), "Markets Without Property: A Grand Illusion", *in* Pejovich, S. (org.) (2001), II, 26ss.

OPDERBECK, David W. (2004), "The Penguin's Genome, or Coase and Open Source Biotechnology" (paper)

OSTROM, Elinor & Edella Schlager (1996), "The Formation of Property Rights", *in* Hanna, S., C. Folke & K.-G. Mäler (orgs.) (1996), 127-156

OSTROM, Elinor (1977), "Collective Action and the Tragedy of the Commons", in Hardin, G. & J. Baden (orgs.) (1977), 173-181

OSTROM, Elinor (1987), "Institutional Arrangements for Resolving the Commons Dilemma: Some Contending Approaches", *in* McCay, B.J. & J.M. Acheson (orgs.) (1987), 250-265

OSTROM, Elinor (1990), *Governing the Commons: The Evolution of Institutions for Collective Action*, Cambridge, Cambridge University Press

OSTROM, Elinor (1998), "Self-Governance of Common-Pool Resources", *in* Newman, P. (org.) (1998), III, 424-433

OSTROM, Elinor (1999), "Coping with Tragedies of the Commons" (paper)

OSTROM, Elinor (2000), "Private and Common Property Rights", *in* Bouckaert, B. & G. De Geest (orgs.) (2000), 332-379

OSTROM, Elinor (2003), "Reformulating the Commons", *in* Haas, P.M. (org.) (2003), I, 118ss.

OSTROM, Elinor, Thomas Dietz, Nives Dolšak, Paul C. Stern, Susan Stonich & Elke U. Weber (orgs.) (2002), *The Drama Of The Commons*, Washington DC, National Academy Press

PAGANO, Ugo & Maria Alessandra Rossi (2004), "Incomplete Contracts, Intellectual Property and Institutional Complementarities", *European Journal of Law and Economics*, 18, 55-76

PARCHOMOVSKY, Gideon & Peter Siegelman (2002), "Towards an Integrated Theory of Intellectual Property", *Virginia Law Review*, 88, 1455-1528

PARISI, Francesco & Ben Depoorter (2002), "The Market for Intellectual Property: The Case of Complementary Oligopoly" (paper)

PARISI, Francesco & Catherine Sevcenko (2002), "Lessons from the Anti-Commons: The Economics of *New York Times Co. v. Tasini*", *Kentucky Law Journal*, 90, 295-328

PARISI, Francesco (2001), "Entropy in Property and the Asymmetric Coase Theorem" (paper)

PARISI, Francesco (2002), "Freedom of Contract and the Laws of Entropy" (paper)

PARISI, Francesco (2004b), "Entropy in Property", *in* De Geest, G. & R. Van den Bergh (orgs.) (2004), II, 151ss.

PARISI, Francesco, Norbert Schulz & Ben Depoorter (2004), "Simultaneous and Sequential Anticommons", *European Journal of Law and Economics*, 17, 175-190

PARISI, Francesco, Norbert Schulz & Ben Depoorter (2005), "Duality in Property: Commons and Anticommons", *International Review of Law and Economics*, 25, 578–591

PARISI, Francesco, Norbert Schulz & Jonathan Klick (2003), "Two Dimensions of Regulatory Competition" (paper)

PAVLOV, Oleg V., Nigel Melville & Robert K. Plice (2005), "Mitigating the Tragedy of the Digital Commons: The Problem of Unsolicited Commercial E-mail" (paper)

PEJOVICH, Svetozar (org.) (2001), *The Economics of Property Rights*, 2 vols., Cheltenham, Elgar

PENNER, J.E. (1996), "The «Bundle of Rights» Picture of Property", *UCLA Law Review*, 43, 711-820

PENNOCK, J. Roland & John W. Chapman (orgs.) (1982), *Ethics, Economics and the Law*, New York, New York University Press

PERICU, Andrea (1998), "*Property Rights* e Diritto di Proprietà", *in* Alpa, G. & *alii* (orgs.) (1998), 102ss.

PIGOU, A.C. (1912), *Wealth and Welfare*, London, Macmillan

PIGOU, A.C. (1920), *The Economics of Welfare*, London, Macmillan

PINKERTON, Evelyn (org.) (1989), *Co-operative Management of Local Fisheries. New Directions for Improved Management and Community Development*, Vancouver, University of British Columbia Press

PISTOR, Katharina (1998), "Transfer of Property Rights in Eastern Europe", *in* Newman, P. (org.) (1998), III, 607-612

POSNER, Eric A. (1996), "The Regulation of Groups: The Influence of Legal and Nonlegal Sanctions on Collective Action", *University of Chicago Law Review*, 63, 133-197

POSNER, Richard A. (1973), "Strict Liability: A Comment", *Journal of Legal Studies*, 2, 205-221

POSNER, Richard A. (2001), "Property", *in* Pejovich, S. (org.) (2001), I, 205ss.

PROTASEL, Greg J. & Lee Huskey (2005), "Governing the Anticommons: Shallow Natural Gas Leasing in Alaska" (paper)

RADIN, Margaret Jane (1982), "Property and Personhood", *Stanford Law Review*, 34, 957-1015

RADIN, Margaret Jane (1987), "Market-Inalienability", *Harvard Law Review*, 100, 1849-1937

RAI, Arti Kaur (1999), "Regulating Scientific Research: Intellectual Property Rights and the Norms of Science" (paper)

RAI, Arti Kaur (2001), "Fostering Cumulative Innovation in the Biopharmaceutical Industry: The Role of Patents and Antitrust", *Berkeley Technology Law Journal*, 16, 813-853

RAI, Arti Kaur (2003), "Proprietary Rights and Collective Action: The Case of Biotechnology Research with Low Commercial Value" (paper)

RAMIREZ, Heather Hamme (2004), "Defending the Privatization of Research Tools: An Examination of the «Tragedy of the Anticommons» in Biotechnology Research and Development", *Emory Law Journal*, 53, 359-389

RANGNEKAR, Dwijen (2004), "Can TRIPs Deter Innovation? The Anticommons and Public Goods in Agricultural Research" (paper)

RANKIN, Daniel J. & Hanna Kokko (2006), "Sex, Death and Tragedy", *Trends in Ecology and Evolution*, 21/5, 225-226

REICHMAN, Jerome H. & Paul F. Uhlir (2003), "A Contractually Reconstructed Research Commons for Scientific Data in a Highly Protectionist Intellectual Property Environment", *Law and Contemporary Problems*, 66, 315-462

REICHMAN, Jerome H. (1997), "From Free Riders to Fair Followers: Global Competition Under the TRIPS Agreement", *New York University Journal of International Law and Politics*, 29, 11-94

RIDER, Robert (1998), "Hangin' Ten: The Common-Pool Resource Problem of Surfing", *Public Choice*, 97, 49-64

RODDEN, Jonathan (2003), "Reviving Leviathan: Fiscal Federalism and the Growth of Government", *International Organization*, 57, 695-729

ROSE, Carol M. (1988), "Crystals and Mud in Property Law", *Stanford Law Review*, 40, 577-610

ROSE, Carol M. (1990), "Energy and Efficiency in the Realignment of Common-Law Water Rights", *Journal of Legal Studies*, 19, 261-296

ROSE, Carol M. (1990b), "Property as Storytelling: Perspectives from Game Theory, Narrative Theory, Feminist Theory", *Yale Journal of Law & the Humanities*, 2, 37-57

ROSE, Carol M. (1991), "Rethinking Environmental Controls: Management Strategies for Common Resources", *Duke Law Journal*, 1-38

ROSE, Carol M. (1994), *Property and Persuasion: Essays on the History, Theory, and Rhetoric of Ownership*, Boulder CO, Westview

ROSE, Carol M. (1994b), "The Comedy of the Commons: Custom, Commerce, and Inherently Public Property", *in* Rose, C.M. (1994), 105-162

ROSE, Carol M. (1998), "Evolution of Property Rights", *in* Newman, P. (org.) (1998), II, 93-98

ROSE, Carol M. (1998b), "Canons of Property Talk, or, Blackstone's Anxiety", *Yale Law Journal*, 108, 601-632

RUBIN, Edward (1996), "The New Legal Process, the Synthesis of Discourse, and the Microanalysis of Institutions", *Harvard Law Review*, 109, 1393-1438

RUDDEN, Bernard (1987), "Economic Theory v. Property Law: The *Numerus Clausus* Problem", *in* Eekelaar, J. & J. Bell (orgs.) (1987), 239ss.

RUNGE, Carlisle Ford (1981), "Common Property Externalities: Isolation, Assurance, and Resource Depletion in a Traditional Grazing Context", *American Journal of Agricultural Economics*, 63, 595-606

RUNGE, Carlisle Ford (1984), "Strategic Interdependence in Models of Property Rights", *American Journal of Agricultural Economics*, 66, 807-813

RYAN, Patrick S. (2005), "Treating the Wireless Spectrum as a Natural Resource" (paper)

SAFINA, Carl (1998), *Song for the Blue Ocean: Encounters Along the World's Coasts and Beneath the Seas*, New York, Henry Holt

SAFRIN, Sabrina (2004), "Hyperownership in a Time of Biotechnological Promise: The International Conflict to Control the Building Blocks of Life", *The American Journal of International Law*, 98, 641-685

SAFRIN, Sabrina (2007), "Chain Reaction: How Property Begets Property" (paper)

SANDLER, Todd & Keith Hartley (orgs.) (2003), *The Economics of Conflict*, 3 vols., Cheltenham, Elgar

SCHMIDTZ, David (2001), "The Institution of Property", *in* Pejovich, S. (org.) (2001), I, 456ss.

SCHMITZ, Patrick W. (2001), "The Coase Theorem, Private Information and the Benefits of Not Assigning Property Rights", *European Journal of Law and Economics*, 11, 23-28

SCHULZ, Norbert, Francesco Parisi & Ben Depoorter (2002), "Fragmentation in Property: Towards a General Model" (paper)

SCOTT, Anthony D. (1955), "The Fishery: The Objectives of Sole Ownership", *Journal of Political Economy*, 63, 116-124

SEABRIGHT, Paul (1998b), "Local Common Property Rights", *in* Newman, P. (org.) (1998), II, 591-594

SEDJO, Roger A. (1992), "Property Rights, Genetic Resources, and Biotechnological Change", *Journal of Law and Economics*, 35/1, 199-213

SEVCIK, Peter J. (2006), "Tragedy of the Commons", *Net Forecasts*, 36/3

SINDEN, Amy (2006), "The Tragedy of the Commons and the Myth of a Private Property Solution" (paper)

SINGER, Joseph William (2000), *The Edges of the Field: Lessons on the Obligations of Ownership*, Boston, Beacon Press

SINGER, Joseph William (2000b), *Entitlement: The Paradoxes of Property*, New Haven, Yale University Press

SKAPERDAS, Stergios (2003b), "Cooperation, Conflict, and Power in the Absence of Property Rights", *in* Sandler, T. & K. Hartley (orgs.) (2003), I, 335ss.

SMITH, Henry E. (2000), "Semicommon Property Rights and Scattering in the Open Fields", *Journal of Legal Studies*, 29/1, 131-169

SMITH, Henry E. (2002), "Exclusion versus Governance: Two Strategies for Delineating Property Rights", *Journal of Legal Studies*, 31/2, S453-S487

SMITH, Henry E. (2004), "Property and Property Rules", *New York University Law Review*, 79, 1719-1798

SOMMA, Mark (1997), "Institutions, Ideology, and the Tragedy of the Commons: West Texas Groundwater Policy" (paper)

STAKE, Jeffrey Evans (2000), "Decomposition of Property Rights", *in* Bouckaert, B. & G. De Geest (orgs.) (2000), II, 32-61

STEVENSON, Glenn G. (1991), *Common Property Economics. A General Theory and Land Use Applications*, Cambridge, Cambridge University Press

STEWART, Richard B. (1993), "Environmental Regulation and International Competitiveness", *Yale Law Journal*, 102, 2039-2106

STEWART, Steven & David J. Bjornstad (2002), "An Experimental Investigation of Predictions and Symmetries in the Tragedies of the Commons and Anticommons" (paper)

SUNSTEIN, Cass R. (1996), "Social Norms and Social Roles", *Columbia Law Review*, 96, 903-968

SWEENEY, Richard James, Robert D. Tollison & Thomas D. Willett (1974), "Market Failure, the Common-Pool Problem, and Ocean Resource Exploitation", *Journal of Law and Economics*, 17/1, 179-192

THOMPSON Jr., Barton H. (2000), "Tragically Difficult: The Obstacles to Governing the Commons" (paper)

THOMPSON, Dale B. (2005), "Of Rainbows and Rivers: Lessons for Telecommunications Spectrum Policy from Transitions in Property Rights and Commons in Water Law" (paper)

TIETZEL, Manfred (2001), "In Praise of the Commons: Another Case Study", *European Journal of Law and Economics*, 12, 159-171

TORSTENSSON, Johan (2001), "Property Rights and Economic Growth: An Empirical Study", *in* Pejovich, S. (org.) (2001), II, 183ss.

VAN DEN BERGH, Roger (2003), "Property Rights and the Creation of Wealth", *American Law and Economics Review*, 5, 263-269

VANNESTE, Sven, Alain Van Hiel, Francesco Parisi & Ben Depoorter (2006), "From «Tragedy» to «Disaster»: Welfare Effects of Commons and Anticommons Dilemmas", *International Review of Law and Economics*, 26, 104--122

WAGNER, R. Polk (2003), "Information Wants to Be Free: Intellectual Property and the Mythologies of Control", *Columbia Law Review*, 103, 995-1034

WAGNER, Wendy E. (2004), "Commons Ignorance: The Failure of Environmental Law to Produce Needed Information on Health and the Environment", *Duke Law Journal*, 53/6, 1619-1745

WALKER, James M., Roy Gardner & Elinor Ostrom (1990), "Rent Dissipation in Limited Access Common Pool Resource Environments: Experimental Evidence", *Journal of Environmental Economics and Management*, 19, 203--211

WALSH, John P., Ashish Arora & Wesley M. Cohen (2003), "Effects of Research Tool Patents and Licensing on Biomedical Innovation" (paper)

WATKIN, Thomas Glyn (1999), *An Historical Introduction to Modern Civil Law*, Aldershot, Dartmouth

WEINGAST, Barry R., Kenneth A. Shepsle & Christopher Johnsen (1981), "The Political Economy of Benefits and Costs: A Neoclassical Approach of Distributive Politics", *Journal of Political Economy*, 89, 642-664

Weiser, Jay (2003), "The Real Estate Covenant as Commons: Incomplete Contract Remedies Over Time" (paper)

Weiser, Philip J. & Dale N. Hatfield (2005), "Policing the Spectrum Commons", *Fordham Law Review*, 74, 101-132

West, Mark D. (2003), "The Tragedy of the Condominiums: Legal Responses to Collective Action Problems After the Kobe Earthquake" (paper)

White, Lawrence J. (2006), "The Fishery as a Watery Commons: Lessons from the Experiences of Other Public Policy Areas for U.S. Fisheries Policy" (paper)

Williams, Joan (1998), "The Rhetoric of Property", *Iowa Law Review*, 83, 277ss.

Wilson, Doug (1991), "The Theory of Communicative Action and the Problem of the Commons" (paper)

Witt, Ulrich (2001), "On the Emergence of Private Property Rights", *in* Pejovich, S. (org.) (2001), I, 379ss.

Worster, Donald (org.) (1988), *The Ends of the Earth: Perspectives on Modern Environmental History*, Cambridge, Cambridge University Press

Wright, Richard W. (1985), "Causation in Tort Law", *California Law Review*, 73, 1735-1828

Wyman, Katrina (2005), "From Fur to Fish: Reconsidering the Evolution of Private Property", *New York University Law Review*, 80, 117-240

Yoon, Yong J. (2000), "Political Management of Commons and Anti-commons" (paper)

Zhu, Jieming (2005), "Commons and Anticommons: Role of the State in the Housing Market" (paper)

ÍNDICE